D1750330

Predigtmeditationen

im christlich-jüdischen Kontext

Zur Perikopenreihe II

Herausgegeben von
Wolfgang Kruse

STUDIUM
IN ISRAEL
אבג

© Wolfgang Kruse
Bestellungen bei Wolgang Kruse, Römerstr. 14, 73765 Neuhausen
Tel. und Fax: 07158/946134
im Buchhandel unter Angabe des genauen Titels

Gestaltung: Readymade Berlin

ISBN 3-9806139-0-9

Vorwort

„Predigtmeditationen im christlich-jüdischen Kontext – das ist ein Projekt von Absolventinnen und Absolventen eines Studienjahres an der Hebräischen Universität Jerusalem. Entstanden ist dies aus dem Bedürfnis heraus, für die Predigtpraxis Hilfen an die Hand zu geben, die frei sind von gängigen antijudaistischen Vorurteilen und Mut machen zu einer Predigt, die das Evangelium nicht auf Kosten des Judentums zur Sprache bringt, sondern im Gegenteil bereichert wird durch den jüdischen Hintergrund der Texte." (aus der Einführung zu „Predigtmeditationen im christlich-jüdischen Kontext – 1. Perikopenreihe")

Die große Nachfrage nach Predigtmeditationen im christlich-jüdischen Kontext hat den Herausgeber darin bestärkt, auch für die zweite Perikopenreihe dieses Projekt fortzuführen. Die Aufgabe war ungleich schwieriger, da die zweite Reihe fast ausschließlich Epistel-Texte beinhaltet. Nicht alle Texte „eignen" sich für eine Auslegung im christlich-jüdischen Kontext. Trotzdem wird sich an der Predigt solcher „normalen" Texte bewähren müssen, was das christlich-jüdische Gespräch für Theologie und Praxis austrägt. Ziel ist nicht, an jedem Sonntag das christlich-jüdische Verhältnis zum Thema zu machen, Ziel ist, den jüdischen Hintergrund der Texte selbstverständlich mitzubedenken und „Fallen", sei es im Text oder in der einschlägigen Predigtliteratur, zu vermeiden.

Vorgabe war auch nicht, exegetische Erkenntnisse, wie sie in Kommentaren und Predigthilfen bereits vorliegen, noch einmal zu wiederholen. Vielmehr soll dieses Büchlein als Ergänzung und Anregung dienen, vielleicht auch manchmal als Korrektur eingefahrener Denkstrukturen.

Herausgekommen ist wieder eine bunte Sammlung von Beiträgen, nicht einheitlich, aber hoffentlich hilfreich für die Predigtarbeit. Bis auf wenige Ausnahmen wurden alle Predigttexte bearbeitet.

Danken möchte ich allen, die den Mut hatten, ihre theologischen und exegetischen Erkenntnisse einer breiteren Leserschaft mitzuteilen. Und danken möchte ich nicht zuletzt allen theologischen Lehrerinnen und Lehrern in Deutschland und in Israel, die das Studienprogramm „Studium in Israel" nun schon 20 Jahre lang begleiten.

Einladen möchte ich zu kritischen oder auch lobenden Rückmeldungen auf dieses Büchlein, sei es an den Herausgeber, sei es an die Bearbeiterinnen und Bearbeiter der Texte selbst. Es stehen noch vier Perikopenreihen vor uns – Arbeit und Zeit genug, auf Verbesserungsvorschläge einzugehen!

Neuhausen, den 24.10.1997 (Simchat Tora)   Wolfgang Kruse

Inhalt

1. Sonntag im Advent: Röm 13,8-12. (13-14) (*Jutta Seifert*)	1
2. Sonntag im Advent: Jak 5,7-8 (*Hans Martin Dober*)	3
3. Sonntag im Advent: 1. Kor 4,1-5 (*Matthias Helms*)	6
4. Sonntag im Advent: Phil 4,4-7. (8-9) (*Andreas Heidrich*)	10
Christvesper: Titus 2,11-14 (*Christian Stäblein*)	14
Christfest I: Titus 3,4-7 (*Ursula Rudnick*)	18
Christfest II: Hebr 1,1-6 (*Eckhard von Nordheim*)	22
1. Sonntag nach Christfest: 1. Joh 1,1-4 (*Angela Langner*)	24
Altjahrsabend: Röm 8,31b-39 (*Monika Renninger*)	27
Neujahr: Jak 4,13-15.(16-17) (*Renate Klein*)	31
1. Sonntag nach Epiphanias: Röm 12,1-3.(4-8) (*Ernst Michael Dörrfuß*)	36
2. Sonntag nach Epiphanias: Röm 12,(4-8).9-16 (*Ernst Michael Dörrfuß*)	36
3. Sonntag nach Epiphanias: Röm 1,14-17 (*Martin Heimbucher*)	41
Letzter Sonntag nach Epiphanias: 2. Kor 4,6-10 (*Thomas Dermann*)	45
Septuagesimae 1. Kor 9,24-27 (*Raik Heckl*)	48
Sexagesimae: Hebr 4,12-13 (*Mechthild Gunkel*)	52
Invokavit: Hebr 4,14-16 (*Johannes Klein*)	56
Reminiszere: Röm 5,1-5 (*Almut Jäckle-Stober*)	60
Oculi: Eph 5,1-8 (*Karina Lehnardt*)	63
Laetare: 2. Kor 1,3-7 (*Michael Seim*)	66
Judica: Hebr 5,7-9 (*Britta Mating*)	70
Palmarum: Phil 2,5-11 (*Johannes Gruner*)	74
Karfreitag: 2. Kor 5, (14b-18).19-21 (*Martin K. Reinel*)	77
Osternacht/-Morgen: Offb 1, (4-7).8 (*Susanne Schöllkopf*)	82
Ostersonntag: 1. Kor 15,1-11 (*Klaus Müler*)	87
Ostermontag: 1. Kor 15,12-20 (*Klaus Müller*)	90
Quasimodogeniti: 1. Petr 1,1-9 (*Susanne Plietzsch*)	92
Misericordias Domini: 1. Petr 2,21b-25 (*Ralf Lange*)	96
Kantate: Kol 3,12-17 (*Andreas Schulz-Schönfeld*)	100

Himmelfahrt: Apg 1,1-11 (*Gabriele Zander*)	104
Exaudi: Eph 3,14-21 (*Kira Busch-Wagner*)	108
Pfingsten: Apg 2,1-21. (22-36) (*Rahel Schaller*)	111
Trinitatis: Röm 11,33-36 (*Kira Busch-Wagner*)	115
1. Sonntag nach Trinitatis: 1. Joh 4,16b-21 (*Christian Wenzel*)	117
2. Sonntag nach Trinitatis: Eph 2,17-22 (*Angela Langner*)	121
3. Sonntag nach Trinitatis: 1. Tim 1,12-17 (*Evelina Volkmann*)	124
4. Sonntag nach Trinitatis: Röm 14,10-13 (*Rolf Kruse*)	128
5. Sonntag nach Trinitatis: 1. Kor 1,18-25 (*Friedmann Eißler*)	132
6. Sonntag nach Trinitatis: Röm 6,3-11 (*Tobias Kriener*)	135
7. Sonntag nach Trinitatis: Apg 2,41-47 (*Wolfgang Kruse*)	138
8. Sonntag nach Trinitatis: Eph 5,8b-14 (*Andrea Knauber*)	145
9. Sonntag nach Trinitatis: Phil 3,(4b-6).7-14 (*Eckard Benz-Wenzlaff*)	150
10. Sonntag nach Trinitatis: Röm 11,25-32 (*Michael Krupp*)	155
12. Sonntag nach Trinitatis: Apg 9,1-20 (*Thomas Lehnardt*)	159
13. Sonntag nach Trinitatis: 1. Joh 4,7-12.(13-16) (*Johannes Ehmann*)	163
14. Sonntag nach Trinitatis: Röm 8,12-17 (*Martin Heimbucher*)	167
16. Sonntag nach Trinitatis: 2. Tim 1,7-10 (*Gabi Wulz*)	171
20. Sonntag nach Trinitatis: 1. Thess 4,1-8 (*Klaus Müller*)	173
Reformationsfest: Röm 3,21-28.(29-31) (*Martina Severin-Kaiser*)	175
Drittletzter Sonntag im Kirchenjahr: Röm 14,7-9 (*Kathrin Nothacker*)	179
Vorletzter Sonntag im Kirchenjahr: Röm 8,18-25 (*Hanna Hartmann*)	182
Letzter Sonntag im Kirchenjahr: Offb 21,1-7.(8) (*Elke Tönges*)	185
Anhang: Die Schabbatlesungen des jüdischen Jahres 5758 (1997/98)	190

1. Sonntag im Advent: Röm 13,8-12.(13-14)

1. Annäherung

Ich freue mich jedes Jahr auf den Beginn der Adventszeit. Gerne teile ich die Erwartungshaltung der übrigen Gemeinde, wenn heute die erste Kerze angezündet wird. Der Kirchenchor wird singen. Die Tüten für „Brot für die Welt" werden ausgeteilt. Amüsiert lese ich Vers 13 im Blick auf Adventsfeiern und Weihnachtsmärkte (besonders die alte Lutherübersetzung: „geil"!). Aber augenzwinkerndes Ertapptsein ist noch keine frohe Botschaft, oder? Doch ab heute schmücken violettfarbene Paramente die Kirche: Adventszeit ist Bußzeit, ursprünglich Fastenzeit. Zeit zur Überprüfung der „Selbstverständlichkeiten". Das trifft sich mit meiner adventlichen Erwartungshaltung. Die ungeliebte Epistelreihe reizt mich.

2. Zum Text

Die Anrede ergeht im 1. und 2. Pluralis. Es sind keine individuellen Ermahnungen. Eingebunden sind die beiden Textabschnitte V.8-10 und 11-14 in die allgemeine Paränese von Röm 12-13 mit ihrer Überschrift in 12,1f. Das „kai touto" von V.11 verbindet und verstärkt zugleich das Vorangehende auf das Folgende hin.

V.8: Nach judenchristliche Tradition (Mt 5,17) wird in der Liebe die Tora erfüllt. Für Hillel und Akiba ersetzt dies aber nicht das „Schema Jisrael", sondern folgt ihm (vgl.a. Mk 12,28ff.). Sollten wir für Paulus anderes annehmen? Evtl. ist darum der Abschnitt 13,1-7 vorangestellt: Auch die irdische Herrschaft mit ihren Verhaltensregeln untersteht Gott, ihm allein. Doch schuldet ein Christenmensch den anderen mehr als das korrekte Einhalten dieser Regel aus Respekt vor dem ersten Gebot. So rückt der zweite Teil des Doppelgebots in den Blickpunkt.

V.9: Die persönliche Schriftauslegung des Paulus folgt sogleich: „Liebe" wird durch Gebote der zweiten Tafel faßbar, deren Skopus in „das Leben des Nächsten schützen" gipfelt. Diese Konkretion wird durch Lev 19,18 zusammengefaßt (nicht überboten): Als Perspektive für „und was da sonst an Geboten ist". Auch im Heiligkeitsgesetz ist Lev 19,18 in Lasterkataloge und Ermahnungen eingefügt. Die korrekte Übersetzung (vgl. Buber/Rosenzweig) lautet: „Halte lieb deinen Genossen, *dir gleich*. ICH bin's". Sie macht die Perspektive klarer, also etwa: Tue deinem Anderen etwas Liebes, denn dieser ist wie du bist: Ein Ebenbild Gottes. Das Fundament des konkreten Tuns ist die Ebenbildlichkeit Gottes. Wer einem Menschen Böses zufügt, der trifft Gott.

V.10: Liebe und das Erfüllen des Gotteswillens in der Tora fallen in der Tat verbindlich zusammen.

V.11 und 12a: Ein neuer Gedanke, neue Bilder werden eingeführt. Die Exegeten benennen hier ein Tauflied wie in Eph 5,14 und 1 Thess 5,4ff: Nacht und Tag, Licht und Finsternis, Schlafen und Aufstehen. Die Bilder verweisen auf eine Zeit im Umbruch. Dringliche Veränderungen stehen an. Die Sonne ist gerade am Aufgehen und ihre Strahlen bahnen sich schon langsam ihren Weg im Leben der Getauften.

V.12b-14: In diese Taufliturgie gehören auch Taufermahnungen. Wie zuvor Liebe und Gebote in der Gottebenbildlichkeit ganz eng zusammenfinden, so jetzt

Taufe und Ethik: „zieht an den Herrn Jesus Christus" – Kleider machen Leute? Die Beziehung macht anziehend und bek(g)leid(t)et im Alltag (inklusive der für die zu erkämpfende Gerechtigkeit notwendigen Waffen, vgl. Jes 59,17 mit Röm 6,13), in seinen Selbstverständlichkeiten. Die Beispiele des Lasterkataloges gehören in den Bereich der vergehenden Nacht.

3. Mein Weg zur Predigt

Ziel: Von der traditionsgeprägten Erwartungshaltung der Gemeinde zur zuversichtlichen und zupackenden Gemeinschaft der Kirche Jesu Christi aufstacheln! Das Christfest liegt hinter und vor uns – und unsere Taufe mittendrin oder „Zwischen den Zeiten". Das kann uns nicht ruhig schlafen lassen, das macht unruhig zum Aufstehen. Der Schlafanzug wird abgelegt und das Kleid für Juden und Griechen, Frauen und Männer, Sklaven und Freie angelegt (vgl. Gal 3,27f.) – und im Alltag getragen.

Einleitung: Advent feiern wir zusammen!
– Der Plural des Paulus –
1. O Schreck, was feiern wir eigentlich?
– Wollen wir wirklich ein violettfarbenes Parament?-
2. Tagesanbruch in einer schlafenden Welt
– Der Zusammenhang von erster und zweiter Tafel für getaufte Heiden-
3. Das Kleid für die Kirche ist kein Schlafanzug
– Die zweite Tafel und unser „Advents-Alltag" –

4. Kontexte

1. Augustinus, Confessiones 8,12: „Und" siehe, da höre ich aus dem Nachbarhaus eine Stimme, ... Nimm und lies, nimm und lies! ... Ich nahm ihn zur Hand und las schweigend den Absatz, auf den meine Augen zuerst gefallen waren: Röm 13,14. Weiter wollte ich nicht lesen, und es war auch nicht nötig ..."
2. Pirke Avot 6,2: „Und die Schrift war *charut* (eingeritzt) in die Tafeln" (Ex 32,16) – lies nicht: *charut*, sondern *cherut* (Freiheit), denn keiner ist frei denn der, der sich um die Tora abmüht.
3. b. Sanhedrin, 106b: „Gott wünscht das Herz".
4. Erich Kästner: „Es gibt nichts Gutes, außer man tut es!"

5. Zur Liturgie

EG 12,1-4 Gott sei Dank
Ps 24
Schriftlesung: Sach 9,9.10 oder Mt 21,1-11
EG 13,1-3   Tochter Zion
EG 16,1-4   Die Nacht ist vorgedrungen
EG 1,1-5   Macht hoch die Tür

Jutta Seifert, Kirchstraße 23, 72474 Winterlingen

2. Sonntag im Advent: Jak 5,7f.

I.

Jakobus hat es seinen „Brüdern" gegenüber mit „einer anderen Sorte Ungeduld" (Jo Krummacher, in: Textspuren, aaO, 13) zu tun als der, die uns in der Alltagserfahrung geläufig ist; anders auch als in der Adventszeit. „Kommen des Herrn", „Wiederkunft Christi" oder gelehrter: „Parusie" haben es mit dem „jüngsten Tag" zu tun, nach dem keiner mehr kommt. Der Ungeduld des Eschatologen, des Apokalyptikers, umweht vom „Geist der Utopie" von Thomas Müntzer bis zu Ernst Bloch, oder berechnender von Johann Albrecht Bengel bis zu jenen „religiöse(n) Endzeitspekulanten.., die jeden Krieg und jede Katastrophe als erfreuliches Signal ... begrüßen" (Krummacher, aaO, 14), gilt die Ermahnung zur Geduld. So werkgerecht kann diese „stroherne Epistel" (M. Luther) also gar nicht sein wie der Reformator (mit Blick auf 2,24) wähnte, wenn es hier nun nicht ums „Pressieren", sondern ums „Warten" geht (nach einer Anekdote hat Blumhardt den Initialien des Königspaars „W" und „P" [„Wilhelm" und „Pauline"] am Portal des Kurhauses Bad Boll diese allegorische Deutung gegeben). Der erwartete Tag ist sowohl der Tag des Gerichts (V.9), den die Propheten verkündeten (V.10), als auch der Tag des Erbarmens, wie er nach aller geduldigen Ungeduld Hiob gewährt wurde (V.11). Für die Adressaten des Jakobus übersteigt der Erwartungshorizont bei weitem den Erfahrungsraum. Demgegenüber verweist das Bild (V. 7), das die Ermahnung zur Geduld veranschaulicht, auf einen Erwartungshorizont, der ganz vom Erfahrungsraum vorgegeben ist. Das auf den Jahreszyklus der Natur vertrauende Warten des „Landmanns" ist kein Hoffen und Harren, das zum Narren hält, sondern das auf Erfahrungswerte baut: zu bestimmten Zeiten wird es regnen. So steht auch das *Kommen* des Herrn zwar noch aus, als erwartete *Wieder*-kunft verweist es aber auf Schon-Dagewesenes zurück.

II.

Es scheint heute schwerer geworden zu sein, sich Erwartungen über die bekannten Erfahrungsräume hinaus zu erlauben: jedenfalls solche Erwartungen, die den Gesamtzustand der Welt betreffen. Die Erwartung hat sich ins individuelle Erlebnis geflüchtet, wie es die Jugendfreizeit, der Heiligabend oder der Abenteuerurlaub zu bieten versprechen. Doch auch in der Alltagserfahrung sind die Momente, die der Text vermittelt, nicht ohne Beziehung zueinander: *jener* herausgehobene Tag der Ankunft und die Wiederkehr des Bekannten *alle Jahre wieder*. Die Ermahnung zur Geduld entspricht der Ambivalenz der Erfahrung vergehender oder nicht vergehen wollender Zeit.

„Du mußt geduldiger werden!' Oft genug habe ich das als Kind gehört. Oft genug erwische ich mich dabei, wie ich diesen Rat meinen Kindern weitergebe. Gern gehört habe ich den Ruf zur Geduld wohl nie. Etwas dulden sollen, das Verstreichen der Zeit leiden sollen – kein sehr sympathischer Gedanke. Meinen Kindern wird es ähnlich gehen. Wieso soll Warten plötzlich eine Tugend sein, wenn es sonst vor allem auf Handeln, Aktivität und Zupacken ankommt? – Meine

Laune sinkt auf den Tiefpunkt, wenn ich zum Arzt komme und das Wartezimmer ist voll. Läßt mich im Restaurant die Bedienung lang auf Bestelltes oder Bezahlen warten, werde ich kribbelig und klopfe nervös die Finger auf den Tisch. Wütend registriere ich die Bahnhofsansage, mein Zug habe die und die Verspätung. Im Verkehrsstau ärgere ich mich schwarz und schimpfe wie ein Rohrspatz. Und läßt es sich irgendwie vermeiden, dann verzichte ich freitagnachmittags oder samstags aufs Einkaufen, um nicht in einer langen Warteschlange anstehen zu müssen. Kommt unser Besuch unpünktlich, stehe ich mir am Fenster die Beine in den Bauch. Mir fallen die schlimmsten Beamtenwitze ein, sobald es mit der Abfertigung im Finanzamt nicht vorangeht. Und läßt mich der Handwerker auf glühenden Kohlen sitzen, begrüße ich ihn äußerst ungemütlich. Nein, Geduld gehört nun wahrhaftig nicht zu meinen Tugenden. – Wieviel Geduld andere für mich aufbringen müssen, wird mir nur selten bewußt. Auch ich lasse ja gelegentlich auf mich warten, zögere oder dehne Zeit auf Kosten anderer aus. Zuweilen bin ich sogar froh, wenn ich noch etwas warten darf: beim Zahnarzt, oder wenn ein schwieriges Gespräch bevorsteht. Schließlich – und das will ich in der Adventszeit nicht verschweigen – genieße ich jede Form heller Erwartung und erregter Vorfreude: die Tage vor dem Geburtstag, vor Weihnachten, vor einem schönen Fest oder vor dem Urlaub – mit solchen Wartezeiten komme ich bestens zurecht. Vielleicht rührt das daher, daß die erforderliche Geduld nun mit freudiger Ungeduld zu kämpfen hat. Termin und positiver Ausgang stehen fest. Das stetige Voranschreiten der Zeit bringt mich dem erwünschten Ziel näher. Im Grunde nähert sich das freudige Ereignis mir – und meine Annäherung geschieht nur in Gedanken, Gefühlen und einigen Vorbereitungen" (Krummacher, aaO, 12f.).

III.

Was verbindet uns mit den Adressaten des Jakobus? Zum einen steht das Messianische für ein Allgemein-Menschliches, das es durch die apokalyptischen Erwartungen hindurch zu entdecken gilt, die kaum mehr die Erwartungen unserer Gegenwart sind (auch wenn sie, als Schatten, als Korrelat, als periodisch wiederkehrender Zeitgeist die Moderne begleitet haben). Die Apokalyptik ist Ausdruck einer spezifischen Zeiterfahrung (vgl. Quinzio, aaO, 16), und die kann sich, bei aller Differenz, in apokalyptischer Vorstellung wiederfinden. Nach J. Taubes ist Verinnerlichung nicht nur eine christliche Spezialität (wie G. Scholem will), sondern gehört zur Geschichte auch des jüdischen Messianismus (Taubes, aaO, 44). In diesem Sinne geht es, dem „Theologisch-politischen Fragment" W. Benjamins zufolge, auch um „geistliche" *und* „weltliche" „restitutio in integrum" (W. Benjamin, aaO [II/1], 204). Daß es sich hierbei um eine Haltung handelt, die sich in einer spannungsvollen Schwebe hält zwischen „mir" und dem „anderen", Jetztschon und Nochnicht, und daß diese Haltung in rabbinischen Diskussionen ausgebildet wird, hat Levinas schön deutlich gemacht (Levinas, Schwierige Freiheit, bes. 93-96). Die zukünftige Welt wird zu einem Privileg dessen, „der auf ihn harrt" (aaO, 60). Warten wird als „Ge-duld" gefaßt, die „auf das Unfaßbare" wartet in „Frage, Suche, Bitte und Gebet" (Levinas, Wenn Gott ins Denken einfällt, 93). Und dieses Unfaßbare ist nicht notwendig die große Sensation, eine Weltveränderung mit Blitz und Donner, sondern kann eine kaum merkbare Veränderung im Alltäglichen sein, die die Dinge zurechtrückt. Bloch hat dieses Moment des Messianismus mit seiner Pfeife veranschaulicht, die er auf der Tabaksdose leicht hin und her drehte: alles ist, wie es immer ist, nur ein klein wenig gewendet (nach Denker, aaO, 170).

Zum andern bietet das Kirchenjahr, und in ihm insbesondere die Zeit des Advent, eine Vermittlung der divergierenden Momente, die der Text schon anstrebt, und die die Predigt zusammenzuhalten hat: des Einmaligen, Außerordentlichen und des Wiederkehrenden, Gewohnten als den zwei Momenten des Glücks; des Individuellen im Erlebnis, das nur den Augenblick kennt, und des Überindividuellen in der Erfahrung, die auf Tradition beruht; des durch Struktur Vorgegebenen und der das Vorgegebene unterbrechenden Anti-Struktur, welche den Ritus immanent erneuert und erhält (vgl. V. Turner, aaO). Daß das *einmalige Jetzt* unter Voraussetzung des *Nocheinmal* erwartet wird, läßt sich ohne Schwierigkeit bestätigen, wenn man die Adventszeit in der Kinderperspektive betrachtet. Das Überraschende verbirgt sich hinter den Türchen des Adventskalenders, während die Form jährlich wiederkehrt. Oder die Länge der Zeit wird sinnlich erfahrbar, wenn jeden Tag eines der an einer Schnur aufgereihten Päckchen ausgepackt wird: hin auf *jenen Tag*, der als jüngster auf der Schnur herausgehoben ist von den andern. Die beiden Momente des Glücks sind in Riten und Bräuchen vermittelt. Das bedeutet zwar eine Stabilisierung der Struktur, aber die Anti-Struktur weist auch darüber hinaus und hält eine Hoffnung über die gewohnten Erfahrungsräume hinaus wach. Was die Advents-Erfahrung mit dem Jakobus-Text gemeinsam hat, ist die Ambivalenz der Spes, wie sie Andrea de Pisano am Baptisterium in Florenz dargestellt hat: sie „sitzt, und hilflos erhebt sie die Arme nach einer Frucht, die ihr unerreichbar bleibt. Dennoch ist sie geflügelt. Nichts ist wahrer" (W. Benjamin, aaO [IV/1], 125). Sie wäre aber nicht geflügelt, wenn sie nicht an die Ankunft des Erwarteten glaubte. Es ist der Glaube, der sich in der Schwebe hält zwischen Jetztschon und Nochnicht, Privatem und Öffentlichem, der sich auf Bekanntes richtenden und der das Bekannte unterbrechenden Erwartung.

Literatur

Walter Benjamin, Gesammelte Schriften.
Rolf Denker, Selbstbild als Fremdentwurf, 1985.
Peter Härtling (Hg.), Textspuren. Konkretes und Kritisches zur Kanzelrede, Bd. 2, 1991.
Emmanuel Levinas, Schwierige Freiheit, 1992.
Sergio Quinzio, Die jüdischen Wurzeln der Moderne, 1995.
Jakob Taubes, Vom Kult zur Kultur, 1996.
Victor Turner, Vom Ritual zum Theater. Der Ernst des menschlichen Spiels, 1995.

Hans Martin Dober, Frondsbergstraße 53, 72070 Tübingen

3. Sonntag im Advent: 1. Kor 4,1-5

1. Annäherung

Darum richtet nicht vor der Zeit! – *Zeit* –, Adventszeit, Weihnachtszeit – und *Gericht*. Diese beiden Punkte springen mir bei dem Predigttext ins Auge. Auf den ersten Blick stellt sich mir die Frage, ob Gericht und Advent überhaupt zusammenpassen. Können die Ermahnungen des Paulus in der Adventszeit überhaupt die Herzen der Menschen erreichen, die sich auf das Fest einstimmen, an dem die Christenheit daran erinnert wird, daß Gott in seinem Sohn Jesus Christus Mensch wurde, klein, zart, schutzbedürftig und die Zuneigung der Menschen weckend.

Ankunft des Messias und *Gericht*: Hier einige Assoziationen dazu:
– Ein alter Herr erzählte einmal, wie er sich das Jüngste Gericht vorstellt: Wenn wir dermaleinst im Himmel vor unserem Heiland zum Gericht stehen werden, da werden wir über drei Dinge staunen. Wir werden uns einmal darüber wundern, wieviele noch im Himmel sein werden, die wir hier nie erwartet hatten. Wir werden uns noch mehr darüber wundern, wieviele nicht Himmel sein werden, von denen wir es erwartet hatten. Schließlich werden wir uns am meisten über uns selbst wundern, daß wir bei unserem Heiland im Himmel aufgenommen werden.
– Zu dem bekannten Theologen Karl Barth kam einmal eine fromme, besorgte Dame, die fragte ihn: „Sagen sie mir bitte, Herr Professor, werde ich einst im Himmel alle meine Lieben wiedersehen?" Da antwortete ihr Karl Barth nach einer kleinen Pause: „Ja, gewiß! Aber die anderen auch!"
– Etymologisch betrachtet kommt das Wort „Gericht" von richten, ausrichten, Sich-nach-etwas-richten. Ich verstehe Gericht als etwas, wo Gott Menschen zurechtrückt, die von der Lebensrichtung abgekommen sind. In diesem Sinne wäre Gottes Gericht nicht als grausames Dahinschlachten, als Vernichtung und als Strafe der bösen Menschen und als die damit implizierte Belohnung der guten Menschen verstanden (Schwarz-Weiß-Malerei). Vielmehr würde Gottes Gericht die Menschen ganz auf ihn ausrichten, so daß sie nur noch in seinem Angesicht leben (wollen).

2. Beobachtungen am Text

Kap.1-3: Paulus hat mit Spaltungstendenzen in der Gemeinde zu Korinth zu kämpfen. Grundsätzlich freut er sich über die Korinther und dankt Gott, daß er diese Gemeinde mit so vielen guten Begabungen beschenkt hat. „... daß ihr durch ihn in allen Stücken reich gemacht seid, in aller Lehre und in aller Erkenntnis" (1,5). Doch die Korinther haben den Geber mit den Gaben anscheinend verwechselt. Denn sie rühmen sich ihres erlangten geistlichen Reichtums so als ob ihr Glaube Ergebnis eigener Weisheit und Erkenntnis wäre (6,6).

Sie blähen sich einer gegen den anderen auf (4,6). Sie sind in gegensätzliche Parteiungen zerspalten. Die einen sehen sich als Gefolgsleute eines Apostels höher gestellt, gottgemäßer als die anderen Gemeindeglieder. „Der eine sagt: Ich gehöre zu Paulus, der andere: Ich zu Apollos, der dritte: Ich zu Kephas, der vierte: Ich zu

Christus" (1,12b). Dies bedeutet also, daß sich die Korinther mit dem Geschenk des Geistes Gottes vor allen Dingen im Konkurrieren, im Rühmen und im gegenseitigen Verurteilen und Anklagen üben.

Auch Paulus bleibt von richtenden, d.h. verurteilenden Anklagen mancher Korinther nicht verschont.

Kap. 4,1-5: Die Predigtperikope selbst ist nun aber mehr als ein Rechtfertigungsversuch des Paulus angesichts der gegen ihn erhobenen Vorwürfe. In den Versen 3-5 geht er zwar auf die Korinthische Gepflogenheit des Richtens und Urteilens ein. Doch hält er von Anfang an an seiner Unabhängigkeit von den Urteilen seiner Gemeinde fest. Keine der Vorwürfe wird erwähnt. Ihn interessieren sie nicht. Weder ein menschliches Gericht noch er selbst haben Macht, ihn abschließend zu beurteilen. Was wie ein distanziertes und über aller Kritik schwebendes Ichbewußtsein des Paulus aussieht, stellt sich durch die die Perikope rahmenden Verse 1 und 4b/5 als eine eschatologische Relativierung menschlichen Urteils und Richtens heraus. Gott, der Schöpfer, Erlöser und Vollender allen Lebens ist der einzige Richter.

„Darum richtet nicht vor der Zeit, bis der Herr kommt" (V5a). Bis der Messias die Endzeit vollendet, den Schlußpunkt setzt und das letzte Urteil über uns Menschen spricht, ist es unzulässig, als Mensch ein letztes Urteil zu fällen. Vielmehr ist für Paulus die Zeit „vor der Zeit" durch das Kommen des Messias qualifiziert. Vergleicht man dazu auch alttestamentliche Stellen zum „Gericht", wie Jes 25-27, so wird auch da betont, daß Gott der HERR das letzte Wort über seine Völker behält, daß er Gericht übt und alle zu einem Freudenmahl zusammenführt (Jes 25,6 u.a.).

Was den Korinthern, und eben auch uns heute, in dieser Zeit ansteht zu tun, das sagt er positiv in Vers 1: „*Dafür halte uns jedermann: für Diener Christi und Haushalter über Gottes Geheimnisse.*"

Nachfolge Christi vor der Endzeit heißt IHM *dienen*, nicht als blind Gehorsame, die nur Befehlsempfänger sind, sondern als solche, die durch den Glauben von Gott in Christus an allem Anteil bekommen haben: „es sei Welt oder Leben oder Tod, es sei Gegenwärtiges oder Zukünftiges, alles ist euer, ihr aber seid Christi, Christus aber ist Gottes" (Kap 3,22f.). So endet das 3.Kapitel.

Mit dem kleinen Wörtchen „Dafür" oder „So" zu Beginn des 4. Kapitels greift Paulus den ausgeführten Gedanken direkt auf und entwickelt ihn weiter. M.a.W.: Weil wir nun in Christus alles von Gott geschenkt bekommen haben, so können wir nun rechte Diener Christi und Haushalter über Gottes Geheimnisse sein. Der Begriff „Haushalter" hebt nochmals den Dienstcharakter hervor. Dieser ist jemand, der treu und loyal zu seinem Herrn das ihm anvertraute Anwesen oder ein Hausgesinde verwaltet bzw. diesem vorsteht.

Gottes Geheimnisse, das Mysterion, das Paulus schon in den Kapitel 2,1 und 2,7 und in Römer 16,25 erwähnt, kann man als Zusammenfassung verstehen für: Christus, die in seinem Tod sich vollziehende Versöhnung, das darin begründete Leben in innerer Freiheit und in Agape, vollendet in seiner Wiederkunft (nach: Bornkamm, Th.W.IV/825).

In rabbinischer Literatur finden sich für das Mysterion Gottes verschiedene Deutungen. U.a. wird damit die Zeit gemeint, in der die *Tage des Messias* anbrechen. Mit den Geheinnissen Gottes können aber auch die *Gründe der Tora* gemeint sein. Dies soll heißen, wer mit der Tora umgeht, dem verleiht sie Königswürde, Herrschaft und Erforschung des Rechts. Nur dürfen die Gründe der Tora nicht einfach bekanntgemacht werden, da sonst jemand dadurch zu Fall kommen könnte. So geschah es z.B. Salomo, der über 1000 Frauen hatte, obwohl die Tora Polygamie untersagt. Salomo glaubte aber Gottes Geboten folgen und zugleich viele Frauen heiraten zu können. Doch es gelang ihm nicht, denn er baute z.B. seiner ägyptischen Prinzessin einen Göttertempel (s. die Stellenangaben der rabbinischen Literatur bei Strack, H.L. / Billerbeck, P.: Kommentar zum Neuen Testament aus Talmud und Midrasch, München 1926 – die Kommentare zu 1.Kor.4,1).

Paulus Argumentation in der Predigtperikope bewegt sich also zwischen den beiden zentralen Punkten der Verantwortung und des Dienstes einerseits und der Unabhängigkeit und Freiheit andererseits. Verantwortlich sind alle Christen und Christinnen nur Christus und durch ihn Gott gegenüber. Dies und allein dies begründet zugleich die Unabhängigkeit von jedem menschlichen Urteil und führt in den freien Dienst Gottes, bis daß er kommt. (Vgl. dazu: M. Luthers Schrift: „Von der Freiheit eines Christenmenschen".)

Die Perikope gipfelt letztlich in dem 5.Vers. Denn am Ende der Zeit wird wirklich offenbar werden, wonach wir schon vor der Zeit getrachtet haben, was uns also schon jetzt am Herzen liegt. „Dann wird einem jeden von Gott sein Lob zuteil werden." Von dieser Endzeit her begreift Paulus seine Existenz und die der Korinther, d.h. er lebt zutiefst eschatologisch. (Siehe dazu auch K.Barth, der einst in seinem Römerbrief, 1922, S.300 formulierte: „Christentum, das nicht ganz und gar und restlos Eschatologie ist, hat mit Christus ganz und gar und restlos nichts zu tun.")

3. Homiletische Entscheidungen

Die zentrale homiletische Gefahr für den Prediger oder die Predigerin sehe ich darin, daß man aus einer möglichen Interpretation der Perikope heraus eine „Gerichtspredigt" entwirft. Positiv gesagt, besteht m.E. die Aufgabe darin, die Vorfreude auf Weihnachten, das Warten auf das endgültige Kommen des Messias zusammenzudenken mit der Rede vom Gericht.

Bei der Predigtvorbereitung wird es vermutlich nicht so schwer fallen, Beispiele aus der Gemeinde, aus eigener Erfahrung zu finden, die illustrieren, wie Menschen andere verurteilen, schlecht über andere und sogar über sich selbst denken oder die Schuld für ein Unglück, einen Mißerfolg oder für einen Krieg bei „den anderen" suchen und so ihre eigene Schuld oder Verwicklung unbedacht sein lassen.

Ob am Beispiel des Antisemitismus in der christlichen Kirche oder an einem anderen: Die Predigt sollte an einem geeigneten Beispiel darauf eingehen, – wenn auch nicht als Schwerpunkt der Predigt –, wie menschliches Urteilen allzu oft davon lebt, daß andere schlechter sind als man selbst, daß es also eine dunkle Folie gibt, vor der man sich um so glänzender abheben kann.

Den *Schwerpunkt meiner Predigt* möchte ich von Vers 5 her verstehen. Gottes Gericht über uns sieht ganz anders aus, als unser menschliches Richten und Urteilen. Einst wird er das Trachten und Sehnen unserer Herzen offenbar machen.

„Dann wird einem jeden von Gott sein Lob zuteil werden." (Vers 5) Nicht Strafe, sondern „Lob" steht hier. Obwohl die Menschheit in ihren bösen Taten kein Lob verdient hatte, kam Gott zu seinem Volk Israel und zu allen Menschen als Menschenkind auf diese Welt. Nicht fordernd, vernichtend, sondern verletzlich und das Herz anrührend. Durch ihn, das Kind, richtet er die Menschen in ihrem Urteilen. Denn plötzlich merken sie, daß sie mit ihrem weltverbesserndem Besserwissen nur andere, nämlich „die Welt", verändern wollten und nicht sich selbst. Gott richtet seine Geschöpfe durch sein Lob aus, mit dem er in Treue an seinem Volk Israel und an allen Menschenkindern festhält (= Weihnachten), und mit dem er trotz allem zu uns kommt (= Advent). Und wer sich von den PredigthörerInnen oder den PredigerInnen wenig Gutes für sich selbst und die (bösen) anderen verspricht, der bekommt in 1.Kor 4,5 mit dem eschatologischen Vorbehalt (darum richtet nicht vor der Zeit, bis der Herr kommt) und dem Lob Gottes die größte Hoffnung und den Beginn eines erneuerten Lebens verheißen. Gott richtet recht. Keiner muß verurteilen. Das entlastet schon jetzt im Zusammenleben mit Freunden und sogar mit vermeintlichen Feinden.

Die Predigt könnte folgendermaßen aufgebaut werden:
1) Einstieg in das Predigtthema:
(Weihnachts-)Vorfreude und das Problem von Quertreibern, Störenfrieden: Ich würde die Predigt mit einem Konfliktfall beginnen. Eine Gemeinde, Familie, religiöse oder gesellschaftliche Gruppe will in Frieden miteinander leben und hat bestimmte Vorstellungen davon, wie das aussehen kann. Andere, vielleicht nur wenige derselben Gruppe haben andere Vorstellungen. Es kommt zum Streit und einer versucht die andere auszuschließen, weil sie oder er nicht mehr in den „Gruppenfrieden" hineinpaßt.

2) Mittelteil:
Am Beispiel der Situation der Korinthischen Gemeinde zeigen, wie Paulus mit dem Konflikt umgeht und wie er seine Existenz im Lichte des kommenden Messias versteht. Vorsicht: Keine „Konfliktlösungsstrategie" entwickeln, sondern erzählen, was es bedeuten kann, im Lichte des noch ausstehenden Gotteslobes zu leben.

3) Schlußteil:
Von Vers 5 her, was es heute heißen kann, im Lichte des kommenden HERRN zu leben, zu warten und gemeinsam zu feiern, weil wir nicht richten brauchen, sondern uns schon jetzt freuen können, daß Gott selbst das letzte Urteil fällen wird, so wir er uns bereits durch seinen Sohn an Weihnachten auf sich gerichtet hat.

4. Kontexte: s. dazu den ersten Punkt: Annäherungen.

5. Liturgievorschläge:

Lieder: EG 6/10/11/351 (= Lieder zu Ankunft Gottes und Gericht)
Psalm: 85
Ep: Mt.11,2-10
AT: Jes.40,1-11

Matthias Helms, Hovevei Zion 4, 92226 Jerusalem

4. Sonntag im Advent: Phil 4,4-7

I.

Ein allzu bekannter Schlußvers, „ausgelutscht" als Kanzelgruß, aber vielleicht neu zu entdecken?
Ein Text mit allerlei hohen Worten wie Friede, Freude (Eierkuchen?).
Wie schafft man es, sich nicht zu sorgen?
Ein Text, der zur Freude und Optimismus anregen will – diametral entgegengesetzt dem, was derzeit kirchlicherseits durch Sparzwänge und Mitgliederschwund angesagt zu sein scheint.
Eine – in solch unsicherer Lage – angebrachte Ermutigung zum Beten und zu einer regelmäßigen Gebetspraxis (4,6).
Ein Abschlußvers, der zum Ausschalten des Verstandes auffordert (4,7)?
Wo ist der Herr Jesus Christus mir heute nah?

II.

Der Philipperbrief ist ein beliebtes Opfer literarkritischer Operationen geworden. Dabei wird 4,4-7 jeweils verschiedenen Briefen zugeordnet. Diese literarkritische Spielerei ist für eine Predigtmeditation allerdings irrelevant.

Im Kontext geht es vorher um einen Streit mit Irrlehrern, die die Gemeinde verunsichern. In 4,1 schließt Paulus diesen Streit ab, und nun folgen im Stil einer Paränese allgemein gefaßte Ermahnungen und Ermutigungen, zunächst an bestimmte MitarbeiterInnen, dann ab 4,4 an die ganze Gemeinde.

Die Exegese der tragenden Begriffe ergibt folgendes:

χαιρω (4,4) meint die Freude an der himmlischen Welt mit „enthusiastischem Ursprung" (K. Berger) und ist hier auf Freude in Jesus („im Herrn") bezogen. Diese Freude soll nicht introvertiert sein, sondern sich anderen zuwenden. Dem entspricht, daß die Christen im nächsten Vers dazu aufgefordert werden, ihre Milde vor allen Menschen kund werden zu lassen.

επιεικες (4,5): Milde / Lindigkeit, bei Paulus christologisch gefaßt als Entsprechung der Glaubenden zur Sanftmut Jesu (vgl. 2. Kor 10,1).

ειρηνη (4,7) meint bei Paulus den Frieden, der auf dem Versöhnungstod Jesu am Kreuz beruht. Entsprechend steht das „in Christus Jesus" am Ende der Friedenszusage von 4,7. Gegenüber dieser christologischen Engführung ist zu bedenken, daß Schalom in der Hebräischen Bibel ein ausgesprochen sozialer und auf diesseitiges Wohlergehen bezogener Begriff ist.

III.

Als Ausleger habe ich zu wählen zwischen mehreren Themenbereichen, die in diesem kurzen Abschnitt angeschnitten werden:

1. Die Freude im Herrn Jesus Christus als Grundprinzip christlicher Existenz.
2. Die – Jesus entsprechende – Milde der Christen gegen über allen Mitmenschen.
3. Die Gewißheit der nahenden Wiederkunft Jesu Christi.

4. Der Aufruf, sich nicht zu sorgen (vgl. Mt 6,25).
5. Das Klagen / Flehen, Bitten und Danken einschließende Gebet vor Gott und seine Bedeutung für die Glaubenspraxis.
6. Der alle menschliche Vernunft übersteigende Friede Gottes, der Christen im Messias Jesus („Christus Jesus") als sie stets bewahrend zugesprochen ist.

Ich entscheide mich für die Frage: Woher bekomme ich als Christ heute Freude im Herrn Jesus Christus? Die vorläufige Antwort des Textes ist: Durch ein Leben in der Nähe zu und der Nachfolge hinter Jesus und durch ein Vertrauen auf die bewahrende Kraft Gottes, die Bitt-, Klage- und Dankgebet schenken. Diese Antwort soll nun im Dialog mit jüdischen und anderen Kontexten auf ihre Tragfähigkeit erprobt werden.

IV.

Mögliche jüdische Einwände könnten sich gegen eine allzu überschwengliche, von Erlösungsgewißheit gespeiste Christus-Freude wenden, denn für Juden steht der Messias noch aus, er ist weder nah, noch war er bisher da.

Gerade jüdische Hörende würden Christen und die Kirche dabei behaften, ob sie in Vergangenheit und Gegenwart wirklich glaubwürdig Milde gegenüber a l l e n Menschen gezeigt haben, was im Blick auf christlichen Antijudaismus zu verneinen ist.

Diese Einwände sind wichtig, weil sie christliche PredigerInnen davor bewahren, wegen der nahenden Weihnachtsfestfreude in einen harmonisierenden christologischen Freudentaumel abzuheben; weil sie mich mit ihrer Kritik auf dem Boden der unerlösten und weitgehend unfriedlichen Realität halten.

Das jüdische Fest der Torafreude (Simchat Tora) fehlt uns zwar als Christen, aber wir können von ihm lernen, daß es wahre Freude gerade im Tun der Gebote und damit in der Nachfolge Jesu geben kann. Dazu ein rabbinisches Votum:

„Dies lehrt dich, daß die Schekhina auf einem weder bei Trägheit, noch bei Traurigkeit, noch bei Lachen, noch bei Leichtfertigkeit, noch bei Geschwätz ruht, sondern nur bei Freude an einem Gebot" (Pessachim 117 a).

Also kann Freude aus der Orientierung an Gottes Gebot und am Verhalten Jesu – auf Phil 4,5 bezogen: seiner Milde – wachsen. Dies wird erfahrbar, wenn Christen spüren: Ich tue jetzt das, was Jesus getan hätte. Es geht also um die Erfahrung der Übereinstimmung mit Jesus in seiner Nachfolge. So bekommt die Rede von der Freude „im Herrn" einen tieferen Sinn, weil der, dem ich nachfolge, mir nahe kommt, wenn ich so handle wie er.

Diese Freude am Gebot Gottes und der Nachfolge Jesu kann das Sich-Sorgen vertreiben:

„Jedem, der das Joch der Tora trägt, nehmen sie das Joch des Königtums und das Joch der weltlichen Sorgen. Wer sich vom Joch der Tora losmacht, muß das Joch des Königtums und der weltlichen Sorgen tragen" (Pirqe Avot III, 7).

Ein anderer Aspekt ist die Begründung der Freude. Bei Paulus gründet sie sich auf die Nähe des Messias Jesus (Phil 4,7). Dazu eine rabbinische Parallele, die ebenfalls das Kommen des Messias mit Freude verbindet: „Wenn sie aber zu ihr sagen. Siehe, dein König kommt zu dir, gerecht und heilvoll (Sach 9,9), dann wird sie sagen: Das ist eine vollkommene Freude." (Midrasch zum Hohen Lied 1,4)

Da Christen heute die eschatologische Naherwartung eines Paulus nicht mehr teilen können, geht es um die Erfahrung der Nähe Jesu, wenn ich gut handle. Diese Entsprechung zu dem von Jesus gebotenen Tun kann in mir – bei gelingender Jesus-Nachfolge – genauso viel Freude wecken wiebei einem Paulus die Freude auf das baldige Wiederkommen Jesu. Zum Beispiel, wenn in einer Gemeinde Christen neu Zugezogene besuchen, Jesu Milde also allen Menschen zeigen (Phil 4,5) und dafür erfreutes Staunen bei den von ihnen Besuchten ernten.

Diese Freude in der Nachfolge wird immer wieder von Rückschlägen, Zweifeln und Sorgen erschüttert. Das Gebet in seinen Dimensionen Klage, Bitte und Dank hilft, solche Rückschläge auszusprechen und neue Ermutigung im Vertrauen auf Gottes Bewahrung (Phil 4,7) zu finden. Ein wöchentliches Friedensgebet in meiner Vikariatsgemeinde hat mich die Kraft solcher kontinuierlicher und keineswegs frömmelnder Gebetspraxis erfahren lassen. Dabei geht es nicht um ausgefeilte Frömmigkeit, sondern spontane Einfachheit. Dazu ein rabbinisches Votum:

„Einmal klagte Rabbi Hirsch seinem Lehrer: ... Ich will ... mit keiner anderen Intention beten als der auf den Sinn der Worte allein gerichteten. Was du dir wünschst, sagte Rabbi Mendel, ist eine sehr hohe Stufe, die nur ein einziger in einem Geschlecht erreicht: erst alle geheime Weisheit gelernt haben und dann wie ein kleines Kind beten." (M. Buber, Die Erzählungen der Chassidim, Zürich 1992, 603)

In dieser Wechselwirkung zwischen Leben in der Nachfolge Jesu, Freude an den Geboten Gottes und Klagen, Bitten und Danken im Gebet kann der bewahrende Friede Gottes erfahrbar werden. Dazu Hanns Dieter Hüsch:

„Frieden fängt beim Frühstück an
Breitet seine Flügel
Fliegt dann durch die Straßen
Setzt sich auf die Dächer dann
Breitet seine Flügel aus
Daß Friede sei in jedem Haus
Opa wiegt das Enkelkind
Auf den alten Knien
Zeigt dem Kind den Vogelflug
Wie der Knecht den Herrn ertrug
Und der Vogel fliegt sich wund
Von Bucht zu Bucht von Sund zu Sund ..."
(aus: Das Schwere leicht gesagt, Düsseldorf 1991, 21)

VI. Gottesdienst-Motto: Die Freude in der Nachfolge Jesu

Der vorgesehene Psalm 102 hat zwar einen ausgesprochenen Israel-Bezug, paßt aber wegen seiner Trauer um Zion weniger zum Freudenmotiv, das ich betonen möchte. Deshalb Alternativvorschlag: Ps 97, der die Freude an Gott, seiner Gerechtigkeit und Überlegenheit über alle Götter verkündet. Die vorgesehene Evangelien-Lesung Lk 1,46-55 stellt Jesus in die Geschichte Gottes mit seinem Volk Israel und ist deshalb sehr zu empfehlen.

Das Lied EG 398 „In dir ist Freude" paßt gut zur Freude im Herrn. Es sind aber die himmlischen Gaben in Strophe 2 als Auswirkungen eines Lebens der Nachfolge in der Predigt zu konkretisieren.

Das Wochenlied EG 9 bringt das Motiv der Freude mehrmals zum Klingen, verdeutlicht aber zugleich die Niedrigkeit Jesu und seine darin begründete paradoxe Überlegenheit über alle Könige (Str. 4). Zudem nimmt Strophe 6 die aus Phil 4,5 bekannte Naherwartung auf.

EG 640 „Laß uns den Weg der Gerechtigkeit gehen" nimmt mit dem Weg-Motiv den Gedanken der Nachfolge Jesu auf und konkretisiert ihn auf das Leben der Christen im Hier und Jetzt.

EG 2 „Er ist die rechte Freudensonn" verdeutlicht als Kanon das Freudenmotiv, bezogen auf Jesus.

Andreas Heidrich, Steinstr. 51, 50676 Köln

Christvesper: Tit 2,11-14

1. Annäherung – Zum Augen reiben

67 Wörter (gr.; dt. 94), (fast) ein Satz, fünf Verse, neun Verbalkonstruktionen – wenn das die Weihnachtsbotschaft ist, dann ist sie wirklich gut verpackt, denke ich. Aber das macht ja nichts – selten sind wir im Jahr solche Experten fürs Auspacken wie an Weihnachten. Auspacken weckt Freude und schärft den Blick, es ‚reibt' die Augen, damit wir mehr sehen (Herberg, 44). Und zum Augen reiben ist dieser Text wahrlich. Seit alters her liest ihn die Kirche an Weihnachten (bezeugt ab dem 6. Jhd.; Auf der Maur, 170), und doch dürfte er den meisten weder eingängig noch übermäßig vertraut sein, mit Sicherheit nicht der am Heiligen Abend zu erwartenden Gemeinde. (Mit Ausnahme von Hammer, 90, beklagen sämtliche von mir eingesehenen Ausleger die scheinbare Ferne von Text und Situation. Einen schönen Überblick geben Schulz/ Goetzmann, 39f.) Das mag die Situation erschweren, denn es gilt, einen ohnehin nicht ganz leichten Text in eine besondere und erwartungsgeladene Stimmung hineinzusprechen, es bietet aber auch allerhand Chancen, jenseits der immer schon bereitliegenden Weihnachtssymbolik die Botschaft des Festes einmal in ganz andere, scheinbar ferne Worte zu kleiden. Wer sich hier ‚reibt', öffnet noch mal ganz anders die Augen für die Erscheinung des Tages. Denn: zum Augen reiben ist auch der Inhalt der Worte. Mitten in den so oft verschmähten Pastoralbriefen begegnet uns ureigenstes Gedankengut der Hebräischen Bibel. In der Spannung von Eingangs- und Traditionsformel entsteht ein neues Wortpaar, singulär im Neuen Testament: Erziehende Gnade. (Das lutherische „uns in Zucht nehmen" spiegelt denn doch mehr die pädagogischen Vorstellungen einer anderen Zeit; παιδεύω sollte man ruhig mit dem widergeben, was uns ‚unser' Griechisch und ‚unsere' Pädagogik gelehrt haben, um hier unnötigen Mißverständnissen vorzubeugen.) Das ist es, wofür Weihnachten die Augen öffnet: Einwohnung und damit Einübung der Gnade, die heilt, die rettet.

Eine letzte Anmerkung vorweg: Wer predigt, möge beachten, daß bereits am nächsten Tag wieder der Titusbrief auf dem (Perikopen)Plan steht. Das beinhaltet die Gefahr der Wiederholung, und es birgt die Chance, abwechslungsreich anzuknüpfen. Die ‚Pädagogen' auf der Kanzel schauen voraus: Variatio delectat.

2. Beobachtungen am Text – Dieser Titus kennt seine Bibel

In der Tradition wird der Vf. des Briefes mit dem Titus aus Antiochien identifiziert, der Paulus zum Apostelkonvent nach Jerusalem begleitete (Gal 2,1-3). Demnach wäre Titus der unbeschnittene Heidenchrist und damit die Symbolfigur im Konflikt des Paulus mit den sogenannten Jerusalemer Säulen. Der Vf. des Titusbriefes ist aber alles andere als ein heidenchristlicher Eiferer. Judenchristliche Christologie ist ihm vertraut (Merkel, 12), bei den Adressaten des Briefes dürfte es sich um eine Gemeinde mit judenchristlicher Prägung handeln (Merkel, 13). Dafür ist nicht zuletzt die in unserem Text zitierte Hingabe-Formel in Vers 14 Beleg. Kurz: Dieser Titus kennt seine – Hebräische – Bibel, und er geht davon aus, daß dies auch für seine LeserInnen zutrifft. Es ist durchaus symbolhaft zu verstehen, daß dieser für Trennung stehende Name Titus nur eine bis zwei Generationen später für paulinische Autorität im Dienste einer gemeinschaftlichen Kirchenorganisation steht. Denn: Judenchristliche Prägung – das heißt zu dieser Zeit um 100 n.Chr. (Merkel, 13), also vor der Ausbildung von Verfassung und Kanon, Bewußtsein für die eigene Tradition, Sinn für und ein Verständnis vom Judentum, wie es von heute aus nur noch schwer nachvollziehbar sein dürfte.

Mit den ersten Worten des Abschnitts umreißt dieser Titus sein Thema: Epiphanie – erschienen ist denn – γάρ – die Gnade Gottes, die da heilt, die da rettet – alle Menschen. Vergleichbar dem lukanischen „Fürchtet euch nicht – Freude für alle" leuchtet in diesen wenigen Worten Weihnachten auf. Hier, bei Titus, ist Epiphanie der Gnade Ausgang und Ziel (V.13), beherrscht die Erscheinung den Abschnitt. Die Ausleger sind sich einig: Titus verwendet Begriffe der antiken hellenistisch-römischen Welt (Epiphanie, Retter), die sonst im Zusammenhang des Kaiserkultes zu finden sind, und zwar in bewußt antithetischer Gegenüberstellung. (Voigt, 40; Merkel, 98; Iwand, 472)

Ich möchte nur anmerken, daß man auch ganz anders interpretieren kann: Wenn Gottes heilsames Erscheinen beschrieben werden soll, was liegt da näher als der Rückgriff auf יפע (Hi), mit dem Gottes Erscheinen und aktuelles Eingreifen in die irdisch-menschlichen Verhältnisse zur Rettung für sein Volk in der Hebräischen Bibel beschrieben wird (Ps 50,2; 80,2; Dtn 33,2; vgl. Barth, 795)? Epiphanie, warum nicht einfach das Erscheinen der Gnade, der חסד, jenes treuen Gottes, der als der schon Bekannte sich nun allen öffnet in seiner Gunst und Liebe?

Wie gesagt: Dieser Titus kennt seine Bibel. Denn begründet ist das Offenbarwerden dieser Gnade für alle Menschen – und ich interpretiere: vor allem für die, die bisher noch nichts davon wußten: die Heiden/ die Völker – in jener österlichen Selbsthingabe Jesu, die der Vf. in Vers 14 durch ein Mischzitat aus Ps 130,8 und Ez 37,23 deutet (Voigt, 39). Der in dieser überlieferten liturgischen Formel gepriesene Christus errettet aus „jeglicher Gesetzlosigkeit und reinigt Menschen, so daß sie Gottes Eigentumsvolk werden können" (Merkel, 100). Mit der Formulierung des λαὸς περιούσιος und ihrem Anklang an Ex 19,5/ Dtn 7,6 greift der Vf. mitten ins Zentrum jüdisch-biblischen Selbstverständnisses. Dabei ist mit Nachdruck darauf hinzuweisen, daß hier nicht von einem *neuen* Volk (so aber Hammer, 90ff), sondern von *einem* Volk die Rede ist. Nichts sollte deshalb dazu verleiten, die Deutung des Geschehens in ureigenster jüdischer Tradition zur Herabstufung oder Aufhebung dieser Tradition zu mißbrauchen. (Eher positiv erscheint mir der Versuch Kümmels, 50f, mit dem Vergleichs-Bild vom Sabbatanfang, solange das Bild nicht als dunkle Folie für das helle Evangelium benutzt wird.)

Das Ziel des Textes sehe ich – eingerahmt von Ein- und Ausleitungsformel – in den Versen 12 und 13 (und am Ende des Verses 14 mit der Anfügung der ‚guten Werke'; Merkel, 100). Hier wird die Auswirkung der Gnade beschrieben: Sie heilt, rettet, läßt vom Bösen absagen, macht besonnen, zukunftsfroh und Gott erwartend. Zu all dem, so die Pointe, erzieht die Gnade uns, in all das übt sie ein. Ob mit Erziehung – παιδεύω tatsächlich das Stichwort griechischer Kultur gegeben ist (Merkel, 98; Jeremias, 73)? Es liegt nahe, gerade auch in den folgenden Tugenden σωφρόνως, δικαίως und ευσεβῶς die hellenistischen Kardinaltugenden wiederzufinden (Merkel, 99), so wie sie sich auch bei Philo im hellenistisch geprägten Judentum abzeichnen. Oder ist doch jener fromme Zaddik, jener gerechte Chassid gemeint (beide erst später in der jüdischen Tradition getrennt und im Bild des Chassiden wiedervereint), auf dessen Schultern die Welt ruht, weil in ihm und durch ihn die Gnade Gottes in die Welt hineinwirkt. Zugegeben: Es ist Spekulation. Weniger spekulativ ist es, daß die Begriffe Erziehen, Einüben, Weitergeben, Unterweisen (חינוך, לימוד, תלמוד, תורה) einen zentralen Ort innerhalb jüdischer Tradition einnehmen. Nirgendwo sonst wird in die Einwohnung der Gnade Gottes so unmittelbar ihre Einübung mit eingeschlossen. Liegt in der für protestantische Ohren ungewohnten Begriffsbildung der pädagogischen Gnade (wer denkt nicht zuerst an den usus elenchticus seu paedagogicus des Gesetzes bei Luther, aber ein usus paedagogicus der Gnade?) nicht vielleicht eine gute Umschreibung für Tora? Gnade, die heilt, die rettet, die erzieht und die eingeübt wird, weil sie gerade nicht gott-, gesetz- und gnadenlos ist.

3. Homiletische Entscheidungen – Inwendig und auswendig

Vom Text – an seinen ‚Klippen' vorbei – hin zur Situation und zum besonderen Anlaß des Tages, so könnte ich mir den Weg zur Predigt vorstellen. Der Text: das sind die Worte vom Erscheinen der Gnade, die uns (er-)ziehen will, die uns einwohnen wird, die von uns eingeübt und weitergegeben werden kann. Seine ‚Klippen': das sind „es ist ja alles so griechisch-klassisch-pädagogisch" oder „ein neuer Mensch – ein neues Volk – wir allein". Die Situation: das ist das Fest von der Einwohnung der Gnade Gottes, in der er allen Menschen nahe kommt.

Ich könnte mir eine Predigt vorstellen, die das Wechselspiel von Erscheinen und Einüben, von Einwohnen und Weitergeben, von inwendigem und auswendigem Glauben in der Feier des besonderen Abends beschreibt, ihm in Beobachtungen und Erzählungen nachspürt:

Die Gnade Gottes erscheint – das ist so gut, daß wir Lieder und Lyrik auswendig können, daß wir Sitte und Brauch und Form haben. Was zu uns kommt, will nach Außen.

Die Gnade Gottes wohnt unter uns, wohnt in uns – das können wir weitergeben. Schenken. Spenden. Singen. Umarmen. Aufhelfen. Was in uns wohnt, kann auch der Nächste sehen, spüren, lernen.

Die Gnade Gottes wird uns inwendig – das geht in Fleisch und Blut unseres Körpers und Kopfes, wird auswendig, wird aufgesagt und aufgesogen und nicht vergessen: Wenn der Kopf nicht mehr weiß, wird die Hand den Verlorenen schon noch halten können. Wenn die Augen nicht mehr sehen – die Lippen erzählen noch von Gottes Gnade, den Enkeln. Gerade an Weihnachten. Weihnachten wird aus einem ‚Du mußt' (die Über-Ich-Forderung) ein ‚Du kannst' (die innovative Kraft des Ich-Ideals; Josuttis, 96).

Das lernen wir: schon geliebt zu sein. Die Kinder von den Eltern, die Menschen von jenem Kind in der Krippe, die ChristInnen von jenem Volk, das erwählt ist. Gnade, die strahlt und rettet, wird eingeübt. Das verdirbt nicht den Spaß, im Gegenteil: Das gilt es zu feiern.

4. Kontexte – Woran man auch denken kann ...

Wem die Zielrichtung zu sehr als Affirmation kulturprotestantischen Bürgertums daherkommt, der sei auf die Möglichkeiten hingewiesen, die politische und ökono-

mische Dimension der Veränderungen herauszustreichen, die die Einwohnung der Gnade mit sich bringt (Josuttis, 96). Die Predigt muß ja nicht ‚seicht' sein, auch wenn das weihnachtliche ‚Donnerwetter' gerade bei diesem in sich paränetischen Text m.E. ausbleiben darf.
Eine Umdeutung des Festes der Inkarnation in ein jüdisch-christliches Gemeinschaftsereignis liegt mir fern. Sicher ist die Inkarnation Gottes in Jesus Christus eine der Trennlinien zwischen Juden und Christen (Thoma, 160; der ganze Artikel lohnt sich). Einwohnung der Gnade Gottes, Inwendigkeit Gottes, ist aber ein durchaus, wenn nicht durch und durch jüdisches Thema, wie Buber lehrt: „Gott wohnt, wo man ihn einläßt, sagt ein chassidischer Spruch; die Heiligung des Menschen bedeutet dieses Einlassen." (Buber, 939). So nimmt es nicht wunder, wenn auch das Einüben dieses Einlassens am intensivsten und schönsten in chassidischen Geschichten gelehrt, gelernt und vermittelt werden kann. Wer Glück hat, mag da eine Geschichte finden, die ihm wie Weihnachten vorkommt, weil die ganze Gnade Gottes erscheint und erschienen ist (z.B. in der Geschichte von Eisik Sohn Jekels in Krakau, dem Schatzsucher; Buber, 735).

Literatur:

H. Auf der Maur, Feiern im Rhythmus der Zeit I. Herrenfeste in Woche und Jahr, in: Der Gottesdienst der Kirche. Handbuch der Liturgiewissenschaft Teil 5, hg.v. H.B.Meyer u.a., Regensburg 1983.
M. Buber, Der Chassidismus und der abendländische Mensch, in: Werke III. Schriften zum Chassidismus, München 1963, 933-947;
ders., Der Weg des Menschen nach der chassidischen Lehre, in: s.o., 715-738;
C. Barth, Art. japa'/ נפי, in: ThWAT III, Stuttgart 1982, 790-795.
H.J. Iwand, Predigtmeditationen, Göttingen 1963, 471-476.
J.Jeremias/ A.Strobel, Die Briefe an Timotheus und Titus/ Der Brief an die Hebräer, NTD 9, Göttingen 1975.
M.Josuttis, Weihnachten – Das Fest und die Predigt, in: P.Cornehl u.a. (Hgg), „... in der Schar derer, die da feiern." Feste als Gegenstand praktisch-theologischer Reflexion, Göttingen 1993, 88-97.
W. Hammer, Ein neuer Mensch – ein neues Volk. Tit 2,11-14: Heiliger Abend, in: Calwer Predigthilfen Bd. 12, Stuttgart 1973, 90ff.
H. Herberg/ H. Kümmel, Heiligabend (Christvesper), Tit 2,11-14: Weihnachten zum Anfassen, in: Predigtstudien 1991/92, 44-54.
H.Merkel, Die Pastoralbriefe, NTD 9/1, Göttingen 1991.
H.Rathke, Heiligabend – 24.12.1991, in: GPM 1991/1992, Göttingen 1991, 28-33.
R.Schulz/ J.Goetzmann, Titus 2,11-14: Ein großes, grenzenloses Ja, in: Predigtstudien 1985/86, 39-47.
C.Thoma, Art. Inkarnation, in: Lexikon der jüdisch-christlichen Begegnung, Freiburg 1989, 157-161.
G.Voigt, Das heilige Volk. Homiletische Auslegung der Predigttexte der Reihe II, Berlin 1979, 38-45.

Christian Stäblein, Stettiner Straße 46, 37083 Göttingen.

Christfest I: Tit 3,4-7

1. Annäherungen

Ich habe keinen unmittelbaren Zugang zu diesem sehr abstrakten Text: mein Herz spricht er nicht an, ich muß mich meines theologischen Sachverstandes bedienen, um ihn zu verstehen.
Da die Perikope schwer verständlich ist, lese ich den gesamten Brief, was bei 3 Kapiteln Text kein Aufwand ist. Ich stöbere in meinem Gedächtnis: wer war Titus? Wann und von wem wurde der Brief verfasst, was sind seine zentralen Aussagen? Diese Fragen werden auch von Christian Stäblein beantwortet und somit sei hier auf die vorangehende Predigtmeditation verwiesen.
Die literarische Gestalt ist ein Hymnus, d.h. eine besondere Form des Lobes. Dies scheint mir für die Auslegung wichtig werden zu können.

2. Beobachtungen am Text

Die hymnische Gestalt der Perikope kommt in fast keiner Übersetzung zum Ausdruck. Im Griechischen besteht sie aus einem einzigen Satz, der eine Fülle dogmatischer Aussagen enthält.
Karin Moskon-Raschik geht in den Göttinger Predigtmeditationen der griechischen Struktur des Satzes nach und definiert – überzeugend – als Kernsatz der Perikope: „Als aber die Güte und Menschenliebe Gottes, unseres Retters, erschien ... hat er uns errettet, ... damit wir Erben des ewigen Lebens würden." (Göttinger Predigtmeditationen 1991/II) In diesem Kernsatz stechen die Worte „Güte und Menschenliebe", „erschien" und „Erben des ewigen Lebens" hervor. Um die „Menschenliebe" (philantrophia) kreisen zahlreiche ExegetInnen. Im ganzen NT taucht der Begriff nur hier auf. Bei Philo und Josephus erscheint dieser Begriff als eine Eigenschaft, die auch Gott gelegentlich zugeschrieben wird. (Merkel, 102.)
Die „philantrophia" wird von den ExegetInnen unterschiedlich gedeutet: So verbindet Gebhardt mit ihr „Menschlichkeit, Güte, Freundlichkeit, Umgänglichkeit, Kontaktfähigkeit, Kommunikationsbereitschaft, Zuwendung, Annahme, Behutsamkeit, Zärtlichkeit" (Predigtstudien 79, 58), Hücking dagegen greift mit Luthers Übersetzung „Leutseligkeit" das herablassende Element auf, das in der „Jovialität des Chefs" steckt. (Predigtstudien 1985, 55) Die „philantrophia" muß auch im Kontext des Herrscherkultes der römischen Antike gesehen werden: römische Herrscher ließen sich so beschreiben. Caesar ließ sich als „sichtbar erschienener Gott und allgemeiner Heiland des menschlichen Lebens", Augustus als „Heiland des allgemeinen Menschengeschlechtes" verehren. (Ibid., siehe auch Predigtstudien 1991, 64) Hierzu und zu dem Begriff des „Erscheinens" siehe die Ausführungen Stäbleins. Es wird deutlich: das Erscheinen Gottes, seine Zugewandtheit und unsere Rettung tauchen nicht nur im Hymnus auf, der als „vorgeprägter Text" übernommen wurde, sondern sind ein zentrales Thema des Briefes.
Das dritte Stichwort und Ende des Kernsatzes beschreibt uns als „Erben des ewigen Lebens". „Erbe" ist ein Begriff, der in der hebräischen Bibel recht häufig vorkommt. Israel ist mit Gott familiär verbunden: das Erbe Gottes, ihm zugespro-

chen wird, ist das Land. Das „ewige Leben" des Menschen ist eine Vorstellung, die sich erst in den späten Büchern der Bibel – so bei Daniel (12,2) und der intertestamentarischen Literatur, z.b. den Makkabäern (2. Mak 7,9.36) findet. Die Beschreibungen in der rabbinischen Literatur – wie auch im NT – variieren. Ein Beispiel: „In der zukünftigen Welt gibt es weder Essen noch Trinken, noch Fortpflanzung und Vermehrung, noch Kauf und Verkauf, noch Neid, Haß und Streit. Vielmehr sitzen die Gerechten mit ihren Kronen auf ihren Häuptern und weiden sich an dem Glanz der Göttlichkeit, denn es heißt: *sie schauten Gott, aßen und tranken* (Ex. 24.11) (Hab. Ber 17a).

Im NT taucht dieser Begriff mehrfach auf: in den Evangelien findet er sich z.B. in der Geschichte des reichen Jünglings (Mt. 19.16). Hier scheint das „ewige Leben" eine Umschreibung für „Himmelreich" zu sein.

In Joh 8,48 verleiht Jesus das „ewige Leben", in Rm 6,23 wird es als „Gnadengabe Gottes" charakterisiert. Wird in den Briefen des NTs das ewige Leben eher mit abstrakten Worten beschrieben, so wird es in den Evangelien (Lk. 22,29) und der Offenbarung (Apk 19,6; 22,2) höchst anschaulich beschrieben. Das „ewige Leben" ist nicht nur ein ein Thema am Rand des Titusbriefes, sondern erscheint bereits im Eingang des Briefes gleichsam als eine Überschrift. (Tit. 1,2)

3. Homiletische Entscheidungen

Aus diesem Text ließe sich ohne Probleme eine Predigtreihe machen. Jede Aussage könnte zum Thema werden: die Güte und Menschenfreundlichkeit Gottes, die Rettung der Menschen, die Bedeutung der „Werke der Gerechtigkeit" zu predigen – gerade vor dem Hintergrund noch immer existierender antijüdischer Vorurteile. Vor dem Hintergrund des Zeitgeistes ist „Wiedergeburt" ein spannendes Thema. Auf alle Fälle empfiehlt es sich, die Vielfalt der Aussagen zu reduzieren.

Durch die „Beobachtungen am Text" dürfte klar geworden sein, daß es mir um eine Auslegung des Kernsatzes „Als aber die Güte und Menschenliebe Gottes, unseres Retters, erschien ... hat er uns errettet, ... damit wir Erben des ewigen Lebens würden" geht. Die Güte und Menschenfreundlichkeit Gottes werden ausführlich in den Predigtstudien von 1979 und 1985 behandelt, Christian Stäblein beschäftigt sich mit „dem Erscheinen Gottes", es bleibt das „ewige Leben."

Grundlegend für das Verständnis dieses Konzeptes/Bildes, sind zwei Aussagen Conzelmanns: „Die Erwartung eines ewigen Leben ist ‚Hoffnung', nicht objektivierende metaphysische Vorstellung." Und darüber hinaus: „Der Sinn all dieser Bilder (die das ewige Leben bildreich beschreiben) ist, das Heil als überweltliches und zugleich als Heil *für mich* darzustellen." (RGG, Bd. II, 804f) Das Bild des „ewigen Lebens" gilt dem Individuum und der Gemeinschaft, es stellt das eigene Leben in einen größeren Kontext – mit dem Tod ist nicht alles vorbei – so die Verheißung. Das Bild hilft, Alltag und gegenwärtige Muster der Weltdeutung zu transzendieren. Wie sagt Jenny in Maurice Sendaks Kinderbuch: „Es muß im Leben mehr als alles geben." Gerechte mit Kronen auf den Köpfen, das himmlische Jerusalem mit Garten und Bäumen, die fortwährend Früchte tragen. Das Bild des ewigen Lebens ist eng mit dem Tun der Gerechtigkeit verbunden ...

Ziel der Predigt, könnte darin bestehen, das Bild des „ewigen Lebens" neu zu erschließen und seine Vielfalt und Deutungstiefe erkennbar und schmeckbar zu machen. Durchaus ein Thema für Weihnachten. Das Bild des „ewigen Lebens" ist Gottesdienstbesuchern aus der Abendmahlsliturgie vertraut: „Der Leib Christi bewahre dich zum ewigen Leben" oder „Das stärke und bewahre euch im Glauben zum ewigen Leben." Hierdurch ergibt sich ein Anknüpfungspunkt an die Praxis: Erfahrenes kann so vielleicht neu oder zusätzlich mit Deutungen angereichert werden. (Ich habe mich jahrelang gefragt, was dieses „ewige Leben" eigentlich meint.)

4. Kontexte

Zu den Lesungen des Tages gehört Psalm 96, auch er ein Lobpreis Gottes. Jedoch auf ganz andere Art als im Titusbrief wird hier Gott gelobt: die Sprache ist konkret und bildreich. Gott wird als König, als Macher des Himmels und als Richter, der Gerechtigkeit bringen wird, beschrieben. All dies ist Anlaß zur Freude. Freude nicht nur für das Volk Gottes, sondern für alle Völker. Die Aufforderung: „Singt dem Herren ein neues Lied", richtet sich an die ganze Welt. Der Titusbrief dagegen spricht von „uns", also den Jesus-Messias-Gläubigen. Dieser Text eignet sich vorzüglich als Lesung oder Gebet zu Beginn des Gottesdienstes. Dieser Gedanke läßt sich entwickeln: anhand beider Texte könnte in einer Predigt über *verschiedene Arten Gott zu loben* deutlich gemacht werden, wie sehr biblische Literatur kulturell konditioniert ist. Jede Generation formuliert ihren eigenen Lobpreis Gottes – und muß dies auch tun. Es wird deutlich: es gibt viele höchst verschiedene Formen, Gott zu loben und zu preisen. Wie preisen wir Gott heute?

5. Liturgievorschläge

Das Lektionar gibt Mi. 5,1-4, Ps. 96 und Luk. 2, (1-14) 15-20 an. Ps 96 würde ich als Gebet nehmen. Gegenuber Micha habe ich leichte Vorbehalte: in einigen Köpfen steckt noch immer das Schema „Voraussage – historische Erfüllung". Um es nicht zu vertiefen, würde ich von dieser Lesung absehen und statt dessen Mi 4, 1-5 wählen, da dieser Text messianische Zeiten beschreibt und Aspekte des „ewigen Lebens" enthält.

Wer nicht unbedingt Lukas 2 lesen lassen möchte, dem lege ich Luk. 18,18-27 – die Geschichte des reichen Jünglings auf der Suche nach dem ewigen Leben – ans Herz.

Lieder
Freut euch ihr Christen alle, EG 34
Fröhlich soll mein Herze springen, EG 36
Wie herrlich gibst du Herr dich zu erkennen, EG 271
Singt, singt dem Herren neue Lieder (Psalm 98 hat eine große inhaltliche Nähe zu Psalm 96) EG 286
Großer Gott wir loben dich, EG 331

6. Literatur

Der Babylonische Talmud. übers. von Lazarus Goldschmidt. Frankfurt a.M., 1996.
Gebhardt, Rudolfin: Predigtstudien II/I 1979. Stuttgart 1979. 57-62
Hammerich, Holger in: Predigtstudien II/I 1997. Stuttgart 1997. 63-66.
Hücking, Hans H. in: Predigtstudien II/I 1985. Stuttgart 1985. 54-58.
Jeremias, Joachim, A. Strobel. Die Briefe an Timotheus und Titus. Der Brief an die Hebräer. NTD. Göttingen 1975.
Merkel, Helmut. Die Pastoralbriefe. NTD.Göttingen: 1991.
Moskon-Raschik, Karin. in: GPM 1991/11. 40-46.
Zürcher Bibel Konkordanz. Zürich 1969.
RGG, Art. Ewiges Leben.

Ursula Rudnick, Kirchstr. 6., 30449 Hannover

Christfest II: Hebr 6,1-6

1. Annäherung

Der Hebräerbrief macht einen fremdartigen Eindruck. Schon die Anrede ist ja ungewöhnlich. Wahrscheinlich werden Texte aus diesem Brief selten gepredigt, obwohl sie immer wieder in den Perikopenreihen auftauchen. Auch im Studium hört man wenig vom Hebräerbrief, und doch ist er keineswegs unwichtig; denn er diskutiert immer wieder die Frage: Wer ist Jesus? Das ist nun nicht biographisch gemeint, sondern im Blick auf seine Würde und seine Funktion. Gleich zu Anfang des Briefes werden dazu grundlegende Aussagen gemacht.

2. Beobachtungen am Text

a) V.1-2a beschreiben eine wichtige Ausgangsposition des Verfassers: Jesus, Gottes Sohn, steht am Ende einer Kette von Offenbarungen Gottes an die „Väter", die Vorfahren, die Israeliten. Viele Wortereignisse durch die Propheten hatte es schon gegeben, bis am Ende dieser Zeit Gott durch seinen Sohn geredet hat.

b) Nun folgen in V.2b-4 eine ganze Reihe von Ehrenprädikationen Jesu: Erbe von allem, Mitschöpfer der Welt, Abglanz der Herrlichkeit Gottes, Ebenbild („Charakter") seines Wesens, der alles trägt durch sein kraftvolles Wort, der zur Rechten Gottes sitzt, der erhabener ist als die Engel und einen vorzüglicheren Namen als sie ererbt hat. Begründet werden diese Ehrentitel durch sein Werk: Er hat die Reinigung von den Sünden vollbracht.

c) Eine Reihe von Zitaten aus dem AT soll die Erhabenheit Jesu über die Engel unterstreichen, von denen die ersten drei noch zur Perikope dazugehören:
V.5a zitiert Ps 2,7. Dieser Satz ist ursprünglich auf den (irdischen) König bezogen, wird hier aber auf Jesus übertragen. Ganz genauso geschieht das in V.5b mit dem Zitat aus 2.Sam 7,14. In V.6 zitiert der Verfasser Ps 97,7, allerdings nach der Version der LXX. Hier ist ursprünglich Gott gemeint, doch wegen des Kyrios-Titels wird auch hier der Sinn auf Jesus übertragen.

Der Hebräerbrief will gleich zu Anfang die überragende Würde Jesu festschreiben: In ihm geschieht die letzte und wichtigste Wortoffenbarung Gottes am Ende einer Kette von prophetischen Vorläufern, wobei im Frühjudentum auch Mose und die „Väter" als Propheten angesehen werden. Jesus überragt alle anderen (Engel-)Mächte und sitzt zur Rechten Gottes.

3. Homiletische Entscheidung

In unserer Predigttradition war es üblich, die Besonderheit Jesu dadurch zu untermauern, daß man alles andere abwertete, ganz im Sinn des Satzes: „Jesus ist das Ende des Gesetzes." Das trifft aber ebensowenig auf diesen Satz zu wie auf den Anfang des Hebräer-Briefes. Der Verfasser will keineswegs sagen, daß man nach Jesus alles, was vor ihm gewesen war getrost vergessen könne. Dann hätte er weder die Propheten erwähnen noch die anderen AT-Stellen zitieren brauchen. Mit Jesus ist etwas ganz Wichtiges geschehen, das ist seine Aussage, doch dieses Wichtige ist nur verständlich, wenn man es im Rahmen des Vorlaufenden versteht. Es geht gar nicht um eine Entwertung der vorhergehenden Offenbarungen, sondern um das richtige Verständnis Jesu und seines Werkes. Jesus steht am Ende einer Kette von Mitteilungen Gottes an Israel und ist die unüberbietbare Endoffenbarung, aber damit ist die Kette insgesamt nicht entwertet noch auch nur eines ihrer Glieder. Sie behalten ihren Eigenwert als Selbstmitteilungen Gottes – wie könnte es denn auch anders sein. Der Verfasser des Hebr. stellt die Besonderheit Jesu nicht *gegen* das AT dar, sondern nur *mit* ihm! Damit unterstreicht auch er die fortlaufende Einheit von AT und NT.

Im Eph finden wir einen ganz ähnlichen Zusammenhang (Eph 2,19f.):

„So seid ihr nun nicht mehr Fremde und Beisassen, sondern ihr seid Mitbürger der Heiligen und Hausgenossen Gottes, aufgebaut *auf dem Grund der Apostel und Propheten*, wobei Christus Jesus sein Eckstein ist."

4. Kontexte

An mittelalterlichen Domen findet man häufig am Portal, aber auch im Inneren, Darstellungen der Propheten und – ihnen zugeordnet – der Evangelisten. Entweder sind sie rechts und links von Jesus, dem Weltenrichter, dargestellt oder einander über- und untergeordnet. Die Evangelisten stehen dabei über den Propheten, wodurch ausgedrückt wird, daß sie „*auf dem Grund der Propheten*" fußen.

5. Liturgievorschläge

EG 30 *Es ist ein Ros entsprungen*

Eckhard von Nordheim, Justus-Liebig-Str. 3, 64839 Münster/Odw.

1. Sonntag nach Christfest: 1. Joh 1,1-4

1. Annäherung

Nach dem Weihnachtsstreß und den Feiertagen blicken wir nun auf das Geschehene zurück. Zur Begleitung dessen ist der vorliegende Predigttext geradezu prädestiniert und lädt uns dazu ein: „was wir gehört haben, was wir gesehen haben mit unseren Augen, was wir betastet haben ..." (aus 1. Joh 1,1) zu reflektieren.
Doch ist es uns wohl nicht möglich diesen Text zu lesen, ohne dabei den Johannesprolog im Ohr zu hören.

2. Beobachtungen am Text

Der Verfasser beginnt mit diesen wohl formulierten Sätzen seinen Brief oder genauer sein Traktat, und die Nähe zum Johannesprolog ist unübersehbar. Die Einleitungsverse kreisen und bewegen sich um die Worte: „und das Leben ist erschienen".
Vers 1: „Von Anfang an" war das Neutrum WAS. Es begleitet uns bis zum dritten Vers. Das Neutrum deutet auf etwas unbestimmtes, schwebendes und göttliches. Anders als im Johannesevangelium vermitteln die Worte „von Anfang an" zwischen der Präexistenz (Joh 1,1; 1. Joh 1,2 und vgl. auch Gen 1,1; Sprüche 8,22-30; Sirach 24) aus der Weisheitschristologie und der Inkarnation und Taufe als ekklesiologische Bedeutung (1. Joh 2,24). Hier wird die Tradition von der Schöpfung und dem Wort des Lebens bis zu den urchristlichen Zeugen und Zeuginnen verknüpft. Die Zielpersonen haben nicht nur gehört, mit ihren Augen gesehen und mit ihren Händen betastet, sondern wirklich verstanden: Jesus Christus – das Wort vom Leben (Joh 5,24). Kein anderer ist vom Anfang an und ist das verkündete Leben (1. Joh 2,7+24 und 3,11).
Vers 2: Nun folgt eine Zusammenfasssung des Johannesprologes (Joh 1,14+7+1+18). Diese Offenbarung formuliert der Autor neu und die Zeugen und Zeuginnen geben nun die empfangene Offenbarung als glaubendes Zeugnis weiter. Das ewige Leben ist der Gegenstand und Inhalt ihres Zeugnisses und ihrer Verkündigung.
Vers 3: Zum dritten Mal werden die Schritte der Offenbarung wiederholt. Das Erschienene wird gesehen und die Verkündigung wird gehört. Durch die Verkündigung wird eine Verbindung zwischen den Ereignissen und den Adressaten und Adressatinnen geknüpft. Der zeitliche Abstand wird überwunden. Durch diese gemeinsamen Erfahrungen wird Gemeinschaft geschaffen und das Ziel der Verkündigung erreicht.
Vers 4: Das Schreiben ruft den Menschen die Verkündigung ins Bewußtsein und soll auch die Freude der ersten urchristlichen Zeugen und Zeuginnen an die heutigen lesenden, sehenden und hörenden Menschen weitergeben, damit die Freude Gottes in der Welt eine Heimat hat. Die heutige Gemeinde wird mit hinein genommen in diese Bewegung und erfährt so Gemeinschaft.

1. Joh 1,1-4

3. Homiletische Entscheidungen

Die Predigt kann in zwei Richtungen den Text verfolgen.
Hören, Sehen und Bezeugen: Der Text spannt die Arme weit aus und nimmt die Gottesdienstbesucher und -besucherinnen mit in die Traditionskette auf. Im nachweihnachtlichen Durchatmen kann die Geschichte der Heiligen Nacht auf sie wirken. Sie können sie hören, beschauen und betasten und diese neu erleben und erfahren, obwohl wir Jesus Christus nicht sehen, hören und betastet können. Von hier aus ist nur möglich die gegenwärtige Welt wahrzunehmen: gegen ein Augen und Ohren schließen. Sie sind aufgerufen selber Zeugen und Zeuginnen der heutigen Geschehnisse (Ereignisse vor Ort??) zu werden und die Traditionskette weiterzuführen.
Der Messias: In einer Predigt kann die allen bekannte Geburtsgeschichte Jesu (Lk und auch Mt) durch die Einleitung des 1. Johannesbriefes und unter Gebrauch der jüdischen Tradition entfaltet werden. Ausgehend vom unbekannten „was" läßt sich Jesu Sein und Tun aufzeigen und dies ist ohne seinen jüdischen Hintergrund undenkbar, denn „das Leben ist erschienen". Jesus Christus wird durch seine lebendige Lehre für uns erfahrbar.

4. Kontexte

Hören, Sehen und Bezeugen:
- Bildmeditation (z.B. E. Barlach: Das Wiedersehen oder der Singende)
- Schema Israel und die Auslegungen dazu (vgl. P. Nave Levinson)
- Wir hören (Gen 3,8; Ps 103,20; Spr 1,20)
- Wir sehen (Ex 24,17; Ps 34,9 und 141,8; Jes 35,2 und 40,5)
- Wir bezeugen (Jes 43,10)

Der Messias:
- Präexistenz der Weisheit (verschiedene Targumim zu Gen 1,1; BerR 1,1 – die Weisheit ist der Schöpfungsplan: die Thora)
- Präexistenz des Namens des Messias (BerR 1,4; bPes 54a; PRE 6a)
- „Die Weissagungen der Propheten beziehen sich auf die Tage des Messias. Für die zukünftige Welt gilt das Wort 'Kein Auge außer dir, Gott, hat es geschaut`." (bBerachot 34b)
- 12. Glaubensartikel von Maimonides: „Ich glaube mit vollkommenem Glauben an das Kommen des Messias, und obwohl er sich verzögert, warte ich dennoch täglich auf ihn, daß er kommt."
- Ein Rabbi traf den Elia und fragte: Wann wird der Messias kommen? Er sagte: Gehe zu ihm und frage ihn selbst. Er sitzt bei den Bettlern in den Toren Roms. Du erkennst ihn daran, daß er nicht wie die anderen seine Wunden auf einmal neu verbindet, sondern eine nach der andern, falls er gerufen wird. Der Rabbi ging hin und fragte ihn: Wann wird der Messias kommen? Er sagte: Heute. Der Rabbi kehrte zu Elia zurück und sagte: Er hat falsch zu mir gesprochen, denn er ist heute nicht gekommen. Elia erklärte es ihm: Heute, wenn ihr auf Seine Stimme hört. (bSanhedrin 98a)

5. Liturgievorschläge

- Lied: Schweige und höre (aus: Wenn Himmel und Erde sich berühren, Liederbuch, Gütersloh, 1993, Nr. 78)
- Lied: EG 54: Hört, der Engel
- Lied: EG 34 (+129): Freuet euch, ihr Christen
- Lied: EG 432: Gott, gab uns Atem
- Votum: Schwestern und Brüder – steht auf. Steht auf und erhebt eure Herzen. Steht auf und erhebt eure Augen. Steht auf und erhebt eure Stimmen. Der lebendige Gott, der lebendige, der alles bewegende Geist Gottes hat uns zusammengerufen – zum Zeugnis und zur Feier. Wendet euch einander zu. Denn Gott wendet sich an uns! Laßt uns Gott anbeten (aus: Wenn Himmel und Erde sich berühren, Texte, Lieder ..., Gütersloh, 1993, S. 40)
- Gebet aus dem Siddur: Ich rufe zu dir, denn du erhörst mich, Gott, neige dein Ohr zu mir, vernimm mein Wort! In Gerechtigkeit schaue ich dein Angesicht, erquicke mich, erwachend, an deiner Herrlichkeit. (Bamberger, S. 1)

Literatur:
H.-J. Klauck: Der erste Johannesbrief, EKK 23/1, Neukirchen-Vluyn, 1991.
Sidur Sefat Emet, mit Übersetzung von S. Bamberger, Basel, 1986.
P. Nave Levinson: Höre Israel – Talmudische und liturgische Traditionen, in: Das Vaterunser, Hrsg.: M. Brocke u.a., Freiburg, 3. Auflage, 1990, S. 56-76.
K. Wengst: Der erste, zweite und dritte Brief des Johannes, OTK zum NT 16, Gütersloh, 2. Auflage, 1992.

Angela Langner, Küselstr. 11, 10409 Berlin

Altjahrsabend: Röm 8,31b-39

1. Annäherung

Wie das bei Predigtmeditationen so ist, entstehen die Überlegungen zum Altjahrsabend in einer Zeit, in der sich noch nichts von den Stimmungen und Empfindungen des zuende gehenden Jahres niederschlägt, im Gegenteil: Nach der Sommerpause stellt sich der gewohnte Alltagsrhythmus allmählich wieder ein. Mehr noch, das Erntedankfest steht bevor: Erntezeit ist es in den Weinbergen und in den Obsthängen, die Fülle des Jahres ist mit Händen zu greifen. Ist aber nicht gerade jetzt ein guter Zeitpunkt, Jahresbilanz zu ziehen – mitten in der Erntezeit, gerade dann, wenn für alle guten Gaben gedankt wird? Das jüdische Neujahr, Rosh Hashana, und mit ihm der Rückblick auf die Fülle des zurückliegenden Jahres fällt in diese Tage. Aus der erfahrenen Fülle schöpfen und so Kraft gewinnen für das Neue – könnte das nicht Anregung sein auch für unser Nachdenken am kalendarischen Ausklang des Jahres in der unwirtlichen Jahreszeit? Denn auch wir leben vom Kirchenjahr her gedacht aus der Fülle: An Weihnachten haben wir sie gefeiert, die Fülle Gottes, uns geschenkt in der Christusgeburt ...

2. Beobachtungen am Text

Zum Zusammenhang des Textes:

In seiner ausführlichen Monographie skizziert Osten-Sacken das Kapitel Röm 8 als das Gegenüber zu der exemplarischen Deutung vorchristlicher Existenz in Röm 7, mit dem auch der gesamte Zusammenhang Röm 5-8 seinen Abschluß findet. Unser Text in Röm 8,31b-39 setzt einen hymnisch-triumphalen Schluß, der nicht losgelöst von dem zutiefst angefochtenen Hintergrund gehört werden darf.

„Wer dieses hochgemute Lied des Apostels nur mit geschlossenen Augen hören kann, wer es nur mit Orgelbegleitung zusammen verträgt, für den ist es nicht geschrieben." (Jüngel, S.123).

Der Jubelgesang über die erfahrene Gnade, vor Gott von Gott in Jesus Christus gerecht gemacht worden zu sein, muß seine Töne durch die Wirklichkeit des Leidens, der Entmutigung und letztlich des Todes hindurch bahnen. In der Struktur unseres Textes ist diese Wirklichkeit (V.35b-36) eingeklammert von der wiederholt formulierten Gewißheit der unverlierbaren Liebe Gottes. Die paulinische Wortschöpfung, die der Luthertext mit „wir überwinden weit" wiedergibt, greift dabei den mit Psalm 44 zitierten Aufschrei „Erhebe dich, Gott!" angesichts des erfahrenen Leidens auf. Die Verortung des paulinischen Freiheitsgesangs

„Bei aller Begeisterung über den Geist der Freiheit, der uns durch dies Kapitel anweht, sollten wir doch innehalten bei der Besinnung auf den Realismus, der in den Aussagen 8,19-39 den Enthusiasmus der christlichen Freiheit begleitet. Diese Befreiung schenkt uns nicht eine Befreiung von der alten drückenden Wirklichkeit, sondern führt uns als Befreite in sie zurück, damit wir dort als Hoffnungsträger inmitten der noch nicht erlösten Welt – und immer noch auch: unter ihren Bedingungen – wirken. Solche subversive Bewährung ist geradezu das Indiz dieser Freiheit." (Marquardt, S.264)

in der gegenwärtig erlebten Leidenssituation wird vertieft durch die aus apokalyptischem Traditionsgut zusammengestellte Reihe der Mächte und Gewalten (V.38-

39a), gegen die die unverletzbare Einheit des Menschen mit der Liebe Gottes bekräftigt wird.

„Als ungeheure, sagen wir als unendliche Endlichkeiten, Gegebenheiten, Geschaffenheiten stehen sich dort auch die letzten, die unvermeidlichen Kontraste ... gegenüber: als negierte Negationen, als aufgehobene Setzungen, friedlich, versöhnt, erlöst, aufgelöst in ihrer Gegensätzlichkeit, eins in Gott. Denn die Liebe Gottes in Jesus Christus ist die Einheit der Liebe Gottes zum Menschen mit der Liebe des Menschen zu Gott. In ihr triumphiert unsre Liebe. In ihr ist der Punkt erreicht, wo die unvollziehbare Identität vollzogen ist. Aber sofort kehren wir um in der Einsicht, daß wir diese Identität in keinem Sinn vollziehen oder als vollziehbar auch nur denken können. Es genüge uns zu wissen, daß wir von dorther kommen, dorthin gehen." (Barth, S.313)

Zum Sitz im Leben des Textes:

Osten-Sacken erschließt in seiner Untersuchung anhand der mit „Wer" eingeleiteten und zusammengestellten Fragen unseren Text als katechetisches Frage-Antwort-Formular (s.u.), das wohl in der griechisch-sprachigen judenchristlichen Gemeinde seinen Sitz im Leben hat, darauf deuten auch die Thematik der Rechtfertigung und die apokalyptische Terminologie (dazu: Osten-Sacken, S.46f). Diese form- und traditionsgeschichtliche Beobachtung ist insofern ein interessanter Hinweis für unsere Betrachtung des Textes, als hier ein Sitz im Leben angezeigt wird, der den Umgang mit Überlieferung und deren Interpretationskraft für die Gegenwart thematisiert. Das formgeschichtlich als weisheitlich-rabbinisches Lehrgespräch definierte Frage-Antwort-Schema hat Parallelen in den durch sogenannte „Kinderfragen" eingeleiteten Überlieferungsstücken im Alten Testament (vgl. Ex 12,26f; 13,14ff; Dtn 6,20ff, Jos 4,6f.21ff), in kanonischen und apokryphen weisheitlichen Zeugnissen (u.a. Hiob 4,17ff; Jes.Sir.10,19) und in rabbinischer Überlieferung wie zum Beispiel:

„Rabbi Jose, Judas Sohn, aus Kephar Habbabli, sagte: Wem gleicht, wer von Jungen lernt? Dem, der unreife Trauben ißt und davon Wein aus der Kelter trinkt. Wem gleicht, wer von Alten lernt? Dem, der reife Trauben ißt und alten Wein trinkt." (Pirqe Avoth 4,26)

Im Vergleich mit diesen Texten stellt Osten-Sacken fest:

„Die erarbeitete Frage-Antwort-Reihe ist als vorpaulinisches katechetisches Formular zu bezeichnen, in welchem die wesentlichen Inhalte urchristlichen Glaubens in einprägsamer Form und unter der bestimmten Frage nach der Situation der Glaubenden angesichts der ihnen als feindlich bekannten Mächte zusammengefaßt wird." (Osten-Sacken, S.35)

Die Anknüpfung von V.33 an den Vertrauenspsalm Jes 50,7-9 interpretiert Osten-Sacken in Bezugnahme auf den Zusammenhang einer Prozeßsituation, wie sie von dem Formular in Röm 8,31-39 als Situation des Menschen entfaltet wird (bei Osten-Sacken, S.45): Christus selbst ist der Anwalt des Menschen gegen die Ankläger – Widersacher, Mächte, Gewalten, Gott selbst – im Rechtsstreit:

„Gott verteidigt uns durch seinen Sohn. Der vertritt uns vor Gott dem Vater als ein Anwalt und bittet für den argen Sünder: Ach, Vater, der Sünder ist stumm, er kann nicht reden. Ich hab für ihn genug getan. Schone sein. Da bückt sich dann Christus und läßt den Sünder auf seinen Rücken springen. Er errettet ihn so vom Tod und dem Stockmeister. Gott tut wie ein Vater gegen seinen Sohn. Wenn man spricht: Siehe, dein Sohn schielt, dann spricht der Vater: Das Kind liebäugelt! Desgleichen: Das Wärzlein steht ihm so wohl, daß es genug ist." (Luther, S.161)

Die christliche Gemeinde antwortet auf die Bedrängnis der Prozeßsituation

„in Form von Antworten, die ihren Sitz in der Verkündigung haben und im Bekenntnis zu eigen gemacht werden. Auf diese Weise übt das Formular in die Gewißheit ein, daß mit Jesus Christus das Ende der Furcht gekommen ist, weil Gott selbst für den Menschen Partei genommen hat." (Osten-Sacken, S.49)

3. Homiletische Entscheidungen

„Die schönsten Lieder entstehen in der Nacht ...Wo ein Mensch inmitten aller Dunkelheiten das neue Lied anstimmt, da trägt sein Leben schon einen Abglanz des Tages, da das Stückwerk ein Ende hat und die Hoffnung zum Ziel kommt." (Goller-Braun, S.951)

Der Altjahrsabend als Abendgottesdienst legt die bildliche Rede von der Dunkelheit gegenwärtiger Welterfahrung, durch die der Jubelgesang des Paulus dringt, nahe. In der Predigt müßte es gelingen, die Töne dieses Liedes hörbar zu machen in der Konkretion aktueller Welterfahrung, und, darin ganz dem Traditionsgut des Textes folgend, auch in der Konkretion von Lebens- und Weltängsten, die im Zugehen auf das Jahr 2000 mancherorts und bei manchen schon fast apokalyptisch eingefärbt sind. Es müßte jedoch auch, im Blick auf den eingangs erwähnten Aspekt des jüdischen Neujahres zur Zeit der Ernte, von der Fülle gegenwärtiger Welterfahrung zu hören sein, die sich, eben darin der Spannung der Aufzählung in V.38-39a folgend, zwischen Leben und Tod bewegt, zwischen Gelingen und Scheitern, zwischen Momenten des Glücks wie der Verzweiflung.

Davon, wie wir die Welt erfahren, ist also zu reden – und woran wir uns in dieser Welterfahrung orientieren. Daß hier ein liturgisch verwendetes katechetisches Formular in der Tradition weisheitlich-rabbinischer Lehrgespräche Orientierung verschafft, gibt Anlaß zum Nachdenken darüber, wie wir mit der Tradition, mit Gelerntem und Überliefertem umgehen: Lassen wir uns von den „fremden" – jedenfalls nicht eigenen, jedenfalls nicht an unsere Sprache angepaßten, jedenfalls nicht heutigen – Worten anrühren, helfen, zurechtbringen, den Blick weiten, uns in Zusammenhängen verorten, die über unsere augenblickliche Befindlichkeit hinausweisen? Es ist zu vermuten, daß Menschen an einem Abend wie diesem, der die vergehende und sich eröffnende Zeit in den Blick nimmt, für ein gemeinsames Nachdenken darüber offen sind. Und damit für den Schritt, in den „fremden" – und dann vielleicht zu „eigenen" werdenden – Fragen und Antworten die Botschaft zu suchen und zu hören, die uns zu Jubelnden hier und heute macht: Nichts kann uns scheiden von der Liebe Gottes.

4. Kontexte

„Wer ist gegen uns?
Gott ist für uns, der ja den eigenen Sohn für uns dahingegeben hat!
Wer wird die Auserwählten Gottes anklagen?
Gott ist's, der gerechtspricht!
Wer ist es, der verurteilen wird?
Christus Jesus ist es, der gestorben ist, mehr noch – der auferweckt ist, der zur Rechten Gottes ist, der denn auch wirklich für uns eintritt!
Wer wird uns trennen von der Liebe des Christus?

Weder Engel noch Mächte noch Gewalten, weder Höhe noch Tiefe noch irgendein anderes Geschöpf."
(Von Osten-Sacken erarbeitetes vorpaulinisches katechetisches Formular, in: Osten-Sacken, S.47)

5. Liturgievorschläge

64 Der du die Zeit in Händen hast, 351 Ist Gott für mich so trete, 59 Das alte Jahr vergangen ist, 646 Aus Gottes guten Händen

Literaturhinweise
Karl Barth, Der Römerbrief, 1933
Sabine Goller-Braun, Predigtmeditation zum Altjahrsabend 1991, in: Für Arbeit und Besinnung, 45.Jg., Nr.23, 1991
Eberhard Jüngel, Geistesgegenwart, 1974
Luthers Epistelauslegung, Der Römerbrief, hg. von Eduard Ellwein, 1963, Bd.1
Friedrich Wilhelm Marquardt, Das christliche Bekenntnis zu Jesus, dem Juden, Band 1, 1990
Peter von der Osten-Sacken, Römer 8 als Beispiel paulinischer Soteriologie, 1975

Monika Renninger, Schubartstr. 12, 70190 Stuttgart

Neujahr: Jak 4,13-15

1. Annäherung

Zu Neujahr ziehen wir Bilanz. Wir blicken zurück auf das vergehende Jahr, würdigen unsere Leistungen, ärgern uns über die Mißerfolge. Wir wagen den Blick in die Zukunft und beginnen Pläne zu schmieden. Mitten in dieses Planen hinein kommt die Anklage des Jakobus: „Du hast bei deinem Planen das Wichtigste vergessen! Du hast vergessen zu sagen: So Gott will!"

Ich kenne eine ganze Reihe von Leuten, vor allem aus frommen Kreisen, die diese Formel sehr oft und gerne benützen. Aber auch Politiker (bei uns in Rumänien nach den Wahlen von November 1996) beenden oft ihre Ansprachen mit den Worten: „Dazu helfe uns Gott". Mir stellt sich angesichts dieser Tatsache die Frage, ob die inhaltliche Aussage dieser Formel ernst genommen wird, oder ob sie nur gebraucht wird, um nach außen hin den Anschein der Frömmigkeit und der Gottesfurcht zu bewahren.

Sollte der Verfasser des Jakobusbriefes bestrebt sein, die häufige Wiederholung dieser Formel in der Öffentlichkeit zu erwirken, oder fordert er eine Lebenshaltung, die auf Gott hin ausgerichtet ist und nach seinem Willen fragt?

2. Exegetisches

Unsere Perikope ist Teil des Briefes, der von Martin Luther als „stroherne Epistel" bezeichnet wurde. Der Brief enthält viele praktische Hinweise für das christliche Leben des Einzelnen und der Gemeinde, die ich neben der paulinischen Rechtfertigungstheorie nicht missen möchte.

Als Entstehungszeit wird die Zeit der zweiten christlichen Generation angenommen (die Auseinandersetzung um die Beachtung der Speisegebote spielt keine Rolle mehr, es werden handeltreibende Christen vorausgesetzt; vgl. Dibelius, S.31f). Somit geht der Brief nicht auf den Herrenbruder Jakobus zurück, aber wahrscheinlich auf eine Person, die ein gewisses Ansehen in der Gemeinde genoß (vgl. hierzu die umfangreichen Ausführungen von Dibelius, S.23ff).

Die Perikope ist im Stil prophetischer Rede gehalten und richtet sich primär an selbstsichere Geschäftsleute, die ganz genau zu wissen meinen, „wann und wohin und wie lange und wozu sie unterwegs sind" (Balz/Schrage, S.48). Sekundär – durch die Predigt – richtet sich der Text an die heutige Hörerschaft, an alle, die ihre Pläne nicht von Gott revidieren lassen.

Nachdem der Verfasser in V.13 die Reden der Geschäftsleute zitiert, macht er in V.14 ihre Pläne zunichte: „ihr wißt nicht, was morgen sein wird". In V.14b wird die Anklage noch härter: „Ein Dampf seid ihr!" Bemerkenswert ist das Wortspiel „φαινομένη – ἀφανιζομένη" (bestehen – verschwinden) (V.14). Durch die beiden fast gleichlautenden Wörter wird die Vergänglichkeit des menschlichen Lebens hervorgehoben und eine unlösbare Verbindung zwischen Bestehen und Vergehen geschaffen. Im Grunde genommen ist hier zu verstehen: Es gibt im menschlichen Leben nichts, was wirklich Bestand hat.

Es fällt auf, daß der Verfasser des Briefes, trotz seiner beinahe apokalyptischen Einstellung in V.14, nicht das Handeltreiben und das Gewinnmachen an sich verurteilt. Er wendet sich gegen eine Lebenshaltung, die mit Gott nicht rechnet (V.15).

Der als „conditio Jacobaea" bekannte Satz: „So Gott will", der hier den Plänemachern verordnet wird, ist wesentlich älter als der Jakobusbrief selbst. Paulus kennt und gebrauchte diese Formel (vgl. Apg 18,21; 1Kor 4,19; 16,7).

Das doppelte „καί" in V.15 erinnert an den gleichen Satzbau in V.13 und ist mit „sowohl – als auch" zu übersetzen. Das heißt: „Wenn der Herr will, werden wir sowohl leben als auch dies oder jenes tun", und nicht, wie es – aufgrund der alten Lutherübersetzung – oft verstanden und zitiert wird: „Wenn der Herr will und wir leben, werden wir dies oder jenes tun". „Die ausdrückliche Erwähnung einer zweiten Bedingung nach Gottes Willen wäre auch religiös befremdlich" (Dibelius, S.278). Schließlich ist unser Leben von Gottes Willen abhängig. Unsere Zeit steht in seinen Händen.

3. Homiletische Entscheidungen

M.E. stecken in diesem Text zwei Aussagen, denen große Bedeutung zukommt. Die erste ist das Bewußtsein der Vergänglichkeit des menschlichen Lebens. „Denn was ist euer Leben? Ein Dampf seid ihr, der eine kleine Zeit währt, danach aber verschwindet er" (V.14).

Der zweite wichtige Gedanke könnte als Losung formuliert werden: „Kein Plan ohne Gott!" Planen ist, denke ich, auch im Sinne des Jakobus, nicht verboten (Gott sei Dank, denn was wären wir ohne unseren Terminkalender!), aber selbstsicheres Planen, das für unvorhersehbare Ereignisse völlig verschlossen bleibt, ist verkehrt. Hingegen ist Flexibilität geboten, Pläne zu ändern, wenn der Herr es so will.

Als möglichen Aufbau einer Predigt stelle ich mir vor:

1. Ansprechen der Predigthörerinnen und -hörer in der konkreten „Neujahrssituation" (Zeit der Bilanzen und Pläne).

2. Mitten in unser Planen kommt etwas dazwischen: Gott. In diesem Teil würde ich den Versuch unternehmen, die Zuhörenden zur Einsicht zu bringen, daß ein wenig Freiraum für Gottes Wirken in unsere Pläne hineingehört. Gott plant auch, aber seine Pläne stimmen nicht immer mit unseren überein. Vielleicht sollten wir das Unvorhersehbare, das dazwischenkommt, nicht als ein Hindernis in der Ausführung unserer Pläne ansehen, sondern als die Chance, etwas Neues zu beginnen.

Wichtig scheint mir, in der Predigt darauf hinzuweisen, daß die „conditio Jacobaea" keine leere Floskel sein soll, die an jeden beliebigen Satz angehängt werden kann, sondern daß sie bei denen, die sie im Sinne des Jakobus gebrauchen, eine Lebenshaltung widerzuspiegeln versucht.

Den Möglichkeiten der Predigtgestaltung sind keine Grenzen gesetzt. Ich möchte hier einige unkonventionelle Vorschläge anführen.

Die Predigt kann als Dialog zwischen Leser und Jakobus gestaltet werden. Dabei können sehr gut die eigenen Fragen mit den „Antworten" des Textes kombiniert werden, ohne daß die Predigt langweilig wird, was am Neujahrstag, wo die meisten Leute müde zum Gottesdienst kommen, ohnehin nicht geboten ist.

Möglich ist es auch, die Predigthörerinnen und -hörer einzuladen, mit Jakobus verschiedene Leute zu besuchen, die gerade dabei sind, Pläne zu machen, etwa einen Kaufmann, eine Modeschöpferin, einen Weltraumforscher, eine Jugendliche, ein Kind. Jakobus ist über alle diese Gestalten enttäuscht, weil sie Gott aus ihren Plänen ausklammern, und drückt dies auch entsprechend aus. Soll die Predigt ein happy – end haben, so kann der letzte von Jakobus Besuchte jemand sein, der Pläne mit Gott macht, worüber Jakobus dann seine Genugtuung zum Ausdruck bringen kann.

Oder es kann die dramatische Geschichte eines Kaufmanns erfunden werden, der alles verloren hat, der sich seiner Sache zu sicher war, und der nun im Rückblick über sein Mißgeschick erzählt. Die Predigt kann als Monolog des Kaufmannes oder als Gespräch mit einem guten Freund ausgearbeitet werden.

4. Kontexte

Aus dem Alphabet des Ben Sira: „Es geschah einmal bei einem Mann, der ein reicher Vornehmer war, daß er viele Ländereien besaß, ohne genug Ochsen zu deren Pflügen zu haben. Was tat jener Mann? Er nahm einen Geldbeutel mit 100 Denaren und ging nach einer Stadt, um Ochsen oder Kühe zu kaufen zum Pflügen seiner Ländereien. Unterwegs begegnete ihm Elias, gesegneten Angedenkens. Dieser sprach zu ihm : Wohin gehst du? Er antwortete: Nach einem Dorf mit Ochsen, um Ochsen oder Kühe zu kaufen. Elias sprach zu ihm: Sage: „Wenn Gott will!" Er antwortete: Ob er will oder nicht will, siehe, mein Geld ist in meiner Hand und ich werde, was mir nötig ist, tun. Der Mann verliert dann sein Geld, kehrt um und holt frisches Geld und begegnet abermals dem Elias. Dieser spricht zu ihm: Wohin gehst du? Jener antwortete: Um Ochsen zu kaufen, so Gott will. Da sagte Elias zu ihm: Geh in Frieden mit gutem Gelingen! Dann erhält er seine verlorengegangenen Gelder wieder und wird reich gesegnet. Schlußbelehrung: Darum muß jeder Mensch, der irgend etwas tun will, sagen: So Gott will" (Strack/Billerbeck I, S.758).

Wer in seiner Predigt das Wort „ἀτμίς" (Dampf) in den Mittelpunkt stellen und die Vergänglichkeit des menschlichen Lebens hervorheben will, der sei auf die Stelle aus ApokBar 82,2ff hingewiesen: „Wissen sollt ihr aber, daß unser Schöpfer uns (Israel) sicherlich rächt an allen unseren Feinden ... Jetzt sehen wir ja die Fülle des Wohlstands der Völker, während sie gottlos handeln, und doch gleichen sie einem Hauche. Und wir schauen auf die Ausdehnung ihrer Herrschaft, während sie Frevel verüben, und doch werden sie einem Tropfen zu vergleichen sein. Und wir sehen die Festigkeit ihrer Macht, während sie Jahr für Jahr dem Allmächtigen entgegentreten, und doch werden sie dem Speichel gleichzuachten sein. Und wir denken nach über die Herrlichkeit ihrer Größe, während sie die Gebote des Höchsten nicht beobachten, und doch werden sie vergehen wie Rauch. Und wir sinnen nach über die Schönheit ihrer Pracht, während sie in Unsauberkeiten dahinleben, und doch werden sie wie Gras, das dürr wird, verdorren. Und wir denken nach über die Stärke ihrer grausamen Härte, während sie das Ende nicht bedenken, und doch werden sie wie die Welle, die vorüberfließt, zerstieben. Und wir beobachten ihre prahlerische Macht, während sie die Güte Gottes, der (sie) ihnen gegeben hat, verleugnen, und doch werden sie wie eine Wolke, die vorüberzieht, vergehen" (Strack/Billerbeck III, S.142f).

Ebenfalls zum Thema Vergänglichkeit paßt Git68a. Um den Tempel erbauen zu können, braucht Salomo den Sched Ashmedai. Er schickt Benajahu ben Jehojada aus, um Ashmedai herbeizuholen. Durch eine List gelingt es Benajahu, den Dämon zu fangen und zu Salomo zu bringen. Auf dem Weg benimmt sich Ashmedai recht merkwürdig. „Er erblickte einen Blinden, der auf dem Wege umherirrte; er brachte ihn auf den (rechten) Weg. Er erblickte eine fröhliche (Hochzeits-) Gesellschaft, darin man gar lustig war; da weinte er. Er hörte einen Mann, der zum Schuhmacher sagte: Mache mir Schuhe für sieben Jahre! Da lachte er ... Benajahu sprach zu Ashmedai: Warum hast du jenen Blinden, als du ihn auf dem Wege umherirren sahst, auf seinen Weg gebracht? Er antwortete: Man hatte über ihn im Himmel verkündigt, daß er ein vollkommener Gerechter sei, und daß derjenige, der ihm eine Erquickung bereiten würde, die zukünftige Welt erlangen sollte ... Warum hast du, als du jene fröhliche (Hochzeits-) Gesellschaft sahst, geweint? Er antwortete: Man (Gott) wird den Tod des Mannes in dreißig Tagen fordern, und sie wird dreizehn Jahre lang auf die Leviratsehe mit ihrem unmündigen Schwager warten müssen. Warum hast du gelacht, als du jenen Mann hörtest, wie er zum Schuhmacher sprach: Mache mir Schuhe für sieben Jahre? Er antwortete: Dieser hat nicht mehr sieben Tage (zu leben) und will Schuhe für sieben Jahre!" (Strack/Billerbeck IV.1, S.510ff).

In DtR 9 wird erzählt, daß R. Schimon b. Chalaphta einmal bei einem Beschneidungsfest war, an dem der Vater Wein auftischte, von dem er einen Teil bis zur Hochzeit des Sohnes aufbewahren wollte. Auf dem Heimweg traf der Rabbi den Todesengel, der „verändert" aussah „wegen des Geredes der Leute, die sagen: So und so wollen wir tun, ohne daß man weiß, wann man vom Tode betroffen wird. So hat jener Mensch, bei dem du gespeist hast, zu euch gesagt: Von diesem Wein will ich alt werden lassen für das Hochzeitsfest meines Sohnes, und siehe, seine (des Sohnes) Zeit abzuschneiden ist nach 30 Tagen gekommen." Der Rabbi forderte vom Todesengel, ihm seine Zeit zu zeigen, und dieser antwortete: „Über dich und deinesgleichen habe ich keine Gewalt. So oft Gott an euren guten Werken Wohlgefallen hat, legt er euch Leben zu, wie es heißt Spr 10,27: Die Furcht Jahves vermehrt des Lebens Tage" (Strack/Billerbeck I, S.148).

Möglich ist die Einbeziehung eines Gedichtes von Rainer Maria Rilke in die Predigt:

„Der Tod ist groß.
Wir sind die Seinen
lachenden Munds.
Wenn wir uns mitten im Leben meinen,
wagt er zu weinen
mitten in uns." (EG, S.935)

5. Liturgievorschläge

Da m.E. in keinem Gottesdienst das Alte Testament fehlen sollte, schlage ich als Lesung vor Pred 3 (i.A.).

Als Evangelienlesung eignet sich thematisch gut die Geschichte vom reichen Kornbauern Lk 12, 16-20.

Liedvorschläge: Laß uns in deinem Namen, Herr (EG 634) und Laß mich, o Herr, in allen Dingen (EG 414).

Literatur:

Balz, Horst/Schrage, Wolfgang – Die „Katholischen" Briefe. Die Briefe des Jakobus, Petrus, Johannes und Judas, NTD Band 10, Göttingen 1980

Dibelius, Martin – Der Brief des Jakobus, Meyers Kritisch-Exegetischer Kommentar über das NT, Bd 15, Göttingen 1984

Evangelisches Gesangbuch. Ausgabe für die Evangelisch-Lutherischen Kirchen in Bayern und Thüringen

Strack, Hermann L./Billerbeck, Paul – Kommentar zum Neuen Testament aus Talmud und Midrasch, München 1974

Renate Klein, Piata Republicii 16, RO – 2300 Fagaras, Rumänien

1. Sonntag nach Epiphanias: Röm 12,1-8
2. Sonntag nach Epiphanias: Röm 12,9-16

1. Annäherung

Wozu diese Texte in der Epiphaniaszeit? – An Sonntagen, die die Taufe Jesu (Evangelium am 1.n.Epiphanias: Joh 1,29-34) bzw. die Hochzeit von Kana (Evangelium am 2.n. Epiphanias: Joh 2,1-11) erinnern?

Wie diese Texte auch nur hör-bar werden lassen? – Beide ‚Perikopen' sind beim ersten Lesen schwer verständlich, wie mag es da erst ihren HörerInnen gehen: Nach Grundsätzlichem in Röm 12,1f. folgen in V.3-8 mit einem scheinbar wohl vertrauten und den Kontext deshalb fast erschlagenden Bild eingeleitete Entfaltungen. In V.9-16 finden sich Einzelsätze, deren Zusammenhang nicht ohne weiteres einleuchtet. Ihr mahnender Charakter mag zudem Widerstand hervorrufen.

Welche Schwerpunkte setzen, zumal unter der Perspektive ‚christlich-jüdischer Kontext'? Da die Gegenüberstellung von ‚formaler Beachtung des Gesetzes' im Judentum und der Christen anheimgestellten ‚erbarmenden Liebe' nicht trägt, ist das Eine. Wie aber diese – ausschließlich an die christliche Gemeinde gerichteten, das Verhältnis zu Juden und Heiden nicht in den Blick nehmenden – Texte so auslegen, daß christliches Selbstverständnis nicht in Abgrenzung vom Judentum entfaltet wird?

2. Beobachtungen am Text – Miszellen

V.1f.: Die Verse bilden die Einleitung zur Paraklese Röm 12,3-13,7 und haben ihre Entsprechung in Röm 13,8-14. Der Rückbezug (durch οὖν) auf den Lobpreis Gottes in 11,33-36 ist wichtig und widerspricht dem für Röm 12 oft postulierten krassen Neueinsatz.

V.1: Zur Bedeutung von παρακαλέω vgl. 2.Kor 5,20: Verkündigung des Evangeliums und ‚Ermahnung' sind mit demselben Wort beschreibbar. ‚Ermahnen' und ‚Sagen' (V.3) entsprechen einander.

Angesprochen sind die „Geschwister", also die christliche Gemeinde allein.

Mit „Barmherzigkeiten Gottes" (Plural!) ist die Terminologie der Hebräischen Bibel aufgenommen (vor allem in den Psalmen: Ps 25,6; 103,4; 119,77.156; 145,9 u.ö.). Auch wenn hier Paulus (und nicht Gott) zum Handeln auffordert, tut er es um der Barmherzigkeiten Gottes willen – also unter Inanspruchnahme göttlicher Autorität.

Die kultischen Begriffe (hingeben, Opfer, vernünftiger [Barth: „sachgemäßer"] Gottesdienst) weisen zunächst auf die Verwurzelung des Paulus in jüdischen Denkstrukturen und Diskussionsprozessen. Die Diskussion ums Opfer (Synagogengottesdienst neben Tempelgottesdienst) ist innerjüdische Diskussion (vgl. schon Mi 6,1-8; Dtn 10,12; vgl. SDt 11,13 § 41 [zitiert bei Strack/Billerbeck, Kommentar zum Neuen Testament aus Talmud und Midrasch, Bd.3, 26]), auch wenn Paulus sich in diesem Abschnitt zugleich mit paganen Opfervorstellungen auseinandersetzen mag. – Um einen Gegensatz Kirche – Israel geht es hier nicht.

V.2: Läßt sich der erste Imperativ – ‚stellt euch nicht dem Schema dieser Welt gleich' – im Sinn einer Brücke zwischen Christen und Juden deuten? Auch wenn der zweite – ‚laßt euch umwandeln' – auf Röm 6 und damit das durch die Taufe bewirkte neue Leben zurückgreift.

V.3: Durch die Wortwahl werden auch hier Rückbezüge zu den vorhergehenden Abschnitten des Röm hergestellt (vgl. z.B. zum ὑπερφρονεῖν Röm 11,20!). Allerdings zielt Röm 12,3 nicht auf das Verhältnis von Christen und Juden, sondern mahnt eine angemessene Haltung von ChristInnen untereinander an.

V.4f.: Das Bild vom Leib begründet die Mahnung von V.3 und wird in V.6-8 weiter expliziert, wobei die Verschiedenheit der Charismen innerhalb der Gemeinde im Vordergrund steht.

V.7: Während die Lutherbibel sehr allgemein „Amt" übersetzt, meint der Text selbst die ‚Diakonie', die hier zwischen Prophetie und ‚Lehre' angesiedelt ist (vgl. Röm 16,1: Phöbe als Diakonin).

V.8: „Barmherzigkeit" bezeichnet – in jüdischer Tradition – „jedwede praktische Hilfestellung (vgl. Luk 10,37!), also z.B. Krankenpflege, Gefangenenfürsorge und ähnliches" (Wilckens, 15f.) Da jemand ‚gebe', ‚vorstehe', ‚Barmherzigkeit übe' – dazu wird nicht aufgefordert, die Ermunterung betrifft vielmehr die Art und Weise des Handelns: lauter, sorgfältig, gern.

V.9ff.: Waren in V.6-8 einzelne ‚Charismatiker' im Blick, so sind jetzt (erneut) alle ChristInnen in gleicher Weise angesprochen. Die Verse lassen sich als Ausführung zu V.1 verstehen.

V.9b: Hier wird eine breite Tradition der Hebräischen Bibel aufgegriffen (vgl. Am 5,15; Jes 1,16f.).

V.10: Die ‚Geschwisterliebe' ist erste „Frucht des Geistes" (Gal 5,22). Der V.9 prägenden emotional besetzten Sprache (hassen; anhängen) tritt als Korrektiv die „Ehrerbietung" zur Seite.

V.11: „Wo nichts brennt ist auch kein Licht" (Käsemann, 330).

V.12: Das durchgängig mit „Geduld" wiedergegebene ὑπομονή bezeichnet weder eine passive, noch eine antike Tugendhaltung. Es beschreibt vielmehr „die Haltung der Märtyrer und Märtyrerinnen in der jüdischen und dann christlichen Tradition, die Konflikte mit der Gesellschaft, u.U. sogar die Hinrichtung auf sich nehmen, weil sie auf Gottes Reich auf dieser Erde [er]warten und aus dieser Hoffnung Konsequenzen für ihr ganzes Leben ziehen" (Luise Schottroff, in: Christine Schaumberger / Luise Schottroff, Schuld und Macht. Studien zu einer feministischen Befreiungstheologie, München 1988, 105).

V.13: „konkretisiert die Gemeinschaft des Leibes Christi (12,5) praktisch durch Hinweise auf inner- und zwischengemeindliche Diakonie; ähnlich dringt auch V.15 auf die Solidarität im Alltag (vgl. 1 Kor 12,23f.)" (J.Hermelink, Predigtstudien 1991/92, 124).

V.14: Zur Feindesliebe vgl. Mt 5,44. Eine Abhängigkeit beider Stellen voneinander ist wenig wahrscheinlich (vgl. in diesem Zusammenhang Flusser, Entdeckungen im NT, 183f., demzufolge hier, wie auch sonst in Röm 12,8b-13,7 „essenische Motive [...] eingebettet" sind).

V.15: Flusser führt die Ermunterung „Freuet euch mit den Fröhlichen, weinet

mit den Weinenden" auf Hillel zurück. Sie stellt einen „kreativen Midrasch zu Koh 3,4" dar (Flusser, Entdeckungen im NT, 183, Anm.).
V.16: Zieht eine Art Zwischenbilanz. Von daher – und weil V.17ff. erneut das Thema Feindesliebe aufgreift – läßt sich der Abschluß der Perikope rechtfertigen.

3. Homiletische Entscheidungen

Nur wenige PredigerInnnen werden an beiden Sonntagen predigen. Trotzdem möchte ich versuchen, beide Texte so aufeinander zu beziehen, daß ihr Zusammenhang sichtbar wird. Das schließt die Entscheidung ein, am ersten Sonntag Röm 12,1-8 zu predigen (auch deshalb, weil V.4-8 V.1 gleichsam „erläutern"), am zweiten Sonntag dann Röm 12,9-16 der Predigt zugrunde zu legen. Zugleich bedeutet es, daß ‚Konkretionen' für die Predigt zu Röm 12,1-8 nicht aus dem folgenden Abschnitt gewonnen werden dürfen.

Zu Röm 12,1-8:

Als Einstieg kann ich mir die Aufnahme des „Und stellt euch nicht dieser Welt gleich" (V.2) vorstellen. Nach einer kurzen Beschreibung der ‚Zustände im alten Rom' wäre hier auf die Spannung zwischen der nicht selten anzutreffenden Sehnsucht nach Weltflucht und dem Eingebundensein von HörerInnen sowie PredigerIn in diese unsere Welt zu thematisieren. Gegen eine unreflektierte ‚Anpassung' könnte Stellung genommen werden – und dieser Anpassung gegenübergestellt eine Reaktion, die sich aus den Erfahrungen der Barmherzigkeiten Gottes speist. Diese Reaktion kann beschrieben werden als Gottesdienst im Alltag der Welt. Einer Welt, der sich ChristInnen nicht einfach gleich machen, zu der sie sich kritisch distanziert („prüfend" [V.2]) verhalten. Dabei wissen sie sich getragen von Rahmenbedingungen. Konkretionen lassen sich aus V.3-8 ableiten, wobei weniger die ‚Ämter' bzw. ‚Rollen' als vielmehr die Art und Weise des Verhaltens zur Sprache kommen könnten.

Zu Röm 12,9-16:

Gut gefällt mir die Überlegung, die Verse ohne finite Verben im Sinn einer „Verheißung" zu verstehen (vgl. A.Geense, GPM 1979/80, 86). Wenn dieser Gedanke zur Leitidee der Predigt wird, müßte der Text in eigener Übersetzung vorgelesen werden („Wahre, ungeheuchelte Liebe gibt es und ihr werdet sie erfahren" ...). Erinnert werden könnte zu Beginn der Predigt dann der Dekalog, der die Befreiung aus Ägypten voraussetzt. Auch dort ist es ja sachgemäß, anstelle des „du sollst ..." zu lesen: „Weil Gott dich befreit hat, wirst du / brauchst du nicht ...". Interessant könnte der Versuch sein, den Dekalog – d.h. die ‚zehn großen Freiheiten' (Ernst Lange) – mit den Einzelmahnungen von Röm 12,9-16 zu ‚versprechen'.
Hilfreich scheint mir dabei die Einsicht, daß Paulus in Röm 12,1-13,14 nicht auf Vollständigkeit zielt. Das läßt die Möglichkeit offen, für die Predigt nach neuen, aktuellen Konkretionen zu suchen, die allerdings „an Niedrigkeit und Vergeltungsprinzip Christi und an dem Bild der Gemeinde als seinem Leib ausgerichtet bleiben" sollten (vgl. J.Hermelink, 125).

4. Kontexte

„Aber, Herr Hyazinth, wie gefällt Ihnen denn die protestantische Religion?"
„Die ist mir wieder zu vernünftig, Herr Doktor, und gäbe es in der protestantischen Kirche keine Orgel, so wäre sie gar keine Religion. Unter uns gesagt, diese Religion schadet nichts und ist so rein wie ein Glas Wasser, aber, sie hilft auch nichts. Ich habe sie probiert und diese Probe kostet mich vier Mark vierzehn Schilling –" (Heinrich Heine, Die Bäder von Lucca, Kap.IX, in: Ders., Werke in vier Bänden, Bd. II, insel taschenbuch, Frankfurt/M. 1994, 339).

R.Isaak hat gesagt: Die Tora will dich gute Sitten lehren, da ein Mensch, wenn er Almosen gibt, sie mit fröhlichem Herzen geben soll; denn wenn Ruben gewußt hätte, daß Gott über ihn würde schreiben lassen: Als das Ruben hörte, wollte er ihn aus ihren Händen erretten (Gen 37,21), dann würde er ihn getragen und zu seinem Vater gebracht haben; und wenn Boas gewußt hätte, daß Gott würde über ihn schreiben lassen: Er aber legte ihr geröstete Körner vor (Rut 2,14), dann würde er sie mit gemästeten Kälbern gespeist haben. (Zu Röm 12,8, zit. nach Strack/Billerbeck, Kommentar, Bd.3, 26)

Auf die Frage, was das Christentum sei,
antwortete ein Junge:
„Christentum ist das, was man nicht darf."
So denken viele.
Und wenn man sie nach dem Grund
für diese merkwürdige Ansicht fragt,
reden sie von den Zehn Geboten:
„Da heißt es doch immer ‚Du sollst nicht!'"
Was für ein ungeheuerliches Mißverständnis!
Gott ist kein Zwingherr, sondern der Befreier.
Er befreite sein Volk Israel
aus der Knechtschaft in Ägypten.
Dann führte er es zum Berg Sinai.
Und vom Berg Sinai aus machte er ihm klar,
wie groß die Freiheit ist,
die man mit Gott hat.
(Ernst Lange, Die zehn großen Freiheiten, 3)

Ein japanischer Autokonzern wirbt zur Zeit für sein Modell „Charisma".

5. Zur Liturgie

1. Sonntag nach Epiphanias
Wochenpsalm: Ps 89 (in Auszügen); wo Psalmen im Wechsel gelesen werden, bietet sich dafür Ps 27 an.
Wochenlied: EG 441: Du höchstes Licht, du ewger Schein
Lied nach der Predigt: EG 395: Vertraut den neuen Wegen

2. Sonntag nach Epiphanias
Wochenpsalm: Ps 100.
Wochenlied: EG 5: Gottes Sohn ist kommen.
Lied nach der Predigt: EG 420: Brich mit den Hungrigen

Literatur:

K.Barth, Die Kirchliche Dogmatik, II/2, Zürich 1948, 796-818.
D.Flusser, Entdeckungen im Neuen Testament, Bd.1: Jesusworte und ihre Überlieferung, hg.v. M.Majer, Neukirchen-Vluyn 1987.
W.Huber, Die Zukunft gehört der Hoffnung [Predigt zu Röm 12,1-3], in: K.-W.Pick (Hg.), Glauben in der Stadt, Stuttgart 1995, 86-96.
E.Käsemann, An die Römer, HNT 8a, Tübingen 1974.
E.Lange, Die zehn großen Freiheiten, Gelnhausen/Berlin 1965.
U.Wilckens, Der Brief an die Römer (Röm 12-16), EKK VI/3, Zürich u.a. 1092.

Ernst Michael Dörrfuß, Klotzstr. 26, 70190 Stuttgart

3. Sonntag nach Epiphanias: Röm 1,14-17

1. Annäherung

Das Evangelium dieses Sonntages, die Heilung des Hauptmanns von Kapernaum (Mt 8,5-13), stellt *vorbildlichen Glauben* eines Menschen vor Augen: „Herr, ich bin nicht wert, daß du unter mein Dach hineingehst, aber sprich nur ein Wort, so wird mein Knecht geheilt werden." (Mt 8,8). Der Predigttext, die Epistel, zielt auf die andre Seite – auf eine für das Neue Testament *vorbildliche Beschreibung des Handelns Gottes im Evangelium* als einer Kraft Gottes zum Heil der Menschen (Röm 1,16f).

„*Heil* (...) ist kein akzeptiertes Wort mehr für das, was die meisten (...) mit der Beziehung zu Gott verbinden. Seit Heil die Verbindung zu Heilung verloren hat, ist es blaß und offenbar auch unbedeutend für die meisten Menschen geworden. Zumindest für die Evangelischen (...) ist *Geborgenheit* an die Stelle von Heil getreten." [Jörns, 207] Stimmt dies Ergebnis einer der neuesten religionssoziologischen Umfragen, dann wird für die meisten Menschen der Predigttext in seiner Spitzenaussage erst einmal unverständlich sein, abgesehen sicher vom traditionellen Predigthörer der Kerngemeinde.

Vielleicht denkt der eine oder die andre bei dieser paulinischen Zentralstelle auch an *Luthers reformatorische Entdeckung*. Nicht nur für ihn, auch für die andren Reformatoren hatte diese Stelle systemsprengende Relevanz. „Da erbarmte sich Gott meiner. Tag und Nacht war ich in tiefe Gedanken versunken, bis ich endlich den Zusammenhang der Worte beachtete (...) Da fing ich an, die *Gerechtigkeit Gottes* als eine solche zu verstehen, durch welche der Gerechte als durch Gottes Gabe lebt, nämlich aus dem Glauben. Ich fing an zu begreifen, daß dies der Sinn sei: durch das Evangelium wird die Gerechtigkeit Gottes offenbart, nämlich die passive, *durch welche uns der barmherzige Gott durch den Glauben rechtfertigt,* wie geschrieben steht. (...) Da fühlte ich mich wie ganz und gar neu geboren und durch offene Tore trat ich in das Paradies selbst ein." [WA 54,185f]

Fällt das Stichwort *Gerechtigkeit,* so wird der Zeitgenosse die Frage nach der Gerechtigkeit hier auf Erden aktueller und interessanter finden als die nach der Gerechtigkeit Gottes. Auch die Reformatoren haben die Horizontale, den Zusammenhang mit der irdischen Gerechtigkeit, nicht vergessen. Zwinglis Schrift „Von göttlicher und menschlicher Gerechtigkeit" kann auch dem modernen Leser für die Frage nach der Verbindung von beidem immer noch eine gute Hilfe sein: Wie gerecht leben wir aus der uns geschenkten Gerechtigkeit? [Z II,485-525]

Und nicht zuletzt, das alles im christlich-jüdischen Kontext: Der Ansatz kann hier sein, daß trotz des universalen Charakters von Glaube und Heil den Juden ein Vorzug bleibt – *„den Juden zuerst und auch den Griechen."* (Röm 1,16) Ganz anders hier diese Bestimmung des Nebeneinanders von Judentum und Völkerwelt – als beispielsweise noch im Evangelium des Sonntags zu hören ist, das die Juden als reine Antifolie (miß-) gebraucht, und dann ausschließlich in Ersetzungskategorien redet (Mt 8,10-12).

2. Textbetrachtung:

Röm 1,14f. Paulus sieht seinen bislang noch unerfüllten Wunsch, einmal die Gemeinde in Rom zu besuchen, nicht als Privatangelegenheit. Vielmehr ist es schlicht Anerkenntnis der Tatsache, daß er als Apostel das Evangelium „Griechen und Barbaren, Gebildeten wie Ungebildeten" schuldig ist. Ihm ist es ernst damit, mit seiner Missionspredigt zur Vergrößerung der christlichen Gemeinde in der Reichshauptstadt beitragen zu wollen. Das universale Evangelium hat auch diese „Kraft", seine Diener auf Reisen zu schicken.

Röm 1, 16f. Paulus weist entschieden die Vorstellung zurück, er würde sich etwa des töricht scheinenden Evangeliums (vgl. 1.Kor 1,18) vor den Gebildeten schämen. Dies ist keinesfalls der Grund dafür, daß er noch nicht in Rom war. Mit der Gegenbehauptung definiert er dann gleichzeitig das Evangelium und gibt die These an, die er im gesamten Römerbrief entfalten wird. *Das Evangelium als die Kraft, die Gottes Gerechtigkeit offenbar macht, indem sie nun gleichzeitig jedem glaubenden Menschen Gerechtigkeit zuspricht.*

Man wird – gegen alle kritischen Einwände – an der zentralen Stellung der Rechtfertigungslehre im paulinischen Denken nicht vorbeikommen [vgl. Childs I, 290f; vgl. Eichholz 228f]. Für den Apostel bleibt sie eng verklammert mit dem Christusgeschehen: ja wie sich gerade an dieser Stelle Gottes Gerechtigkeit für den Menschen offenbart, dem allein will Paulus nachspüren – Röm 3,26: „zum Erweis der Gerechtigkeit Gottes in der Gegenwart, damit er selbst gerecht sei und den gerecht spreche, der aus dem Glauben an Jesus existiert." Was Christus geschehen ist, das ist ihm stellvertretend für uns geschehen. Heilvoll, ja heilmachend ist das Geschenk, da wir jetzt durch ihn Anteil an Gottes Gerechtigkeit haben – Röm 8,32: „Er, der seinen eigenen Sohn nicht verschont hat, sondern hat ihn für uns alle dahingegeben, wie sollte er uns mit ihm nicht alles schenken?" Kraftvoll ist das Geschenk, weil es im gepredigten Evangelium wirksam wird.

Paulus spricht von Offenbarung (Röm 1,17) und sagt es zunächst so, als ob es sich im Evangelium um ein neues Angebot geschenkter Gottesbeziehung handele. Sollte es Erkenntnis göttlicher und menschlicher Gerechtigkeit erst seit Christus geben? Nein, denn der Apostel stützt selbst die Rede von der Offenbarung mit einem Schriftbeweis aus den Propheten. Auch Hab 2,4 ist Evangelium. Wer christliche Predigt auch vor jüdischen Ohren verantworten will, der wird gerade diesen Zusammenhang entfalten müssen:

Israel wird von den Babyloniern bedroht, Habakuk klagt über die Not seines Volkes. Als dessen Wächter wartet er auf neue Weisung Gottes (Hab 2,1). Er muß sich daran erinnern lassen, daß Gottes Geschichte ihre eigenen Zeiten hat – und es folgt die Ermahnung, *bei aller Verzögerung geduldig und zuversichtlich mit Gottes Kommen zu rechnen.* Denn die Offenbarung Gottes „kommt gewiß und bleibt nicht aus." (Hab 2,3) Gott wird sich offenbaren, wenn der Gottlose (Babylon/Nebukadnezar) schließlich zugrundegeht, der Fromme aber aus Glauben, d.h. dank seiner Treue zu Gottes Verheißung, das Leben erhält (Hab 2,4).

Geduldiges Warten darauf, daß Gott handelt und sich dem Menschen mitteilt, wann und wie er es will. *Gewißheit in der Hoffnung auf eine befreiende Initiative Gottes.* Das ist die Haltung des Glaubens, die Gott recht ist und der er schon in der

Hebräischen Bibel Leben verheißt: ein Leben in vertrauensvoller Gotteserkenntnis, schon bevor seine Gerechtigkeit manifest wird gegenüber dem, was die Gläubigen bedrängt. Stellen wir daneben das paulinische Evangelium, dann konkretisiert sich, warum es Kraft zum Leben sein kann, dem der jetzt darauf vertraut. Der Apostel und seine Gemeinden kommen vom befreienden Handeln Gottes in Christus schon her. Die Hoffnung, die jetzt festzuhalten ist, ist die, daß sich diese Tat an jedem Einzelnen erweisen wird – und einst in Herrlichkeit an aller Welt.

Es zeigt sich im Nebeneinander von Habakuk und Paulus, daß sich Gottes Gerechtigkeit in der biblischen Geschichte mehrfach erschließt – „den Juden zuerst und auch den Griechen." Die Gemeinde aber hört an beiden Stellen die eine Botschaft: schon das Vertrauen auf Gott und die Durchsetzung seiner Gerechtigkeit ist Leben! ... darum wird sie frohe Botschaft genannt.

3. Homiletische Entscheidungen

Eine reine Lehrpredigt über die Rechtfertigungslehre des Paulus ist sicher nur etwas für den Reformationstag.

Ich schlage vor, das Zitat aus dem Propheten in den Mittelpunkt zu stellen: „Der Gerechte lebt aus Glauben." Machen wir den Versuch, dies zu übersetzen als mutmachendes Evangelium – mit der Leitfrage: *Wie hilft das unbedingte Vertrauen auf Gott und seine Gerechtigkeit zum Leben?*

Versuchen wir es narrativ – vielleicht in vier Abschnitten – erzählend:
1. Wie war es beim Propheten Habakuk, als Israel von Babylon bedroht war, als Gott in aller Not so lange auf sich warten ließ?
2. Wie war es beim Völkermissionar Paulus, als er sich aufmachte, auch den Heiden vom Gott Israels zu erzählen. Welche Kraft Gottes hatte sich ihm in Christus erschlossen?
3. Was hat einen Reformator wie Luther an dieser Bibelstelle so begeistern können. Von welchem Mißverständnis sah er sich befreit und hinein ins Paradies versetzt?
4. Was hilft dieses Sätzchen Hab 2, 4 uns heute? Wo spüren wir die Lebenskraft eines vertrauenden und zuversichtlichen Glaubens?

Es wird möglich sein, durchgängig Gemeinsamkeiten des jüdischen und christlichen Glaubens deutlich werden zu lassen. Wir können aber auch unterschiedliche Betonungen im Verständnis an Hab 2,4 festmachen, indem wir unterschiedlich akzentuieren: einmal den „Glauben", das andre Mal das „Leben". Die Frage nach der Verbindung von erkannter Gottesgerechtigkeit, unsrem Gerechtsein und unsrem gerechten Tun wird sich da – spätestens in Abschnitt 4 – anschließen. Die Predigt insgesamt kann werben für neues Gottvertrauen – wie es nützt .. vor Gott .. den Menschen .. und mir.

4. Kontexte

Zu Rabbi Meir kam einmal eine Frau und bat ihn, für sie zu beten, auf daß sie mit einem Sohn gesegnet würde. Der Rabbi stimmte zu, allerdings unter der Bedingung, daß sie 50 Rubel für eine heimatlose Familie zu spenden bereit sei, für die er gerade eine Sammlung veranstaltete. Die Frau erwiderte, daß sie keine so große

Summe besäße, aber willens sei, eine Spende von 10 Rubeln zu machen. Der Rabbi bestand jedoch auf 50 Rubeln und keiner Kopeke weniger. Da bot die Frau ihm 20 Rubel an, aber der Rabbi beharrte auf den vollen 50. Die Frau blieb dabei, sie könne sich eine solche Summe nicht leisten, und daß 30 Rubel das äußerste wären, was sie geben könne. Der Rabbi aber lehnte ab. Da brach die Frau in Tränen aus und rief: In diesem Fall Rabbi bleibt mir keine Wahl. Ich muß mein Vertrauen auf Gott allein setzen und hoffen, daß er mir helfen wird.

Als Rabbi Meir das hörte, lächelte er: Genau das ist es, was ich wollte! Jetzt, da du bereit bist, nicht mir und meinen Gebeten, sondern Gott selbst zu vertrauen, bin ich sicher, daß er dir helfen wird – und ich bin bereit, mein Gebet dem deinen hinzuzufügen, selbst wenn du mir keinen einzigen Rubel gibst. [R. Shmuel Avidor Hacohen (Hg), 56f]

Literaturangaben:

Jörns, Klaus-Peter, Die neuen Gesichter Gottes. Was die Menschen heute wirklich glauben, München (1997)
Childs, Brevard S., Die Theologie der einen Bibel, 2.Bde. (1994/1996)
Eichholz, Georg, Die Theologe des Paulus im Umriß (^{6}1988)
R. Shmuel Avidor Hacohen (Hg.), Ratlos war der Rabbi nie (^{5}1990)

Martin Heimbucher, Schulstraße 55, 53757 Sankt Augustin

Letzter Sonntag nach Epiphanias: 2. Kor 4,6-10

1. Annäherungen

Unter dem Sonntagsmotiv „Verklärung" stehen Epistel und Predigttext 2. Korinther 4,6-10 neben dem Evangelium von der „Verklärung Jesu" Matthäus 17,1-9 und der Lesung aus Exodus 3,1-14 mit der Offenbarung Gottes aus dem „brennenden Dornbusch".

In der ersten Begegnung mit dem Text gefällt mir das vielleicht durch Psalm 112 (111),4 und Jesaja 9,1 beeinflusste assoziative Zitat aus dem ersten Schöpfungsbericht Genesis 1,3 f. Hier wird die alle Geschichte überspannende Identität des in der Gegenwart (des Paulus) handelnden Gottes Israels proklamiert. Gegenstand dieses Tuns ist das „wir" des Apostels und darüber hinaus auch Jesus Christus, in dessen Angesicht sich die „Herrlichkeit Gottes" spiegeln soll.

Das Eingangsmotiv vom „Licht, das aus der Finsternis hervorleuchtet" prägt die ganze Perikope und wird für mich zum Schlüssel der homiletischen Arbeit.

2. Beobachtungen am Text

Zunächst erscheint die Abgrenzung der Perikope problematisch. Paulus verteidigt sein apostolisches Amt gegen Angriffe aus der Gemeinde. Vers 6 schließt die Argumentation von 4,1-6 ab; und 4,7-12 wiederum sind als Einheit erkennbar, wobei die nicht mehr zur Perikope gehörenden Verse 11 und 12 den Gegensatz von Paulus und Gemeinde vortragen (G. Voigt, Die Kraft des Schwachen: Paulus an die Korinther II, Göttingen, 1990, 27-34 und H. Lietzmann, HNT 9, 115).

Allerdings setzt sich das kompositorische Element des Gegensatzes aus Vers 6 *Finsternis – Licht* in den Versen 8 bis 12 fort mit einem vierfachen ἀλλ' οὐκ (Verse 8.9), einem doppelten ἵνα (Verse 10.11) und dem abschließenden δέ (Vers 12):

von allen Seiten bedrängt,	*aber*	ängstigen uns nicht
bange,	*aber*	verzagen nicht
leiden Verfolgung,	*aber*	werden nicht verlassen
werden unterdrückt,	*aber*	kommen nicht um
tragen das Sterben Jesu,	*damit*	das Leben Jesu offenbar werde
werden in den Tod gegeben,	*damit*	das Leben Jesu offenbar werde
Tod mächtig in uns,	*aber*	Leben mächtig in euch

Generell ist festzuhalten, dass Paulus hier im Plural zunächst von sich selbst und seinem Amt im Gegensatz zur korinthischen Gemeinde oder zumindest im Gegensatz zu den korinthischen Kritikern seines Amtes und Evangeliums redet (R. Bultmann, Theologie des Neuen Testaments, Tübingen 1984[9], 128). Allerdings fällt auf, dass er auch bei der Rede von „unseren Herzen" in Vers 6 den Plural verwendet. Paulus scheint hier also nicht allein auf sich persönlich und sein Damaskuserlebnis zu reflektieren, sondern ebenso darauf, dass auch die Herzen der Mitglieder in der korinthischen Gemeinde vom hellen Schein der Offenbarung Gottes erleuchtet sein können (mit G. Voigt, 31).

Nach diesen Vorüberlegungen halte ich zweierlei fest:
Erstens stellt 2. Korinther 4,6-10 eine sinnvolle Perikope dar, weil die Verse 7-10 auf Vers 6 kompositorisch und inhaltlich bezogen sind. Die Verse 11 und 12 lassen zwar den Gegensatz zwischen Apostel und Gemeinde aufbrechen, bringen darüberhinaus aber keine inhaltliche Weiterführung.

Zweitens ist es exegetisch zu verantworten, wenn die Aussagen in 4,6-10 nicht ausschließlich auf den Apostel beschränkt bleiben, sondern auf Prediger *und* Gemeinde bezogen werden.

3. Homiletische Entscheidungen

1. Auch wenn der apologetische Charakter des Kontextes nicht nivelliert werden kann, empfehle ich, die historischen oder aktuellen Konflikte zwischen Gemeinde und PredigerIn nicht mit in die Predigt und auf die Kanzel zu nehmen (siehe M. Josuttis, GPM 40/1985/86, 118 und J. Seim GPM 34/1979/80, 100).

2. In der ununterbrochenen Folge von Epistelpredigten müssen Anschaulichkeit und erzählende Elemente wo irgend sinnvoll den Zugang zu den Texten öffnen.

Ich sehe eine schöne Möglichkeit, dies ohne destruktive Polemik über die den Text prägenden Gegensatzpaare zu entwickeln. Außerdem möchte ich das dazu passsende Motiv des „irdenen Gefäßes" als Möglichkeit eines anschaulichen Bildes aufgreifen.

3. Ich möchte eine Identifizierung der Gemeinde mit den Wir-Aussagen der Perikope leicht machen und versuche dies an einer aktualisierenden Auslegung des vierfachen „aber".

4. Die Kraft zu dieser den Todesmächten unserer Welt widerstehenden Existenz schöpfen wir jedoch nicht aus uns selbst sondern sie kommt von Gott (Vers 7). Nur deshalb kann schon jetzt, in dieser vom Tod gekennzeichneten Welt, an „unserem Leib" als einzelnen Christen und als Gemeinde das Leben Jesu offenbar werden.

5. Indem wir die Ängstlichen trösten, den Verzagten Mut zusprechen, Verfolgten zu ihrem Recht verhelfen und Unterdrückten Wege in die Freiheit öffnen, können wir beitragen zur Erkenntnis der Herrlichkeit Gottes im Angesicht Jesu Christi. Diese „Erleuchtung" soll nach Vers 6 ja „durch uns" geschehen.

4. Kontexte

Über die Assoziation der Begriffe Licht – Dunkel – Schatz – irdenes Gefäß kommt mir die anschauliche Geschichte über die Entdeckung der Qumran-Rollen in den Blick. M. Krupp beschreibt diese sehr kenntnisreich und so detailiert, dass sich hieraus ohne Mühe eine die Predigt einleitende Umwelterzählung über den Beduinenjungen Mohammed Ad-Dib gestalten läßt, der im Frühjahr 1947 die ersten Qumran-Rollen fand (M. Krupp, Qumran-Texte. Zum Streit um Jesus und das Urchristentum, Gütersloh 1993, besonders 11-14). Schon bei dieser Erzählung kann beziehungsreich mit den Kontrasten von Licht (der Wüste) und Finsternis (der Höhle) gespielt werden.

Außerordentlich einprägsam zeigt sich danach auch die Architektur des „Shrine of the Book" im Israel Museum: Die riesige Wand aus schwarzem Basaltschiefer, daneben in strahlendem Weiß das Dach des Museums in der Form des Deckels eines „irdenen Gefäßes" (S. Schwartz Nardi, The Shrine of the Book, Jerusalem 1970).

Schließlich kann, möglicherweise am Ende einer Predigt, auch der ethische Anspruch dieser Perikope mit einer – philippinischen – Kurzgeschichte einprägsam vermittelt werden.

Da die Fundstelle nicht jedem zugänglich ist, gebe ich sie hier wieder:

Die Halle der Welt mit Licht erfüllen

Ein König hatte zwei Söhne. Als er alt wurde, da wollte er einen der beiden zu seinem Nachfolger bestellen. Er versammelte die Weisen seines Landes und rief seine Söhne herbei. Er gab jedem der beiden fünf Silberstücke und sagte: „Füllt für dieses Geld die Halle in unserem Schloß bis zum Abend. Womit, das ist eure Sache." – Die Weisen sagten: „Das ist eine gute Aufgabe."

Der älteste Sohn ging davon und kam an einem Feld vorbei, wo die Arbeiter dabei waren, das Zuckerrohr zu ernten und in einer Mühle auszupressen. Das ausgepresste Zuckerrohr lag nutzlos umher. – Er dachte sich: „Das ist eine gute Gelegenheit, mit diesem nutzlosen Zeug die Halle meines Vaters zu füllen." – Mit dem Aufseher der Arbeiter wurde er einig, und sie schafften bis zum späten Nachmittag das ausgedroschene Zuckerrohr in die Halle. Als sie gefüllt war, ging er zu seinem Vater und sagte: „Ich habe deine Aufgabe erfüllt. Auf meinen Bruder brauchst du nicht mehr zu warten. Mach mich zu deinem Nachfolger." – Der Vater antwortete: „Es ist noch nicht Abend. Ich werde warten."

Bald darauf kam auch der jüngere Sohn. Er bat darum, das ausgedroschene Zuckerrohr wieder aus der Halle zu entfernen. So geschah es. Dann stellte er mitten in die Halle eine Kerze und zündete sie an. Ihr Schein füllte die Halle bis in die letzte Ecke hinein.

Der Vater sagte: „Du sollst mein Nachfolger sein. Dein Bruder hat fünf Silberstücke ausgegeben, um die Halle mit nutzlosem Zeug zu füllen. Du hast nicht einmal ein Silberstück gebraucht und hast sie mit Licht erfüllt. Du hast sie mit dem gefüllt, was die Menschen brauchen."

(P. Bleeser, Geschichten zwischen Himmel und Erde, Düsseldorf 1985, 33)

Liedvorschläge

455,1-5	Morgenlicht leuchtet
456	Vom Aufgang der Sonne (Kanon)
67,1-3	Herr Christ, der einig Gotts Sohn
74,1-4	Du Morgenstern, du Licht vom Licht
441,1-3	Du höchstes Licht, ewiger Schein

Thomas Dermann, Im Freihof 1, 79589 Binzen

Septuagesimae: 1. Kor 9,24-27

1. Annäherung

Für den 1 Kor werden eine ganze Reihe von Teilungshypothesen vorgeschlagen, die gerade auch unseren Predigttext von seinem vorliegenden Kontext abrücken (vgl. C.Wolff: Der Erste Brief des Paulus an die Korinther II, Leipzig 1982 S.29). Da wirklich zwingende Argumente, die für diese unterschiedlichen Thesen sprächen, nicht vorliegen, wird man mit U.Schnelle (Einleitung S.86) den Grund für die „besondere Art der lockeren, anreihenden Argumentation" in „der speziellen Kommunikationssituation zwischen Apostel und Gemeinde" sehen.

Im übrigen erinnert die spezifische Gestalt des 1 Kor, die ja von einer Vielzahl von Problemen und Anfragen der Gemeinde an Paulus bestimmt ist, an die spätere jüdische Literaturgattung, die Responsenliteratur, die sich ebenfalls durch die Aneinanderreihung unterschiedlichster Problematiken auszeichnet. Interessanterweise entwickelte sich die Responsenliteratur auf dem Hintergrund eines ähnlichen Autoritätsverhältnisses zwischen einzelnen jüdischen Gemeinden und den jüdischen Akademien bzw. deren Leitern, den Geonim, wie wir sie zwischen Paulus und den von ihm gegründeten Gemeinden vorauszusetzen haben. Die Tatsache, daß in beiden Talmudim jeweils sowohl babylonische als auch palästinische Meinungen enthalten sind, aber vielleicht auch die spezifische Gestalt des 1 Kor spricht m.E. dafür, für diese Form der Kommunikation eine längere Vorgeschichte anzunehmen.

Am Rande bemerkt zeigt dies möglicherweise ein weiteres Mal – trotz aller Polemik, die sich in den Briefen des Paulus findet – die tiefe Verwurzelung des Apostels im Judentum seiner Zeit.

Man wird also hiervon ausgehend keine vom Kontext isolierte Auslegung betreiben können – im Gegenteil scheint mir – wie sich zeigen wird – eine Auslegung der Verse unseres Predigttextes in ihrem Kontext geradezu zwingend zu sein.

2. Beobachtungen am Text

Mit einer rhetorischen Frage wird unser Abschnitt eingeleitet. War Vers 23 noch in persönlicher Rede in der ersten Person Sing. formuliert gewesen, ist jetzt die Gemeinde angesprochen. Dieser Wechsel in der Anrede und besonders die sich dem Bild vom Wettkämpfer anschließende Aufforderung an die Gemeinde „Lauft so, daß ihr ihn gewinnt!" hat die Vertreter von Teilungshypothesen dazu veranlaßt, die Verse 24-27 hinter 1Kor 5,1-8 oder 6,20 einzuordnen (vgl. C.Wolff ebd.).

M.E. verbietet aber die Thematik des folgenden Verses 25 eine solche literarkritische Entscheidung, denn Vers 25 greift mit der Problematik des Verzichtes auf die vorangehenden Verse 1-23 (vgl. C. Wolff) zurück, die den Verzicht auf Unterhalt durch die Gemeinde thematisierten. Ich vermute, daß für Paulus in Vers 25b auch die polemische Situation, die in 9,1ff. im Mittelpunkt stand, wieder eine Rolle spielt. Möglicherweise greift Paulus mit ἐκεῖνοι/„jene" auf ἄλλοι/„andere" in 9,2.12 zurück (gegen C.Wolff 194, der die ἄλλοι in den Versen 2 und 12 nicht für identisch hält, denke ich, daß die ἄλλοι in V 12 in irgendeiner Weise zur Gruppe der ἄλλοι in Vers 2 hinzugehören werden). Im Zentrum des Bildes steht die Enthaltsamkeit des Paulus. Er sieht sich mit den anderen Verkündigern im Stadion. Diese Sicht ergibt sich m.E. deutlich aus 9,27, wo er den Wettkampf (er wechselt freilich ab V 26 in ein anderes Bild hinüber) selbst mit der Verkündigung in Verbindung bringt. Die ἄλλοι aus V 2 liefen dann, um einen vergänglichen Kranz, den Unterhalt der Gemeinde, zu erwerben! Für die Richtigkeit dieser Erwägung könnte das Gegenüber von ἐκεῖνοι und ἡμεῖς in 25b sprechen, denn in 1. Pl. war die polemische Verteidigungsrede gegen die „anderen" in 9,4ff. verfaßt. Die Rede von der eigenen Verkündigung V 27 (Sing.) stellt dagegen das persönliche Engagement der pln. Verkündigung heraus.

Nicht erklärt ist mit dieser Auslegung freilich die Aufforderung in 24b: „Lauft so, daß ihr ihn gewinnt!"

Eine Erklärung könnte sein, daß Paulus die Rede von der eigenen Verkündigung als Exempel für die Gemeinde auffaßt, was im 1 Kor eine gängige Argumentation ist (vgl. 1Kor 4,16; 11,2). Hat man im Hintergrund des Bildes von 9,24f. die Verkündigung des Paulus und ihren Vergleich mit der Verkündigung „anderer" erkannt, ist der Sinn der Rede vom „unvergänglichen Kranz" klar. Dieser wird im NT noch öfter als Bild für das ewige Leben verwendet (Jak 1,12; Offb. 2,10; 1 Petr.5,4; 2Tim 4,8), begegnet aber bei Paulus nur hier. Doch geht es hier nicht um das persönliche Heil des Paulus, das der Lohn seiner Verkündigung wäre, sondern um ihr Ziel, das im Heil der Adressaten besteht (siehe 1Kor 9,19-22), denn Paulus verwendet den Terminus „Kranz" als Bild in der Anrede seiner Gemeinden (Phil 4,1; 1Thess 2,19). Interessanterweise klärt sich damit auch der Sinn von 1Kor 9,18. Der Lohn für die paulinische Verkündigung ist der Missionserfolg selbst, der in der Rettung der zum Glauben Gekommenen besteht. Um diesen Missionserfolg nicht zu gefährden, übt Paulus Enthaltsamkeit (Vv 26f.).

Als Zentrum unserer Perikope ergibt sich somit die Zuversicht der Adressaten auf das ewige Leben. Sie ist Inhalt und Lohn der pln. Verkündigung.

3. Kontexte

Das Bild vom Stadion und den Kämpfern ist der Situation der korinthischen Gemeinde geschuldet. In Korinth fanden regelmäßige Spiele statt. Demgegenüber ist das Stadion, zumindest soweit ich sehe, in der jüdischen Tradition nicht positiv als Bild verwendet worden, denn es wird schon während der Zeit des Zweiten Tempels zum Bild für die Assimilation Israels an die heidnische Umwelt (Vgl. 1Mak 1,12f.).

ExR 8,1 „der Kranz und das Gewand Gottes"
Innerhalb einer Auslegung von Ex 7,1 (ראה נתתיך אלהים לפרעה – „siehe, ich habe dich als Gott für den Pharao eingesetzt") finden sich eine Reihe interessanter Königsgleichnisse, innerhalb derer auch vom Kranz als eschatologischer Gabe Gottes geredet wird:

Ein König aus Fleisch und Blut bekleidet niemanden mit seinem (eigenen) Kranz (Krone), (aber) der Heilige, gepriesen sei er, bekleidet den Messias mit seinem eigenen Kranz. Und was ist der Kranz des Heiligen, gepriesen sei er? – pures

Gold, wie gesagt ist: Cant 5,11 – „Sein Haupt ist pures Gold. Seine Haare sind gelockt und schwarz wie ein Rabe", und Ps 21,4 „du setzt ihm eine edle Krone aufs Haupt".

Ein König aus Fleisch und Blut bekleidet niemanden mit seinem Gewand, aber Israel bekleidet sich mit dem Gewand des Heiligen, gepriesen sei er. Und was ist das Gewand des Heiligen, gepriesen sei er? – Macht. Wie gesagt ist: Ps 93,1 – „Das Gewand des HERRN ist (umgürtet – wahrscheinlich ursprünglich nicht mitzitiert) Macht", und er gibt es Israel, wie gesagt ist: Ps 29,11 – „Und der HERR wird seinem Volk Macht geben und es mit Frieden segnen."

Der Midrasch schließt sich an Ex 7,1 (vgl. Ex 4, 16) an. Die Rabbinen reflektieren den interessanten Identifikationsvorgang, in dem Mose für den Pharao (7,1) zu Gott wird und verstehen die zitierte Stelle in eschatologischem Sinne. Interessanterweise wird Israel wie der Messias in eine quasi göttliche Position emporgehoben. Möglicherweise steht auch hier die Vorstellung des ewigen Lebens als eschatologisches Gut im Hintergrund (vgl. übrigens zum Midrasch auch die Vorstellung in 2Kor 5,1-9). Damit findet sich in der rabbinischen Tradition eine ganz ähnliche Vorstellung, von der auch die pln. Ekklesiologie geprägt ist, die „Christusförmigkeit" der Gemeinde (vgl. 1Kor 12,12ff.), die am Ende zu ihrer Vollkommenheit geführt wird (1Kor 15,22f.). Von dieser Vorstellung sind gerade auch die Vorstellung der Nachahmung Christi und damit auch das Vorbild des Paulus für seine Gemeinde abhängig. Sie steht sicher auch im Hintergrund des Bildes vom unvergänglichen Kranz.

Auch hier zeigen sich damit möglicherweise rabbinische Wurzeln paulinischer Theologumena.

4. Homiletische Entscheidung

Das jüdisch-christliche Gespräch ist eine Sache von wenigen. Wenige sind es auf jüdischer Seite, die sich überhaupt zu einem Gespräch mit uns Christen bereitfinden. Wenige sind es auch auf christlicher Seite, die an einem wirklichen Gespräch, dessen Vorbedingung der Verzicht auf Mission ist, interessiert sind; die wenigsten sind zu einem „Besitzverzicht" an zentralen Glaubensinhalten bereit. Ein wirklicher Konsens wird hier wohl nie gefunden werden.

Angesichts dieser für die eigenen Aktivitäten im „Dialog" sicher ernüchternden Tatsache, bietet die zentrale Aussage unseres Predigttextes eine (vielleicht die einzige) Alternative.

Unser Predigttext umschreibt die Zuversicht der Christen mit einem sehr offenen Bild, das zudem wohl auch der jüdischen Tradition entlehnt ist. Der trennende Graben zwischen Gott und uns wird am Ende vielleicht für immer aufgehoben werden.

Überhaupt ist die Eschatologie der Kirche nicht so stark von Dogmen geprägt wie andere Artikel des Bekenntnisses. Unser Glaube ist hier ganz offen. Er ist hier die Hoffnung, daß an uns durch den Tod hindurch festgehalten wird, daß wir angenommen werden. Klarere Aussagen können wir nicht machen und diese stehen uns wohl auch nicht zu. Die Offenheit unserer Hoffnung entspricht der Offenheit der Hoffnung Israels. Diese gemeinsame Unsicherheit angesichts der Zukunft weist darauf, daß wir vielleicht doch nicht so weit voneinander entfernt sind, wie die Dogmatiker uns manchmal glauben machen wollen.

Daß wir gerade in unserer Hoffnung auf ähnlich vage Bilder angewiesen sind wie Israel, verbindet uns vielleicht mehr als alle Glaubenssätze der Christologie und Soteriologie uns trennen können.

Literatur:

Wolff, Christian: Der erste Brief des Paulus an die Korinther II. Leipzig 1982.

Midrasch Raba Bd. 5 Hrsg. M.A.Mirkin Tel Aviv 1992.

Schnelle, Udo: Einleitung in das Neue Testament. Göttingen 1996(2).

Raik Heckl, Seeburgstr. 24, 04103 Leipzig

Sexagesimae: Hebr 4, 12 + 13

1. Annäherung

Achtung: Verletzungsgefahr! Der Text wirkt bedrohlich, macht Angst. „Big brother is watching you!" – vor Gottes Augen bleibt nichts verborgen. Ständige Überwachung, große Kontrolle. Der Psychoanalytiker Tilman Moser hat in seinem Buch „Gottesvergiftung" beschrieben, wie dieses Gottesbild Menschen krank machen kann, ihnen Angst einflößt, sie klein macht und blinden Gehorsam fordert, und dazu dienen kann, kirchliche oder elterliche Autorität zu legitimieren. Das ist Götzendienst. Leider ist dieses Gottesbild in unserer Gesellschaft weit verbreitet.

Der Text erinnert mich an Psalm 139 und an Jona, der meinte, vor Gott weglaufen zu können. Neben den bedrohlichen Aspekten klingt zugleich Behütetsein in Gott, Geborgenheit bei Gott an. Ambivalenzen aushalten? Oder gibt es dazu Alternativen?

Gott als Richter (vgl. Ps. 7/58/82/98 etc.) ist in der Tora der, der Rechtlosen zum Recht hilft, der Unrecht beseitigt, Gerechtigkeit fordert, Rechenschaft verlangt. Das Wort Gottes „lebendig und kräftig" behauptet die Perikope, aber das erlebe ich nicht angesichts des wachsenden Sozialabbaus bei uns und der weltweiten Verschuldung („... es gelte Euch als Jobeljahr"), angesichts der fehlenden Gleichberechtigung, die für Frauen oft nur auf dem Papier vorhanden ist, angesichts der restriktiveren AusländerInnenpolitik bei uns.

Tora und „Wort Gottes" im Hebr 4, 12 + 13 zeigen viele Ähnlichkeiten: die Tora ist lebendig, wirksam, zwingt zur klaren Scheidung. Ein weiterer Hinweis auf die judenchristliche Gemeinde, an die der Brief adressiert ist?

2. Beobachtungen am Text

Hebr 4, 12 + 13 schließt den 1. Hauptteil des Hebr ab und greift Hebr 1,1-4 auf: verbindendes Thema ist das „Wort Gottes". Im ersten Teil des Briefes wird die zukünftige Sabbatruhe beschrieben. Hebr 3, 7-4, 13 – ein Midrasch zu Ps. 95 – ermahnt die Gemeinde eindringlich, bei dieser Ruhe zu bleiben und nicht ungehorsam zu werden wie die Wüstengeneration (Stegemann S. 37). Diese Mahnung wird durch den Hinweis auf das richtende Wort Gottes in Hebr 4, 12 + 13 abgeschlossen. Der nächste Hauptteil beginnt in Hebr 4, 14ff. und thematisiert das Hohepriestertum Jesu.

Durch seinen „hymnischen" Ton (Paulsen S. 55), seine rhetorische Gestaltung fällt Hebr 4, 12 + 13 auf und wird entweder als Aufnahme eines Traditionsstückes (Georgi S. 126ff.) oder als Hinweis auf die theologische und sprachliche Kunst der VerfasserIn (Hegermann S. 104f./Paulsen S. 55) gesehen.

Mit 5 Attributen wird das „Wort Gottes" in V 12 beschrieben: es ist „lebendig" und „kraftvoll", es ist „schärfer" als ..., es ist „durchdringend", es „richtet". „Lebendig", das erste Wort in V 12 charakterisiert das Wort Gottes grundsätzlich. „Lebenschaffend", „schöpferisch" können die Umschreibungen lauten; sie erinnern an Gen. 1 und an den Johannesprolog, an die lebenschaffende Macht des Wortes Gottes, daran, daß das Wort Gottes ins Leben ruft. Das Wort Gottes bewirkt ein

Geschehen, es hat Macht, zu verändern. Das wußten die Propheten. Die Tora erzählt von Gerechtigkeit, fordert dazu heraus, Gerechtigkeit wiederherzustellen und gerechtes Zusammenleben zu ermöglichen.

Daß Gott auch das Unbewußte, das Verborgene sieht, ist in der biblischen Tradition bekannt. In der Bibel ist das Herz der Sitz des Verstandes, der Erkenntnis, des Willens und gewinnt die Bedeutung von Gewissen. Hier dringt das richtende Wort Gottes ein. Die näheren Bestimmungen des Wortes Gottes zeigen, daß ihm keine tötende, sondern eine richtende Funktion zukommt, die zum Leben helfen will (Hegemann S. 106). Die Tora schafft Leben.

V 13 knüpft an diese Überlegungen an und führt sie weiter. Vor Gott bleibt nichts verborgen. Bloß und offengelegt ist alles vor Gottes Augen, selbst das Innerste (Verstand, Willen, Gewissen) bleibt ihm nicht verborgen. Das Bild von Gottes Augen, die darin verwendete anthropomorphe Rede, verweist auf eine personifizierte Gottesvorstellung. Der Hinweis auf Rechenschaft und Gericht erinnert die Gemeinde an ihre Verantwortung und betont den paränetischen Charakter der Perikope.

Die Fragen nach VerfasserInnen, Abfassungszeit, Gemeindesituation sind bei den Fachleuten umstritten. Vanhoye (TRE 14, S. 497) sieht in den EmpfängerInnen JudenchristInnen, die vor dem Rückfall zum Judentum gewarnt werden sollen. Hier ist ein Einfallstor für das beliebte antijudaistische Stereotyp zu finden, das Christentum sei die höherwertige Religion. M. E. kommt es darauf an, deutlich zu machen, woran sich christliche Identität festmacht.

3. Homiletische Entscheidungen

Die Perikope verlangt eine bewußte Entscheidung: entweder ist sie Teil einer Predigtreihe über den theologisch sehr abstrakten Hebräerbrief, in der ausführlich auf die Intention des Briefes und die antijudaistischen Gefahren hingewiesen wird, die zur Geschichte seiner Auslegung gehören. Dann können auch die atl. und rabbinischen Traditionen darin dargestellt werden.

Alle, die keine Möglichkeit zu einer Predigtreihe haben und ausschließlich über Hebr 4, 12 + 13 predigen, mögen die Paränese in den Mittelpunkt stellen. Es ist nicht notwendig, die Mahnung, die die VerfasserInnen in Hebr 3,7ff. an die Gemeinde richten, aufzunehmen, um die Paränese in der Perikope zu erklären.

Das weitverbreitete Gottesbild vom alles kontrollierenden Über-Ich/Gott vermute ich auch bei einigen Gemeindegliedern. Daher halte ich es für angebracht, dieses Gottesbild anzusprechen und in Frage zu stellen.

Die Perikope legt es nahe, davon zu reden, wie das Wort Gottes handelt: es ist lebendig und kraftvoll, es macht lebendig und schafft Leben. An die Stelle eines systematischen Vortrages über das Wort Gottes soll daher die in der Intention der Perikope liegende Paränese treten, die von der prophetischen und richtenden Tora zu geändertem Verhalten führt. Ausführungen über die Tora, die die vorhandenen antijudaistischen Stereotype angehen, sind hier gewünscht.

Sexagesimae

Vorgeschlagene Predigtgliederung:

1. Nacherzählen des Predigttextes
   - vor Gottes Augen ist alles sichtbar
   - das Wort Gottes dringt hindurch
2. Vor Gottes Augen ist auch das Unrecht sichtbar (Beispiele)
3. Gottes Wort/die Tora deckt auf und bringt zum Recht
   - Tora schafft Leben, ist kein totes „Gesetz"
4. Wo Gottes Wort Unrecht aufgedeckt hat, kann Gerechtigkeit geschaffen werden
5. Gottes Wort/die Tora macht lebendig

4. Kontexte

Midrasch Schir ha Schirim 1,2 (83a): R. Samuel b. Nachman hat gesagt: Die Worte der Tora gleichen der Waffe: wie eine Waffe ihrem Besitzer als Beistand verbleibt in der Stunde des Kampfes, so verbleiben die Worte der Tora dem, der sich ernstlich mit ihnen beschäftigt.

Midrasch Tehillim 149,6: Wie ein Schwert auf zwei Seiten frißt, so gibt die Tora Leben in dieser und in der zukünftigen Welt.

Volkslied: „Wenn jeder hätte vor der Stirn aus hellem Glas ein Fensterlein, dahinter die Gedanken schwirr'n und jeder könnte seh'n hinein: ach, was gäb das ein Laufen, um matte Scheiben einzukaufen."

die passion des wortes GOTT

    das blutet aus allen wunden
    das wird vergewaltigt noch und noch
    das ist verraten zertrampelt zerschossen geköpft
        gerädert geviertelt gezehnteilt
    verlorene glieder wurden durch monströse prothesen ersetzt
    das ist sich selber und uns und allem entfremdet
    ist schizo und neuro und psycho
    zerstochen über und über von nadeln mit denen
        fremde substanzen injiziert worden sind
    das agonisiert ohne ende
    ist vielleicht schon tot oder noch nicht oder
        das consilium der ärzte diskutiert noch zur zeit
    und ALSO wurde das wort GOTT
        zum letzten der wörter
        zum ausgebeutetsten aller begriffe
        zur geräumten metapher
        zum proleten der sprache

(aus: Kurt Marti, zart und genau, Berlin/DDR 1985, S. 175)

5. Liturgievorschläge

Lesung: Jes. 30, 8-17 oder Jes. 58

Lieder: Psalm 98
   Cantai ao Senhor (Thuma Mina 3)
   EG 440
   EG 365
   Siyahamb' ekukhanyen KwenKhos (Thuma Mina 107)

Gebet: Gott der Gerechtigkeit,
   harmlos wollen wir dich –
   dein Wort nicht wie Feuer,
   aber doch wärmend an kalten Tagen;
   dein Wort nicht wie ein Hammer,
   aber doch wie ein erhobener Zeigefinger.
   Ein bißchen Frieden.
   Ein bißchen Freiheit.
   Ein bißchen Gerechtigkeit.

   Gott, erbarme dich unserer Harmlosigkeit!

(aus: Martin Ahrens (Hg.), Mensch, Gott! Gütersloh 1997, S. 86)

Literatur:
Dieter Georgi, Hebr 4, 12 + 13, in: GPM 80. Jg., 11/1991, S. 126-132
Harald Hegermann, Der Brief an die Hebräer, Berlin 1988
Manfred Josuttis, Über alle Engel. Politische Predigten zum Hebräerbrief. München 1990
Manfred Josuttis, Hebr 4, 9-13, in: Arnold Falkenroth/Heinz Joachim Held (Hg.), hören und fragen, Bd. 4, 1, Neukirchen 1975, S. 159-165
Henning Paulsen, Hebr 4, 12 + 13, in: Gottesdienstpraxis, Serie A, II/4, Gütersloh 1991, S. 55 f.
Luise Schottroff, Christus, der versuchte Bruder, in: Luise Schottroff/Dorothee Sölle, Hannas Aufbruch, Gütersloh 1990, S. 132-140
Eckehard Stegemann, Hebr 4, 12 + 13, in: Gottesdienstpraxis, Serie A, II/4, Gütersloh 1985, S. 37f.

Mechthild Gunkel, Blücherstr. 18, 50733 Köln

Invokavit: Hebr 4,14-16

1. Annäherung

Die Aufforderung: „Laßt uns festhalten am Bekenntnis!" läßt mich aufhorchen. Was ist damit gemeint? Für mich ist klar, daß es sich nicht um das Apostolische Glaubensbekenntnis handelt, ich nehme aber an, daß einige unbefangene Gemeindeglieder beim Hören des Predigttextes daran denken werden.

Desgleichen werde ich hellhörig bei der Charakterisierung des Leidens und der Versuchung Jesu als „ohne Sünde". Ist damit die in der Dogmatik Jahrhunderte lang unantastbare Vorstellung von der abstrakten Sündlosigkeit Jesu gemeint? Was bringt so ein Prädikat heute ein? Berührt es meine Hörerinnen und Hörer? Ist Sündlosigkeit wahres Mitleiden, das uns Jesus nahebringt, oder rückt solch eine Vorstellung ihn in weite Ferne von uns sündigen Menschen?

Andererseits beeindrucken mich gerade Jesu Eigenschaften, die ihn als Menschen charakterisieren: er leidet, ist schwach, wird versucht.

Ich vermute, daß der Verfasser des Hebräerbriefes uns auch hier anhält, zu Jesus aufzusehen und ihm nachzueifern (wie Hebr 12,2). Dann macht mir aber das „versucht, doch ohne Sünde" Schwierigkeiten. Versuchungen treten ja meistens in Gestalt von Menschen auf uns zu. Wenn ich eine Versuchung wittere, werde ich dann wie Jesus im Evangelium von Invokavit sofort antworten: „Weg mit dir, Satan!" und meinem Gegenüber einen Bibelvers (AT) um die Ohren schlagen (Mt 4,10)? Es sei mir erlaubt, weiter kritisch zu fragen: Verdient es die Schlange der atl. Lesung (Gen 3), die ja auch in menschenähnlicher Gestalt auf Eva zukommt, lebenslänglich verflucht zu werden? Ist es geboten, im menschlichen Gegenüber, wenn sich durch es eine Versuchung naht, gleich das Böse anzusprechen und zu verdammen, so wie der „sündlose" Jesus Mt 4,1ff, oder gibt es einen liebevolleren Umgang, der nicht weniger frei von Sünde ist?

2. Beobachtungen am Text

Hebr 4,14-16 greift einerseits auf bisher gesagtes (Hebr 2,17-3,1) zurück und führt andererseits zu dem hin, was später entfaltet wird, zur Hohenpriester-Christologie (5,1-10; 7,1-10,18), sowie zur Paränese (10,19ff), die sich auf letztere gründet. Wichtig scheint mir die Beobachtung, daß 4,14-16 und 10,19ff zu weiten Teilen übereinstimmen und so den zentralen Teil, der dazwischen liegt, einschließen (H.F.Weiß, S. 292).

Die Perikope enthält drei Begründungssätze, in die zwei Aufforderungen hineingeschachtelt sind, so daß letztere von je zwei Begründungen gerahmt werden. Das zentrale Anliegen des Autors ist wohl in den Aufforderungen zu suchen: „Laßt uns das Bekenntnis ausrufen!" und „Laßt uns frei treten zum Thron der Gnade!" Interessant ist die Parallele Bekenntnis ausrufen – frei treten zum Thron der Gnade. Daraus wird ersichtlich, daß Bekennen (nach Hebr) keinesfalls ein Akt der Eingrenzung ist, oder gar ein Attentat auf die Freiheit der Vernunft, sondern im Gegensatz dazu eine Aufforderung zum Gebrauch der Freiheit darstellt. Dem Autor war es wichtig, seine Anliegen sorgfältig zu begründen: Wir haben einen Hohenpriester, der die Himmel durchschritten hat, der gleich uns Menschen geworden ist, aber ohne Sünde. Unser Ziel ist, Barmherzigkeit zu empfangen und Gnade zu rechtzeitiger Hilfe.

Die Verben lassen sich in zwei Gruppen aufteilen, in solche, die als Subjekt die erste Person Plural (wir) aufweisen und solche, bei denen als Subjekt eine dritte Person Singular (Jesus, der Hohepriester) zu denken ist. Bei der ersten Gruppe gibt es zwei Sinnlinien, die des Habens (ἔχοντες, ἔχομεν, λάβομεν, εὔρωμεν – haben, wir haben, wir empfangen, wir finden) und die des noch ausstehenden Engagements (κρατῶμεν, προσερχώμεθα – laßt uns ausrufen, laßt uns frei treten!). Daraus wird erkennbar, daß der Autor die Meinung vertritt, daß wir (er schließt sich da mit ein) uns aufgrund dessen, was wir empfangen haben, engagieren lassen sollen.

Auch bei der zweiten Gruppe von Verben gibt es zwei Sinnlinien: Die eine umfaßt das Verb διεληλυθότα (er hat durchschritten) und meint das bereits geschehene Engagement des Hohenpriesters. Die zweite beschreibt die Nähe des Hohenpriesters zu uns durch seine menschlichen Qualitäten (δυνάμενον συμπαθῆσαι, πεπειρασμένον – er kann mitleiden, er ist versucht). Hieraus wird deutlich, daß das Engagement des Hohenpriesters wichtig ist gerade wegen seiner Nähe zu uns Menschen.

Kombinieren wir die Sinnlinien zwischen den Personen, so ergibt sich folgendes:

Wir lassen uns engagieren, weil wir einen Hohenpriester haben, der sich mit uns solidarisiert und für uns engagiert hat.

Ein besonderer Reiz wird durch die Spannung erreicht, die sich durch die Gemeinsamkeit κατὰ πάντα καθ' ὁμοιότητα (in allem uns gleich) und dem Gegensatz ἀσθενείαις ἡμῶν – χωρὶς ἁμαρτίας (unsere Schwachheit – ohne Sünde) ergibt.

Das Engagement des Hohenpriesters steht also in Spannung zu seiner Nähe zu den Menschen, ist aber nicht ohne dieselbe denkbar. Mit Engagement ist sowohl im Hinblick auf Jesus als auch auf uns Menschen das Weitergehen auf dem eingeschlagenen (christlichen) Weg, auch wenn es Leiden fordert, gemeint (Hebr 10,32ff).

3. Homiletische Entscheidungen

Der Text eignet sich hervorragend, eine Predigt zu halten, in der das Gnadenhandeln Gottes in seinem Sohn zum Thema gemacht wird. Ein Beispiel dafür bietet Gottfried Voigt in seinem Band Predigthilfen. Die Gemeinde wird sich noch einmal bestätigt fühlen in ihrem Glauben und wird sich wahrscheinlich am Ende des Gottesdienstes für die schönen Worte bedanken. Der Widerstand gegen solche Predigtgedanken kann als minimal veranschlagt werden. Die Frage stellt sich freilich, ob so eine Predigt erstens dem Text gerecht wird, und zweitens die Hörerinnen und Hörer weiterbringt.

Da die Aufforderungssätze der Perikope den Schwerpunkt tragen, wird es erlaubt sein, von der guten Nachricht von dem himmeldurchschreitenden Hohenpriester Jesus Christus zu der Frage nach uns und unserem Engagement überzuleiten, nach dem Motto: Der Grund ist gelegt durch Christus, laßt uns darauf aufbauen!

Das Festhalten an dem Bekenntnis könnte die Frage nach dem Unaufgebbaren beinhalten. Bekenntnis zu Jesus und dessen Nachfolge werden dabei in eins gesehen. Das bedeutet für uns Tat- und nicht nur Lippenbekenntnis zu Jesus, dem Juden und seinen Grundsätzen, die uns bei nüchterner Betrachtung gar nicht so leicht fallen (z.B. die Schärfe der Forderungen der Bergpredigt).

Unter Bekenntnis zu Jesus ist nicht der christliche Weg im Unterschied zum jüdischen gemeint, sondern es ist der Weg des Leidens als Konsequenz der Nachfolge.

Ähnlich dürfte es mit der Aufforderung zum freien Treten zum Thron der Gnade sein. Wer zu solchem Weg berufen ist, von dem wird einiges verlangt (vgl. Lk 12,48).

Unser Text eignet sich nicht nur zur Bestätigung menschlichen Handelns durch Berieselung durch Evangeliumstropfen, sondern enthält gleichzeitig eine große Dosis Infragestellung und Klärungsbedarf desselben.

Das Aufsehen zu Jesus als dem, der den Versuchungen im Leiden widerstand (d.h. ohne Sünde war, vgl. H.F.Weiß, S. 296), und das Nacheifern in Freiheit als Bekenntnis zu ihm, scheinen mir wert zu sein, als zentrale Aussagen verkündigt zu werden. Dabei wird freilich nicht Vollkommenheit von den Hörern verlangt werden können. Der Begriff der Nachfolge setzt ja auch ein bestimmtes Zurückstehen im Vergleich zu dem Vorangehenden voraus.

Am Ende der Predigt, nachdem auf den Preis der Nachfolge – der Verfasser des Hebr verkündigt keine billige Gnade – aufmerksam gemacht worden ist, wird dann von der Verheißung zu sprechen sein, die allen gilt, die sich zu Jesus bekennen. Angesichts der Opfer, die bei der Nachfolge des Sündlosen gebracht werden, wird die Verheißung des freien Zutritts zum Thron der Gnade hell aufstrahlen.

4. Kontexte

Wie problematisch der Begriff der Sündlosigkeit ist, gleichzeitig wie eng diese mit der Notwendigkeit des Leids verbunden ist, zeigt eine Stelle aus dem Babylonischen Talmud, Joma 22b:

R. Jehuda sagte im Namen Schemuels: Weshalb hatte das Saulsche Königshaus keinen Bestand? – weil daran kein Makel war. R. Johanan sagte im Namen des R. Schimon b. Jehozadaq, daß man nur denjenigen zum Verwalter über die Gemeinde einsetze, dem hinten ein Korb mit Kriechtieren nachhängt, damit man, wenn er hochmütig würde, zu ihm sagen könne: Tritt zurück.

Ein Sündloser ist zum Scheitern verurteilt. Er hat keine Chance, Karriere zu machen, denn für den Umgang mit Menschen ist Sündenverstricktheit notwendig. Heißt das, daß man zu ihm nicht aufsehen soll? Gewiß nicht. Das beweist der Kontext des Zitierten. In ihm wird – freilich auf der Ebene antiker jüdischer Auslegung – deutlich, daß Saul die Würde eines Schriftgelehrten trägt, an dessen Verhalten man Gesetze ablesen kann (es geht um das rabbinische Gesetz, daß man Israel nicht zählen darf). Auch war Saul gerechter als sein viel berühmterer Nachfolger David.

Zur Problematik der Notwendigkeit des Leidens des Gerechten vgl. exemplarisch für viele Stellen in der jüdischen Tradition Qid 40b:

R. Eleazar b. Zadoq hat gesagt: Womit lassen sich die Gerechten in dieser Welt vergleichen? Mit einem Baum, der ganz an einem reinen Ort steht und dessen Gezweig sich nach einem unreinen Ort neigt; wird sein Gezweig abgehauen, so steht er ganz an einem reinen Ort. Ebenso bringt Gott Leiden über die Gerechten in dieser Welt, damit sie die zukünftige Welt erben, wie geschrieben steht: War dein Anfang gering, so wird dein Ausgang übergroß sein (Hi 8,7). Und womit lassen sich die Gottlosen in dieser Welt vergleichen? Mit einem Baum, der ganz an einem unreinen Ort steht und dessen Gezweig sich nach einem reinen Ort neigt; wird sein Gezweig abgehauen, so steht er ganz an einem unreinen Ort. Ebenso gibt Gott den Gottlosen reichlich Gutes in dieser Welt, um sie hinauszustoßen und erben zu lassen die unterste Stufe, wie geschrieben steht: Manch ebener Weg liegt vor einem Mann, und das Ende davon sind Wege zum Tode (Spr 14,12).

Es gibt kaum ein treffenderes Bild als dieses als Erklärung für das Leid. Je gerechter ein Mensch ist, desto größer ist die Wahrscheinlichkeit, daß die Gesellschaft, in der er sich befindet, ungerechter ist als er. Das führt notwendig zum Leid.

5. Liturgievorschläge

Da bei der Predigt vom Aufsehen zum Hohenpriester angesichts der Versuchung im Leiden die Rede sein wird, scheinen mir die vorgesehenen Lesungen für Invokavit (Gen 3,1ff und Mt 4,1ff) von einer anderen Art von Versuchung zu reden als unser Text. Beide Texte verteufeln verschiedene Verhaltensmuster und führen uns Jesus in seiner Andersartigkeit vor, während unser Text, so wie auch Hebr. 2,18; 5,7f; 12,2f gerade Jesus als Vorbild in seiner Nähe zu den Menschen zeigt. Näher an der Aussage des Predigttextes scheint mir Hiob 1 (als atl Lesung) zu sein, ein Text, der als lectio continua zu Invokavit gehört und Mt 26,36-41 (als Evangelienlesung), ein Text, der sonst nie als Lesung vorkommt (allenfalls die Parallelstelle bei Mk als lectio continua am Sonntag Reminiscere).

Ob der Invokavitpsalm (Ps 91) und das durch die Agende vorgeschlagene Predigtlied zu diesem Psalm „Ein feste Burg ist unser Gott" angebracht ist, wird zu prüfen sein. Psalm und Lied setzen sich mit unserem Thema der Bewältigung des Leides auseinander, könnten aber zu triumphalistisch anmuten.

Als mögliches Predigtlied scheint mir EG 95 zu sein – „Seht hin, er ist allein im Garten". Singbar wäre auch EG 98 – „Korn, das in die Erde".

6. Literatur

– G. Voigt, Homiletische Auslegung der Predigttexte. Reihe II: Das heilige Volk, Göttingen, 1979
– H.F. Weiß, Der Brief an die Hebräer, Göttingen 151991

Johannes Klein, P-ţa Republicii 16, RO-2300 Făgăraş

Reminiszere: Röm 5,1-5 (6-11)

1. Annäherung

Es begegnen in den Versen alle Stichworte, die in den folgenden Kapiteln des Römerbriefs ausgeführt werden: Gerechtigkeit, Pistis, Frieden, Versöhnung, Feindschaft, Gnade.

Eventuell kann auf frühere Predigten Bezug genommen werden (1. und 2. Sonntag nach Epiphanias: Römer 12; 3. Sonntag nach Epiphanias: Römer 1, 14-17.) Zumindest die Predigtvorbereitung für diese Sonntage kann genutzt werden.

Merkwürdigerweise begegnet der Römerbrief erst wieder im Sommer (6. Sonntag nach Trinitatis, Röm 6).

Wenn ich an die Blumberger Gemeinde denke, hat nach dem Verlesen des Predigttextes kaum jemand etwas verstanden. Aufgabe der Predigerin wird sein, den Text so zu elementarisieren, daß die Gemeinde mitgehen kann und nach der Predigt ein paar Grundgedanken begriffen hat. Nicht zu vergessen sind dabei die KonfirmandInnen.

2. Exegese

Der Abschnitt Röm 5, 1-11 bezeichnet den Übergang zwischen den ersten Kapiteln und den folgenden. Die Strukturanalyse zeigt die Beziehungen zum Kontext.

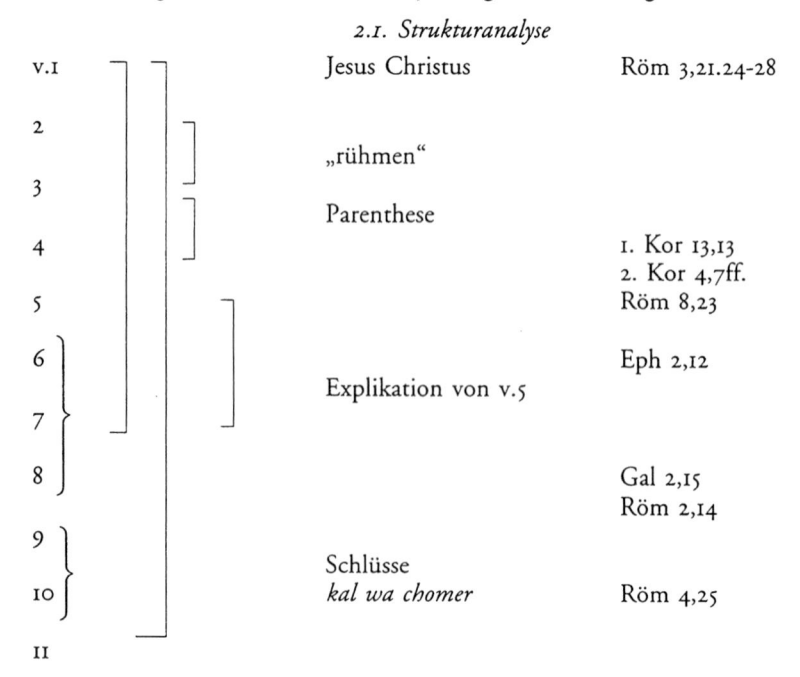

2.1. Strukturanalyse

v.		
1	Jesus Christus	Röm 3,21.24-28
2		
3	„rühmen"	
4	Parenthese	1. Kor 13,13
		2. Kor 4,7ff.
5		Röm 8,23
6		Eph 2,12
7	Explikation von v.5	
8		Gal 2,15
		Röm 2,14
9	Schlüsse	
10	*kal wa chomer*	Röm 4,25
11		

Zum gesamten Abschnitt vgl. Eph 2,11-21.

2.2. Zu einzelnen Versen

– V. 1: Mit dem „wir" sind wohl in erster Linie die Heiden, die Gojim, gemeint (vgl. Marquardt, S. 213). Diese vor allem sind durch das Christusgeschehen befriedet worden. Das „wir" wird näher bezeichnet in den Versen 6, 8 und 10: Gottlose, Schwache, Sünder, Feinde Gottes. Diese werden gerechtgesprochen.

Marquardt überschreibt den Abschnitt: „Der Friede der Gojim" (S. 212). Übergreifendes Stichwort ist der Frieden. Die Feindschaft zwischen Juden und Gojim wird abgebaut, versöhnt werden die ehemals Verfeindeten. Aus der Versöhnung kommt der Frieden: Gott und die Gojim werden geeint, ebenso Juden und Nichtjuden.

– V. 2: Die Herrlichkeit Gottes ist noch nicht ersichtlich. „Hoffnung" meint den Stand der Glaubenden in der Beziehung zu Gott, der nicht zuschanden werden läßt. Christus wird als Täter der Gnade Gottes gesehen.

– V. 6: κατὰ καιρὸν „... in dem Augenblick, den Gott dazu gewählt hat." (Marquardt, S. 214)

Jesus ist unserer Zeit und uns Sündern voraus. „Sünder" ist nicht moralisch abwertend zu verstehen, sondern objektiv. Die Sünder haben die Tora nicht, sie trachten nicht nach der Gerechtigkeit und stehen in keinem Bezug zur Gerechtigkeit Gottes. Christus ist für uns gestorben, als wir noch Sünder waren.

– VV. 7+8: Jesus lebt unter keinerlei Bedingungen unsererseits. Der Tod für den Feind – das ist allein Jesu Sache. Darin ist er uns Gojim voraus (Marquardt, S. 215).

– V. 9: Die Bewahrung vor dem Zorn Gottes kann die Bewahrung vor den Verhaltensstrukturen meinen, die den Zorn Gottes nach sich ziehen.

– V. 10: Entsprechend dem Begriff des Sünders (V.6) beschreibt das Wort „Feind" eine objektive Struktur. Feinde sind die, die Israel entgegengesetzt sind. (Vgl. Marquardt, S. 214ff.).

Durch den Tod Jesu werden wir mit Gott versöhnt, ehe wir mit Pistis und Gerechtigkeit antworteten.

Gerechtigkeit und Glaube gelten für unser Leben. Wir haben Frieden. Das ist eine Glaubensaussage, die kontrafaktisch, aber dennoch erfahrbar ist.

3. Homiletische Entscheidungen

Ich nehme den ganzen Abschnitt als Predigttext. Die Bezüge innerhalb des Predigttextes legen diese Entscheidung nahe.

Ich beteilige die KonfirmandInnen durch ihre eigenen Beiträge: Wo brauchen wir Geduld? Wer braucht uns mit Geduld? (Vgl. Barié, S. 146.)

Vielleicht ist es dadurch möglich, das neue Leben, das Paulus kennzeichnet, auch KonfirmandInnen deutlich zu machen. Auch über die Stichworte Hoffnung – Gerechtigkeit – Frieden. In diesem Zusammenhang gilt: Gott ist Gott für uns. (Eventuell bietet sich eine Erinnerung an die Weihnachtsgeschichte und -predigt an.)

Gott kommt uns zuvor. Er setzt uns in Bewegung. Auch da sind Gedanken der KonfirmandInnen aufzunehmen. Gott sagt Ja zu uns. Wo und bei wem erfahren Jugendliche, daß zu ihnen Ja gesagt wird?

Gott bringt unser Nein zum Schweigen. Der Zuspruch, daß Gott nach uns fragt, kann m.E. auch bei wilden KonfirmandInnen-Gruppen nicht oft genug gesagt werden; er läßt sich evtl. auch durch Erträge aus der KonfirmandInnenarbeit verdeutlichen.

Sicherlich muß darauf geachtet werden, daß die Thematik des Friedens und der Aufhebung der Feindschaft zwischen Gott und Gojim und zwischen Juden und Nichtjuden nicht allzu einfach gesagt wird. Möglich, daß dadurch ein Teil der Predigt einen lehrenden Charakter erhält.

Um die Zusammenhänge von Versöhnung, Feindschaft und Frieden zu verstehen, ist das vielleicht nicht zu vermeiden, m.E. dem Text auch angemessen.

4. Liturgievorschläge

In meiner Agenda steht das Thema: „Den Menschen ausgeliefert". Hilfreicher für die liturgische Gestaltung ist aber doch wohl der Name des 2. Sonntags in der Passionszeit: „Reminiszere" – „Gedenke!"

Als Alternative zu Ps 10 kann auch Ps 25 gewählt werden (EG 712), der die Bitte um das Gedenken Gottes ausspricht und von dem der Sonntag seinen Namen erhalten hat. Das Stichwort des Gedenkens kann aufgenommen werden durch EG 307, die gesungenen Seligpreisungen. Eventuell können diese dann anstelle der Evangeliumslesung stehen.

Evangelium des Sonntags Reminiszere ist Mk 12, 1-12, das Gleichnis von den bösen Weingärtnern. Anstelle des Evangeliums nehme ich gerne die atl. Lesung. An diesem Sonntag verzichte ich darauf, weil Jes 5, 1-7, das Lied vom Weinberg, ohne Kommentar genauso mißverstanden werden kann wie der Abschnitt Mk 12.

Die Texte der anderen Reihen zum Sonntag Reminiszere bieten m.E. auch keine sinnvollen Alternativen. Ich schlage als Text für die Lesung Jes 29, 17-24 vor, gefunden nach der Lektüre von Ps 10. Möglich ist es natürlich auch, nach der Erstellung der Predigt einen Text für die Lesung auszusuchen.

Wochenlied ist EG 366. Je nach Predigt-Schwerpunkt kann als Lied nach der Predigt ein Pfingstlied (z.B. EG 134) gewählt werden. Für möglich halte ich auch die Lieder:

351: Ist Gott für mich ...
277: Herr, deine Güte ...
289: Nun lob, mein Seel, ...

5. Literatur:

– J. Baldermann, Bibel – Buch des Lernens, Göttingen 1980, 195ff.
– H. Barié, Predigt braucht Konfirmanden, Stuttgart 1988, 146.
– C. E. B. Cranfield, Romans. A Shorter Commentary, Michigan 1992, 2. Aufl., 99-111
– Fr.-W. Marquardt, Das christliche Bekenntnis zu Jesus, dem Juden, Bd. I, München 1990, 212-216.

Almut Jäckle-Stober, Friedhofstr. 13, 78176 Blumberg

Oculi: Eph 5,1-8

1. Annäherung

‚Es gehört sich nicht', ‚es steht euch nicht an', ‚es paßt nicht zu euch'. Dieser seltsame Lasterkatalog springt wohl nicht nur mir als erstes ins Auge. Er klingt nach bürgerlicher Moral. Nach dem Motto ‚das tut man nicht' – als ChristIn. Und dann stehen da auch noch die sexuellen Verfehlungen im Mittelpunkt: Unzucht, Hurerei, Unreinheit, Unkeuschheit oder wie immer man das übersetzen mag. Ein Christ tut so etwas eben nicht, zum Beispiel ‚Unzucht treiben' – was immer das sei. Oder auch lose Reden führen oder gar schmutzige Witze erzählen.

All das klingt für mich wie eine Bestätigung des Mottos: Christentum ist das, was man nicht darf! Und dabei vermute ich, ob nun frustriert oder realistisch, daß nicht wenige meiner PredigthörerInnen dies alles ganz gerne hören, wenn über Laster und Unzucht geschimpft wird. Da lehnen sie sich zurück und sagen, sich selbst weit weg von alledem fühlend: ‚Ein Christ tut so etwas eben nicht.' Die Verbindung von Christentum und Moral scheint ungebrochen verbunden auch mit dem erhobenen Zeigefinger und den Drohungen in unseren Versen.

Und was bitte soll ich jetzt damit anfangen? Was hat das Ganze mit unserem christlich-jüdischen Thema zu tun? Etwa nur dies, daß uns die bürgerlichen Moralvorstellungen vereinen?

2. Beobachtungen am Text

Unsere Verse sind Teil eines längeren paränetischen Abschnitts am Ende des Eph. In Kap. 4 ging es um den alten und den neuen Menschen und die Erkenntnis, daß die christliche Existenz immer der bleibenden Gefährdung ausgesetzt ist, daß eben doch alles beim Alten bleibt und der Durchbruch zu einer neuen, von der Liebe veränderten Lebenseinstellung und zu einem neuen Gemeinschaftsleben eben nicht wirklich erfolgt. Denn wenn sich eine christliche Gemeinde nicht durch dieses ihr und dem Judentum spezifische Ethos der Liebe auszeichnet, bleibt sie farblos und ohne Frucht.

In Kap. 5 beginnt die Paränese aber nicht mit speziellen Mahnungen, sondern der allgemeinen Feststellung, dem ‚Beispiel Gottes' zu folgen. Nachahmer Gottes ist hier eine im NT singuläre Formulierung. Neben Aussagen einzelner Rabbinen (R. Abba Schaul: ‚Dieser ist mein Gott, ich will sein wie er' yPea 15b) fällt mir Jesu Forderung aus der Feldrede (Lk 6,36) ein: ‚Seid barmherzig, wie auch euer Vater barmherzig ist.' Hier wie dort lautet die Grundforderung, die Liebe Gottes, die wir empfangen haben, weiterzugeben.

Interessant ist dabei in unseren Versen der Wechsel von ‚Ihr' zum ‚Uns' in V. 2. Zwar steht dort am Anfang die Mahnung ‚folgt' – ‚lebt in der Liebe', doch ist dies keine Forderung im luftleeren Raum, sondern einzig begründet in der Hingabe und Liebe Christi für uns. Dabei ist der sprachliche Übergang zwischen Gott und Christus interessant. Die Liebe Gotttes des Vaters zur Welt (vgl. Joh 3,16) und die Liebe des Sohnes treffen sich in der Hingabe in den Tod. Eigentümlich ist dabei die Verbindung mit dem Opfergedanken. Jedenfalls ist, was Christus in vollkommener Liebeshingabe für uns getan hat, zugleich höchste Verherrlichung Gottes.

Dies rückt alle weiteren Ermahnungen in ein anderes Licht. Denn diese Glaubenstatsache bildet die Grundlage für alles weitere. Das heißt aber, daß es sich in keiner Weise um eine Moralpredigt handelt, sondern daß es um das Leben der Gemeinde in der Liebe geht. Und dies in Unterscheidung zur heidnischen Umwelt. Unzucht und sexuelle Entartung werden den Heiden gleichermaßen als Götzendienst nachgesagt wie Habgier und loses, unbarmherziges Reden. Daß just diese drei Bereiche gewählt wurden, hat sicher mit einem Absetzen von der heidnischen Umwelt zu tun. Der liebevolle Umgang miteinander soll auch nach außen ein Zeichen der christlichen Gemeinde sein (vgl. Kol 3,5-7).

Übrigens stimmen christliche und jüdische Aussagen im Blick auf die Heiden an dieser Stelle vollständig überein.

Inhaltlich geht es bei den Ermahnungen auch nicht um einen Rundumschlag gegen die böse Welt. Es werden mit diesen drei Bereichen Sexualität, Umgang mit Geld und Sprache die neuralgischen Punkte benannt, an denen das Miteinander von Menschen gelingen kann oder zum Scheitern verurteilt wird.

In V.7 schließlich wird explizit die Abgrenzung gefordert, damit keine Vermischung zwischen Götzendienst und christlicher Gemeinde geschehen kann. Ein ähnliches Phänomen finden wir in einigen Halachoth, die dadurch gleich die Beziehung mit Heiden unterbinden. Z.B. das Verbot, mit Nichtjuden oder gar Juden, die den Shabbath nicht halten, Wein zu trinken, damit nicht im Rausch Beziehungen entstehen, die später nicht mehr zu trennen sind.

So geht es also nicht, wie nicht erst heute wohl oft gehört, um bürgerliche Moral und Wohlanständigkeit, sondern genau um das Gegenteil: um liebevollen Umgang miteinander als Zeichen für die Welt und Abkehr von allem Gottlosen. Dies bestätigt V. 8, in dem die Finsternis-Licht-Metaphorik aus Qumran aufgenommen zu sein scheint. Dort werden ChristInnen aber bedeutungsvollerweise nicht als Kinder des Lichts bezeichnet, sondern als Licht in dem Herrn. Weil wir ChristInnen Licht sind und in der Liebe aus der Taufe gehoben worden sind, gehören wir auf die helle Seite des Lebens, also auf die liebevolle.

Unsere Verse schließen mit dieser tiefgehenden Zusage, die endgültig den Geruch des Moralisierens aus diesen Versen vertreibt und den Duft der Freiheit verströmt.

3. Homiletische Entscheidungen

Die Verse sind ermahnend, also kann die Predigt wohl im letzten nicht anders. J.Stockmeier formuliert m.E. das Ziel sinnvoll so: „Predigt der Paränese kommt darin zum Ziel, daß sie Gemeinde zu erkennbarer Unterscheidbarkeit verpflichtet und sie damit zugleich ermutigt, ‚alternativ' zu sein." (CPhNF II/1 S. 184).

Dies kann allerdings nur dadurch geschehen, daß nicht eine allgemeine Moral gefordert wird, sondern die Erkennbarkeit der Liebe, die das christliche Leben bestimmt und trägt. Vom Entzünden der Taufkerze ausgehend könnte man den Text sozusagen von hinten aufrollen, vom Bild Licht – Finsternis her. Die Zusage ‚Ihr seid Licht des Herrn' gilt es dann zu entfalten. Doch geht der Weg, wie bei der Taufe, von der Zusage hin zur Aufgabe. Da wird der Bogen zu VV.1-2 gespannt und muß von der hingebenden Liebe Gottes die Rede sein.

Was bedeutet es dann, als Gemeinde alternativ zu sein? Die Bereiche Umgang mit unserer Sexualität, mit unserem Geld und unserem Reden in Wort und Schrift bieten auch heutzutage ein weites Feld. Es genügt wohl, sich eines vorzunehmen. Von der Diskussion um die Segnung homosexueller Paare über die Sparmaßnahmen in der Kirche und unser Finanzsystem bis zur Frage der Kirche in den Medien u.v.m. steht als Thema offen. Da gilt es zu entscheiden, was in der eigenen Gemeinde gerade dran ist.

4. Liturgievorschläge

Zu Beginn der Predigt:
– Meditation mit dem Licht der Taufkerze: wer bin ich Licht oder
– Meditation mit Dunkelheit und Licht – einem schwarzen und einem weißen Tuch.

Lieder:
EG 395 Vertraut den neuen Wegen
EG 555 Ein Licht geht uns auf in der Dunkelheit
EG 272 Ich lobe meinen Gott von ganzem Herzen.

Karina Lehnardt, Heimerdinger Str. 13/1, 71254 Ditzingen

Laetare: 2. Kor 1,3-7(8-11)

*Meinen verstorbenen Freunden
Manfred und Werner*

1. Annäherungen

„Gelobt sei ... der Gott allen Trostes, der uns tröstet in aller unserer Trübsal, damit wir auch trösten können, die in allerlei Trübsal sind ...". In der Gemeinde begegne ich immer wieder Menschen, die Trost brauchen. Sie kommen über den Tod des geliebten Mitmenschen, besonders wenn es sich um die eigenen (auch erwachsenen) Kinder handelt, nicht hinweg. Ihnen blutet noch nach Jahren das Herz. Sie stecken tief in der Trauer, die sie anderen gegenüber nicht mehr auszusprechen wagen, da diese nur noch genervt reagieren. Da kann man nur zuhören, mittrauern und einfach da sein, immer mal wieder, aber nicht epiphanieartig mit billigem Trost auf den Lippen, sondern da sein, auch wenn wir im Moment nichts zu sagen wissen, keine Antwort haben. „... zu eurem Trost, der sich wirksam erweist, wenn ihr mit Geduld dieselben Leiden ertragt ...".

Nach der Beerdigung eines guten Freundes habe ich mich ein erstes Mal dem Predigttext angenähert. Ich hatte die ganze Trostlosigkeit durchlebt, konnte und wollte mich nicht trösten lassen, wurde dann doch getröstet, durch das, was ich aus den letzten Tagen meines Freundes erfuhr, und hoffe, in der Beerdigungsansprache über Ps 90 diesen Trost dann auch anderen weitergegeben zu haben.

2. Beobachtungen am Text

Paulus und die Korinther: Paulus steht/stand im Konflikt mit der korinthischen Gemeinde. Dabei geht/ging es auch um die Legitimität seines Apostolates, die zumindest von Wandermissionaren angezweifelt wurde. Mit ihrem Enthusiasmus stießen sie wohl generell in Korinth auf fruchtbaren Boden (vgl. 1. Kor). Paulus hingegen betont im 2. Kor die Niedrigkeit und Bedrängtheit seines apostolischen Dienstes, wie christlicher Existenz überhaupt.

Bezüglich der (Un-)Einheitlichkeit des 2. Kor stehen sich v.a. zwei Meinungen gegenüber, die über das Verständnis der Perikope mitentscheiden. Auffallend ist, daß dem Präskript keine Eulogie auf die Gemeinde (sie fehlt nur im Gal völlig), sondern eine auf Gottes Handeln am Apostel folgt.

F. LANG geht von der Uneinheitlichkeit des Briefes aus. 2. Kor 1-8 bilden für ihn den „auf die Umkehr der Gemeinde antwortenden Versöhnungsbrief" (13), 9 ein Kollektenkapitel an Landgemeinden und 10-13 dann eine redigierte Form des früheren „Tränenbriefes". Für 1,3-7 hieße das: Sie sind durch die Betroffenheit über das gerade Erlebte motiviert und Einleitung des Versöhnungsbriefes.

Chr. WOLFF geht von der Einheitlichkeit des Briefes aus. An 1,3-7 würde so sehr schnell deutlich, daß es in Bezug auf die korinthische Gemeinde nichts zu danken gäbe. Im Gegenteil wird hier das Thema des gesamten Briefes angeschlagen: „Leidender Apostel ist er für die Gemeinde" (21).

Der Predigttext nennt jedenfalls mit den Stichworten „Trübsal" und „Trost", die so häufig wie im 2. Kor sonst in keinem der pln Briefe vorkommen, sehr deutlich das Thema des Briefes.

Die Abgrenzung von 1,3-7 ist problematisch, da 1,8-11 den eigentlichen Hintergrund für die Danksagung mit der Erfahrung einer Errettung aus Lebensgefahr näher bestimmen.

– *Paulus der Jude:* An dieser Danksagung, vielmehr an diesem Segnen Gottes, wird auch die jüdische Herkunft des Paulus sehr deutlich. Ich möchte dies nur an einigen Assoziationen aufzeigen:

Gelobt sei Gott ...: baruch attah adonai. Mit diesem Segnen Gottes beginnen oder enden viele jüdische Gebete. Mit diesem Gott Segnen wird seine Macht beschworen und verkündet, damit er die Schöpfung vollende und Erlösung schaffe. Mit diesem Gott Segnen wird er, wird sein Name groß gemacht in der Welt. So wird auch in der 2. Bracha des Achtzehngebets Gott als der gesegnet, „der die Toten belebt" (vgl. 2. Kor 1,9 – zum Thema „Gott segnen" vgl. die Aufsätze von Magdalene FRETTLÖH).

... der Vater der Barmherzigkeit ...: Daß Gott barmherzig und gnädig ist, ist eine seiner herausragenden Eigenschaften (Ex 34,6; Ps 86,13). Daran hat sich für Paulus auch durch die Offenbarung Gottes in seinem Sohn Jesus Christus nichts geändert. Im Gegenteil, Gottes Gnade und Barmherzigkeit wurden ihm gerade durch die Offenbarung in Jesus Christus bestärkt. Der Vater der Barmherzigkeit ist eigentlich der Mutterschoß, der Geborensein und Geborgenheit vermittelt.

... und Gott allen Trostes ...: Der, von dem Israel, seiner eigenen Überzeugung nach, das Gericht empfangen hat, der läßt sein Volk nicht im Stich, sondern er tröstet es, tröstet es, wie eine Mutter tröstet (Jes 66,13). DtJes ist der Prophet des Trostes: „Tröstet, tröstet mein Volk", wird im Midrash zu: „Tröstet, tröstet mit mir!" (s.u.). Aus der göttlichen Anteilnahme am Leiden erwächst Trost. Getröstet ist, wer diese Anteilnahme zu spüren vermag.

3. Homiletische Entscheidungen

Die Predigt sollte selber eine Trostpredigt sein, die einerseits vom Trost redet, vor allem aber tröstet, die also auch eine lehrreiche, vor allem aber eine seelsorgerliche Predigt ist.

Vorab könnte eine Einführung in die Situation zwischen Paulus und den Korinthern hilfreich sein. Warum steht das Thema Trost hier im 2. Kor so sehr im Vordergrund? Dies sollte jedoch in aller Kürze geschehen.

Wichtiger wäre mir, neben der Rede vom Trost, zu verdeutlichen, wie sehr Paulus hier mit seinem Gebet/Segnen Gottes in jüdischer Tradition steht:

– Der Gott, „der die Toten belebt", hat sich für ihn in Jesus Christus bestätigt, hat ihn selber aus Lebensgefahr errettet.

– Der „Gott allen Trostes", ist der Gott, der sein Volk tröstet. Der es getröstet hat, „wie eine Mutter"; der es selber mit-tröstet mit anderen (Einbringung des Midrash zu Jes 40?).

Anknüpfend an dieses *mit* wäre mir der Aspekt der Gemeinschaft wichtig. Trost kann aus der Gemeinschaft, aus der treu-tröstenden Begleitung Trauernder erwachsen. Sie nicht allein lassen, heißt, sie nicht in ihrer Trauer belassen. Aber so etwas braucht Zeit. [Hier ist m.E. auch die schwierigste Klippe. Die Rede vom Mit-Sein und Mit-Leiden Gottes ist nicht unbedingt tröstend, so richtig sie auch ist (vgl.

BUKOWSKI, 52); und der Spruch: „Die Zeit heilt alle Wunden", so richtig er oft scheinen mag, ist für Trauernde billiger Trost. Wer so redet, hat meist nicht die Zeit geduldig zuzuhören, die Trauer mitzutragen, und geht.]

Aus solcher treu-tröstenden Begleitung, aus solcher Trost- und Leidensgemeinschaft erwächst Lebensgemeinschaft, in der einem die andere nicht egal ist (wie Paulus auch die Korinther nicht egal waren, sondern um die er kämpfte voll Liebe und mit Tränen).

4. Kontexte

Ein Midrash erzählt: „Der Heilige, gelobt *(gesegnet)* sei ER, sprach zu den Propheten: ‚Gehet und tröstet Jerusalem!' Es ging Hosea, um es zu trösten, und er sagte: ‚Der Heilige, gelobt *(gesegnet)* sei ER, hat mich zu dir entsandt, um dir Trost zuzusprechen.' Jerusalem antwortete: ‚Was bringst du mit dir?' Er erwiderte: ‚Ich (Gott) werde wie Tau sein für Israel' (Hos 14,6). Da sprach Jerusalem: ‚Gestern hast Du erklärt: Geschlagen ist Ephraim, seine Wurzel verdorrt, Frucht trage sie nicht mehr (Hos 9,16), und jetzt redest du so! Welcher Weissagung sollen wir glauben, der ersten oder der zweiten?'" So erging es auch den anderen Propheten. „Da begaben sich die Propheten zum Heiligen, gelobt *(gesegnet)* sei ER, und sprachen zu ihm: ‚Herr der Welten, Jerusalem hat sich nicht trösten lassen.' Er antwortete: ‚Wir wollen zusammen hingehen und es trösten!' Das meint: ‚Tröstet, tröstet mein Volk (*'ami*)!' ‚Tröstet, tröstet es mit mir (*'imi*)' ..." (P'siqta d'Raw Kahana, nachamú I,274-276. Fundstelle: GRADWOHL, Roland; Bibelauslegung aus jüdischen Quellen. Band 2: Die alttestamentlichen Predigttexte des 5. und 6. Jahrgangs, Stuttgart 1995, 194.)

Bonhoeffer schreibt aus seiner Erfahrungen des Widerstands kurz bevor er verhaftet wird „Einige Glaubenssätze über das Walten Gottes in der Geschichte". Darin heißt es unter anderem:

„... Ich glaube, daß Gott uns in jeder Notlage soviel Widerstandskraft geben will, wie wir brauchen. Aber er gibt sie nicht im voraus, damit wir uns nicht auf uns selbst, sondern allein auf ihn verlassen. In solchem Glauben müßte alle Angst vor der Zukunft überwunden sein. ..." (WE, 1951 ¹¹1980, 18f)

5. Liturgievorschläge

Eingangslied:
EG 166 (1+2+5+6) Tut mir auf die schöne Pforte
EG 282 (3-6) Wie lieblich schön, Herr Zebaoth
EG 450 (1-3) Morgenglanz der Ewigkeit
Psalm: 84,6-13 (EG 735.2)
Lesung: Jes 40,1-5 oder Jes 61,1-4
Bekenntnis: Bonhoeffers Glaubenssätze EG 813
Lied nach Lesung/Bekenntnis:
EG 15 (1-4) „Tröstet, tröstet", spricht der Herr
EG 184 Wir glauben Gott im höchsten Thron

Lied nach der Predigt:
EG 197 Herr, öffne mir die Herzenstür
EG 326 (1+4+5) Sei Lob und Ehr dem höchsten Gut
Schlußlied:
EG 209 Ich möcht, daß einer mit mir geht
(*Lieder zur Passionszeit*):
EG 95 Seht hin, er ist allein im Garten
EG 97 Holz auf Jesu Schulter

6. Literatur:

LANG, Friedrich; Die Briefe an die Korinther, Göttingen Zürich 1986 (NTD 7).
WOLFF, Christian; Der zweite Brief des Paulus an die Korinther, Berlin 1989 (ThHK 8).
FRETTLÖH, Magdalene L.; Gott segnen. Systematisch-theologische Überlegungen zur Mitarbeit des Menschen an der Erlösung im Anschluß an Psalm 115: EvTh 56 (6/96), 482-510.
dies.; Von der Macht des Segens. Sozialgeschichtliche Auslegung zu Psalm 115: JK 56 (11/95), 638-641.
BUKOWSKI, Peter; Die Bibel ins Gespräch bringen, Neukirchen-Vluyn 1994.
verweisen möchte ich zudem noch auf:
BOHREN, Rudolf; Gott Tröstet! Predigt über 2. Kor 1,3f (11.VII.76): Baseler Predigten 40 (10/76).
KOHRENHOF-SCHARFFENORTH, Mieke u. SCHWARZ, Jutta-Ute; Wo bleibst du, Trost der ganzen Welt: Predigtstudien für das Kirchenjahr 1985/86. Perikopenreihe II. 1. Halbband, hg.v. Peter Krusche, Dietrich Rössler u. Roman Roessler, Stuttgart 1985, 160-166.
MAHLBURG, Fred; Sozialgeschichtliche Bibelauslegung zum Predigttext für den Sonntag Lätare, 29. März 1992: JK 53 (2/92), 96f.

Michael Seim, Moritzstr. 68, 45131 Essen

Judika: Hebr 5,7-9

1. Annäherung

Vers 10 ist für den Predigttext wohlweislich ausgespart worden: Jesus, der „Hohepriester nach der Ordnung Melchizedeks" – eine „Akkomodation an den Zeitgeist", die der Gemeinde besser nicht zugemutet werden sollte?!?
  Wir sollten dem Hebr folgen und die Ausführungen des Hebr als λόγος τῆς παρακλήσεως (Hebr 13,22) ernst nehmen. Diese Formulierung ist terminus technicus „für die an die Lesung von ‚Gesetz und Propheten' sich anschließende Predigt bzw. Homilie" (H.-Fr. Weiß, 40) in der hellenistischen Synagogengemeinde: Schriftauslegung mit dem seelsorgerlichen Ziel, das Bekenntnis der Gemeinde durch Auslegung der Schrift in midraschähnlicher Form zu aktualisieren. Lehre und Aktualisierung der Schrift sind inhaltlich und strukturell verschränkt. Um verstaubte Glaubensaussagen mit Leben zu füllen, ist also gerade eine „lehrhafte" Predigt über den leidenden „Hohepriester nach der Ordnung Melchizedeks" interessant.

2. Beobachtungen am Text, in ihrem Kontext

Hebr 5,7-10 steht in jenem Angelpunkt, in dem die Aussagen des 1. Teils des Hebr (1,1-4,13) über den „Sohn" (Ps 2,7; in der rabbinischen Tradition auf Israel gedeutet) mit denen des 2. Teils (5,1-10,18) über den „Hohepriester nach der Ordnung Melchizedeks" (Ps 110,4) schriftgelehrt miteinander verbunden werden. Der ganze Abschnitt 5,1-10 ist chiastisch aufgebaut:

A   5,1-3   der menschliche Hohepriester nach der Ordnung Aarons, der als Mensch die menschliche Schwachheit kennt und kennen muß, um sie entsühnen zu können

B   5,4   der menschliche Hohepriester nach der Ordnung Aarons, der dadurch berechtigt ist, daß er von Gott berufen ist

B' 5,5 u.6   Jesus, der Messias, der „Sohn Gottes" (Ps 2,7) ist von Gott zum Hohepriesteramt berufen: Ps 110,4

A' 5,7-10   auch Jesus ist ganz Mensch gewesen und kennt Schwäche; er hat gelitten, und weil er im Leiden auf Gottes Willen horchen lernte, wurde er derjenige, der anderen Rettung bringt: Hohepriester nach der Ordnung Melchisedeks

Hebr 5,7:
– Mit der Sprache der Klagepsalmen (Ps 116,1-9 – LXX 114/115) wird Jesus in 5,7 als Beter in Todesnot dargestellt (vgl. die Wortwahl δέησις, κράζειν, δάκρυον, εἰσακούειν); so kann Gott ihn nicht nur VOR dem Tod, sondern hier AUS dem Tod erretten (ἐκ θανάτου).
  „Was tat Mose in jener Stunde (da er sterben sollte)? Er legte sich einen Sack an u. hüllte sich in den Sack u. wälzte sich in Asche u. stand da in Gebet und Flehen בתפילה ובתחנונים vor Gott, bis Himmel u. Erde erschüttert wurden ...)" (DtR 11 207ᶜ) (Strack/Billerbeck, Bd. 3).

Hebr 5,7-9 71

– Aus dem Umkreis der Handlungen des Hohepriesters stammt προσφέρειν: darbringen, opfern.
– Mit εὐλαβεία wird die Gottesbeziehung des Gläubigen bezeichnet (vgl. Prov 24,28; Sir 7,9; Lk 2,25).

Hebr 5,8:
– Hier werden die Prädikationen „Sohn" und „Hohepriester" von 5,6.7 durch die antike Form der Parechese παθεῖν – μαθεῖν miteinander verbunden: leiden – lernen.
– Gehorsam/ὑπακοή steht ja im Wortfeld: HÖREN, horchen. Jesus hat gelernt, darauf zu lauschen, was Gottes Wille sei (vgl. Phil 2,8), zu horchen, was Gottes Wort ist.

Hebr 5,9:
– Zweifache Wirkung des Leidens Jesu: Er wird als extrem irdischer, leidender Hohepriester der „Urheber ewigen Heils"; und damit das „Vor-Bild" unserer Gottesbeziehung (vgl. Phil 2,16).

Hebr 5,10:
– Jesus wird mit der Formulierung προσαγορεύειν ... in das Hohepriesteramt wie in ein Amt des hellenistischen Judentums eingesetzt.
– Der Hohepriester hat königliche Privilegien, wie die Salbung und seine Kleidung –> Gold, Purpur (EJ 13,1074). Er ist der einzige, der am Versöhnungstag das Allerheiligste betreten darf. Er heiligt, entsühnt sich, seine Famile, seinen Stamm und ganz Israel durch Sündopfer, Schuldopfer, Buße (vgl. Lev 16; TrJoma; Mussaf-Gebet). Nur er und nur zu dieser Zeit darf den NAMEN aussprechen.
– Jesus dient – wie Melchizedek – im himmlischen Heiligtum:
Zu Gen 14,18-20: bNed 32b: „R.Sacharja sagte im Namen von R.Jischmael: Der Heilige, gepriesen sei er, wollte ... die Priesterschaft ... von Sem hervorgehen, wie es heißt: *da segnete er ihn und sprach: Gesegnet sei Abram dem höchsten Gott, dem Eigner des Himmels und der Erde, und gepriesen sei der höchste Gott.* (Gen 14,19f.) Abraham sprach zu ihm: Läßt man denn den Segen des Knechtes dem Segen seines Herrn ... vorangehen ...? Sofort gab er sie (sc. die Priesterschaft) Abraham, wie es heißt: *Spruch Gottes zu meinem Herrn: Setze dich mir zur Rechten, bis ich dir hinlege deine Feinde als Schemel für deine Füße* (Ps 110,1) und hierauf ... steht geschrieben: *der Herr hat geschworen und bereut nicht: du bist Priester ewiglich, auf mein Wort, Melchizedek* (Ps 110,4) – wegen des Wortes Melchizedeks (sc. mit dem er Abraham zuerst segnete), deshalb steht geschrieben: *und er war Priester dem höchsten Gott* (Gen 14,18). (D.h.:) Er (war) Priester, aber seine Nachkommen (waren) nicht Priester." (D.U.Rottzoll, rabb. Kommentar zum Buch Genesis, Berlin/New York 1994).

Melchizedek, Priester des Allerhöchsten, König von Salem, kommt Abraham entgegen, bringt ihm Brot und Wein. Nach Aussage des Hebr gibt Abraham dem Melchizedek den Zehnten; nach Gen 14,20 ist nicht deutlich, wer wem den Zehnten gibt. In der Haggadah wird Melchizedek mit Schem (Ha-Schem!) identifiziert, dem (– nach der Tradition – jüngsten und damit bedeutendsten) Sohn Noahs; damit wird er in die Traditionsreihe Adam – Noah – Abraham eingeordnet. Er verliert aber sein Hohepriestertum an Abraham, weil er zuerst Abraham und dann erst Gott gesegnet hat.

Vgl.: Schem – oder wie er manchmal heißt– Melchizedek, König der Gerechtigkeit, Priester Gottes des Allerhöchsten, kam zu Abraham heraus mit Brot und Wein. Und dieser Hohepriester lehrte Abraham die Gesetze des Priestertums und die Torah und segnete ihn zum Beweis seiner Freundschaft ... (Ginzberg, The Legends Of The Jews, Bd. 1, 233f.).

In Qumran gibt es die Vorstellung Melchizedeks als eine Art himmlischer Engel/Erlösergestalt, der als Richter fungiert (11QMelch), in der Tradition des Menschensohnes als Weltenrichter. H.-M.Schenke sieht in der Vorstellung der Merkaba-Mystik (Melchizedek als Hohepriester im himmlischen Heiligtum), den „Hintergrund der Melchisedek-Christologie des Hebr" (H.-M.Schenke, Festschrift H.Braun, 430ff.).

– Jesus opfert als Hohepriester zur Entsühnung:
Nach rabb. Tradition ist der Versöhnungstag ein Tag unvergleichlicher Freude, der „Große Tag", sowohl für Gott, als auch für sein Volk Israel.

Die Opferung des Bockes führt das Jubiläenbuch auf die Trauer Jakobs um seinen Sohn Josef zurück, vgl. das Blut des Bockes auf seinem Rock (Jub 5,17.18; 34,17.18).

Aber nicht nur das Opfer des Bockes – nach der Zerstörung des Zweiten Tempels: der Tag Jom Kippur – befreit von Sünden; es muß von Buße begleitet sein. Dort entspringt die Sitte, zu Jom Kippur den Mitmenschen um Verzeihung zu bitten: „Sünd- und Schuldopfer wegen begangener Sünden schaffen Sühnung; // Tod und Versöhnungstag sühnen in Verbindung mit Buße." (TrJoma VIII 8a). „Sünden, die sich zwischen Menschen und der höchsten Stelle [Gott] abspielen, sühnt das Sühnfest, // aber die, welche sich zwischen jemand und seinem Nächsten abspielen, sühnt das Sühnfest nur, wenn er seinen Nächsten zuvor begütert hat." (TrJoma VIII 9a).

„Rabbi Aqiba sagte: ‚Heil euch, ihr Israeliten. // Von wem werdet ihr gereinigt und wer reinigt euch? // Euer Vater im Himmel!' Denn es steht geschrieben: ‚Ich besprenge euch mit reinem Wasser, daß ihr rein werdet von all eurer Unreinheit und von euren Götzen will ich euch rein machen.' und weiter: die miqwe Israels ist JHWH. // Und was ist's mit der miqwe? es reinigt die Unreinen. // So reinigt der Heilige – gebenedeit sei er – Israel." (TrJoma VIII 9d-f). Letzterer Abschnitt wird allgemein als rabbinische Reaktion auf die christliche Deutung Jesu als Hohepriester verstanden.

3. Homiletische Überlegungen

Der Hohepriester muß Mensch sein, um die Sünden der Menschen verstehen zu können; und er muß Verbindung zu Gott haben, um von diesen reinigen zu können.

Melchizedek ist der oberste, wirksamste, himmlische, eschatologische Hohepriester; er steht Gott nahe, er dient im himmlischen Heiligtum beim endzeitlichen Jom Kippur.

Zu Jom Kippur steht der Himmel offen. Es ist der Tag, an dem Gott besonders nahe ist, ein Großer Tag, Tag der Freude, Tag der Erneuerung; aber, weil Gott nahe ist, auch ein Tag des Gerichts: Der Hohepriester lädt dem Sündenbock die Verfehlungen des Volkes auf; im Hebr dagegen ist es Jesus der sowohl als Opfer als auch als Opfernder dargestellt wird. Dabei sollte nicht vergessen werden, daß in der Geschichte das jüdische Volk oft zum Sündenbock gemacht wurde. Was bedeutet es, der Sündenbock zu sein? Karfreitag – Jom Kippur? Passionszeit.

Britta Mating, Rungestraße 15, 16515 Oranienburg

Palmarum: Phil 2, 5-11

1. Annäherung

Ein bekannter Text, den manche Gemeindeglieder wohl beinahe auswendig können. Er ist der *„locus classicus"* für die Präexistenz Christi neben dem ebenso berühmten Johannesprolog. Das alles macht es nicht leicht, sich offen und unbefangen dem Text zu nähern. Sicherlich auch nicht für die Gemeinde. Zu viele Festlegungen sind auf diesen Text hin geschehen. Darüber hinaus geht die theologische Diskussion beinahe ins Unendliche zu Fragen der Christologie oder der Bearbeitung durch Paulus usw. Diese vielleicht für Theologen interessanten Fragen sind aber sicherlich nicht geeignet für eine Predigt an Palmsonntag.

Der Predigttext gehört in der Zwischenzeit zu den „Psalm"-Gebeten unserer Gottesdienste. Ihn als Christushymnus, als Christusbekenntnis mehr in der Gemeinde zu verankern, ist wohl das Ziel der Gesangbuchkommission gewesen. Von daher ist eine Predigt über diesen Text eine Herausforderung. Sie bietet die Chance, den Hymnus nicht für sich als dogmatisches Thema zu predigen, sondern ihn in dem Zusammenhang zu sehen, in den ihn Paulus in einem Brief gestellt hat.

2. Beobachtungen am Text

Der Hymnus ist eingebettet in einen paränetischen Rahmen. Der Hymnus stellt die Begründung für die Mahnungen dar, die Paulus der Gemeinde in Philippi gibt. Mit Marquardt kann man sagen: Hier wird sichtbar, daß christologische Fragen der Ethik untergeordnet sind, d.h. die „christologische Frage erst im Zusammenhang der Weisung des Tuns" entsteht (Christologie II 18). Es geht Paulus also um eine Christo-Praxis, wobei er wohl weder einer Vorbildchristologie, noch einer Gesinnungsethik das Wort reden möchte. Vielmehr kann die Gemeinde wie Christus handeln und ist dazu befreit, weil sie durch die Taufe in Christus ist und darum mit ihm handelt. Das Lied zielt also nicht von vornherein auf das sittliche Beispiel Christi ab (dazu könnte Marquardt mißverständlich führen, wenn man seine Vorordnung der Ethik doch im Sinne einer Gesinnungsethik und nicht im Sinn der Halacha versteht). Das Christusgeschehen führt zum Heil. Die „imitatio Dei" dagegen ist nur Folge.

Paulus hat mit diesem Lied wohl eine hellenistisch-judenchristliche Vorlage bearbeitet. Mit den Zusätzen in V 8c und V 11c hat er seine eigene Theologie in den Hymnus hineinverwoben. Sie brechen den sprachlichen Rhythmus. Ziel des ursprünglichen Liedes war das Bekenntnis: *„Kyrios Iesus Christos"*. Es will beschreiben, daß Gott Mensch wurde. Die göttliche Gestalt hat Christus nicht erst begehrt. Seine Selbstentäußerung (*kenosis*) beschreibt den Weg der Menschwerdung des Christus.

In V 8, dem Zentrum des Liedes in der Bearbeitung des Paulus, wird Jesu Weg auf Erden beschrieben. Es geht ihm um das Leben in völliger Übereinstimmung mit Gottes Willen. Die „Erniedrigung" steht für dieses Leben. *„Tapeinos"* meint, daß hier die Rechtsforderungen Gottes richtig und vollkommen eingehalten werden. Wer sich nach diesen Weisungen richtet, zu dem bekennt sich Gott. Er erwählt ihn.

Gelungenes menschliches Leben vollzieht sich nur im Blick auf Gott und im Halten seiner Weisung. Dieses vollkommene Leben nach der Halacha hat Christus gelebt. Insofern ist er Vorbild für die Gemeinde in Philippi. Was ihn aber für Paulus einzigartig macht, ist dessen Weg ans Kreuz. In ihm begegnet der geschichtliche Jesus, der sich ganz Gott unterstellt hat, indem er auf die Möglichkeiten Gottes verzichtet.

Indem Paulus aber das Kreuz erwähnt, „mahnt er mit dem Evangelium" (Eichholz, Paulus 132). Gehorsam im Sinne Jesu meint entsprechend die Unterordnung unter die Herrschaft des Gekreuzigten und Auferstandenen. Gehorsam im Sinne Jesu geschieht ausschließlich um des andern Menschen willen, also in der Liebe, mit der Gott den Menschen liebt. Das Kreuz ist – im Gegensatz zum Wochenlied 87, 2 – nicht Sühne für die Sünde, sondern Zeichen der Schande Gottes, der dadurch den Geschundenen nahe kommt, um sie am Ende wie Christus aus der Erniedrigung herauszureißen.

Gott hat sich letztlich im Kreuz zu dem geschundenen Christus bekannt und identifiziert sich (wieder?) mit ihm. Mit dem Jesaja-Zitat wird der irdische Jesus gleichgesetzt mit dem „Namen", also Gott. Womit der Hymnus wieder am Ausgangspunkt wäre. Die Mächte, welche die Freiheit rauben wollen, müssen sich dem unterwerfen, der ihre Herrschaft zerstörte. Inwieweit für Paulus am Ende sich Christus dem Vater unterwirft (vgl. 1. Kor 15, 28), bleibt hier offen.

3. Homiletische Entscheidungen

Zwar ist, wie erwähnt, dieser Hymnus die klassische Stelle einer Deszendenzchristologie. Es ist aber fraglich, ob dies das Lied ursprünglich tatsächlich wollte. Den Perikopenschneidern bzw. den Alten war wohl V 8c Anlaß, diesen Text für Palmarum zu wählen: der Gehorsame auf dem Weg zum Kreuz. Eine normale Gottesdienstgemeinde könnte mit dem ersten überfordert werden. Andererseits muß an Palmsonntag die Bedeutung des Todes Jesu am Kreuz nicht im Mittelpunkt stehen.

Ich will mich mit V 8 so auseinandersetzen, daß ich den Zusammenhang beachte, in welchen Paulus den Hymnus gestellt hat. Es geht mir um die Konsequenz der Menschwerdung Gottes. Indem Gott auf die Erde kommt und Mensch ist – als *vere homo* und, was vielleicht auch bedacht werden kann: als Jude – teilt er deren Leben und damit auch ihr Elend. Er kämpft den Kampf gegen die Mächte, die uns Menschen gefangennehmen wollen. Und doch zeigt er gleichzeitig mit seinem konsequenten Gehen auf dem Weg seiner Gebote und Weisungen, daß sie selbst im scheinbaren Scheitern zum Ziel führen.

Hier könnte dann der paränetische Bezug des Paulus zur Sprache kommen. Der Hymnus ist uns nicht als Einzellied überliefert, sondern in einem Zusammenhang. Es geht um das Zusammenleben in der Gemeinde. Paulus plädiert für ein konsequentes Halten der Gebote Gottes, ein Festhalten an der Halacha Christi. Diese soll das Leben der Gemeinde bestimmen, selbst wenn es zunächst den Anschein hat, daß sie zum Scheitern führen könnte. Wo Gottes Weisung gelebt wird, da wird Gott am Ende den Erniedrigten und Bedrückten erhöhen.

Die Frage, die in diesem Zusammenhang zwangsläufig auftaucht, ist die nach der Vertröstung. Hier aber kann das Beispiel Christi entgegenwirken. Gott verspricht nicht, daß diejenigen, welche sich an sein Gebot halten, ein Leben führen, das von Triumph zu Triumph eilt. Vielmehr ist der Sieg gewiß trotz eines Scheiterns im Augenblick. Oder anders: Wohl dem, der nicht wandelt im Rat der Gottlosen, weil er Frucht bringt zu *seiner* Zeit. Vor allem aber: Durch Jesu konsequenten Wandel auf dem Weg der Halacha mußten am Ende die feindlichen Mächte sich dem Willen Gottes beugen. Deren Herrschaft wird zerstört und die Herrschaft der befreiten Gemeinschaft in Gott beginnt. Dies kann in der Gemeinde ausprobiert werden (was auch immer unter „Gemeinde" verstanden wird). In diesen Kontext zumindest stellte Paulus sein Lied. Insofern geht er davon aus, daß das Christusgeschehen schon in der Gegenwart in der Gemeinde der an Christus Glaubenden Wirkung zeigt.

Zu bedenken wäre in diesem Zusammenhang auch der Satz Eichholz: „Paulus mahnt mit dem Evangelium" (s.o.). Damit wird einer falschen Moral gewehrt. Gleichzeitig kann aber auch die Konsequenz einer Halacha im Sinne Jesu illustriert werden: Welche Freiheit es bringt, wenn man sich Gott anvertraut, und wo die Grenzen liegen.

4. Liturgievorschläge

Als Psalm: entweder den Predigttext, also den Philipperhymnus oder Psalm 1.
Lesung: Johannes 12, 12-16
Lieder: 378 oder 382; 87, 1.4.5 oder 184; 14; 417

Johannes Gruner, Hoffeldstr. 223, 70597 Stuttgart

Karfreitag: 2. Kor 5, (14b-18) 19-21

1. Annäherung

1.1 Die Auferstehung kommt erst nach dem Tod
Ernst – und trotzdem nicht ohne Hoffnung – klingt die Schilderung des Seelsorge-Professors im Theologischen Seminar nach, der aus der Praxis von Entzugskliniken berichtet: „Ohne die tiefe, eigene Erkenntnis, wirklich ganz am Boden zu liegen und abhängig zu sein, gibt es keinen Weg aus der Abhängigkeit vom Alkohol."
    Karfreitag ist der Tag, an dem die Predigt den Tiefpunkt zu verkündigen hat. Eigentlich gibt es keinen Trost der Depression mehr. Das Ende ist der Tod. Gleichzeitig meldet sich der Widerspruch: Soll die Osterhoffnung doch schon an Karfreitag mit anklingen, damit die Predigt nicht so negativ wird? Kann ich das trostlose Ende einfach so stehen lassen? Aber es ist ehrlicher, die Verzweiflung und Traurigkeit des Karfreitag auch in der Predigt auszuhalten. Die Zuhörenden würden merken, wenn ich die Tiefe übergehen wollte.

1.2 Das Wort von der Versöhnung und die Realität
Wo gibt es im wirklichen Leben Beispiele von Versöhnung? Vielleicht, wenn sich irgendwo zerstrittene Familien wieder zusammenfinden. Vielleicht, wenn Beziehungsprobleme einmal gelöst sind. Aber Zweifel bleiben, denn es scheint, daß wir eher in einer kollektiven Konfliktorientierung leben: Gefühle nicht unterdrücken, den Ärger ausdrücken, sich dann aus dem Weg gehen und die andere Person in Ruhe lassen – das scheint die allgemeine Gemütslage zutreffender zu beschreiben.
    Außerdem: Was gibt es denn zu versöhnen, wenn ein betrunkener 24-Jähriger eine Familie, Mutter mit 2 Kindern, zu Tode fährt? Oder ein Metall-Unternehmer seinen Betrieb aufgrund des Standortvorteils nach Portugal verlagert und 350 Arbeitsplätze wegfallen? Oder ein weiteres Mal der Waldschadensbericht kranke Bäume und tote Wälder beschreibt, ohne daß es irgend eine realistische Aussicht auf effektiveren Umweltschutz gibt?

1.3 Versöhnungszeichen und Sühnezeichen
Als 1958 die „Aktion Sühnezeichen/Friedensdienste" gegründet wurde, sollte sie zuerst „Versöhnungszeichen" heißen. Denn Versöhnung war 13 Jahre nach Ende der Nazi-Diktatur und des 2. Weltkriegs immer noch bitter nötig. Schon bald aber war den deutschen Initiatoren klar, daß es ohne Sühne keine Versöhnung geben könne. Deutlicher: Versöhnung kann erst am Ende eines langen Weges geschehen, wenn durch praktisches Tun und durch aktives Handeln Zeichen der Umkehr aufgerichtet sind. Menschen müssen zu ihrer Schuld stehen und ihre schuldbeladenen Wege verlassen haben. Dann ist es – vielleicht – möglich, daß Opfer den Tätern die Hand zur Versöhnung reichen.
    Trotz aller Schuld, trotz allem Leiden: Versöhnung ist möglich. Ein Neuanfang ist möglich. Opfer des Holocaust in Israel freunden sich mit jungen Deutschen an. Schwarze und weiße Amerikaner arbeiten gemeinsam in einem Projekt zur Förderung von unterprivilegierten Ghetto-Kindern in New York. Deutsche Studenten

leben und studieren „ganz normal" mit gleichaltrigen Kommilitoninnen und Kommilitonen an der Hebräischen Universität in Jerusalem. Vielleicht liegt die Kraft der Versöhnung darin, daß sie immer nur beispielhaft und begrenzt gelingt, dafür aber konkret und faßbar zwischen Menschen geschieht. Und daß auch fragmentarische „Zeichen" oft mehr Gutes schaffen als alles Reden und viele Bemühungen.

2. Beobachtungen am Text

„Gott hat unter uns das Wort von der Versöhnung aufgerichtet." Versöhnung und Rechtfertigung meinen im Kern dasselbe (vgl. Bultmann, S. 285-287). So befaßt sich die Perikope mit zentralen Aussagen des Apostel Paulus. Sie wird damit zu einem Ausgangspunkt traditioneller Theologie, die – trotz tiefer Einsicht und hoher Dogmatik – in oft theoretischen Abhandlungen und damit weit über tatsächlichen Lebens- und Erfahrungswelten zu schweben scheint.

„... so sagt ‚Versöhnung', daß jetzt Friede und eine neue Gemeinschaft gestiftet sind zwischen der sündigen Menschheit, die Gottes Feind gewesen war, und Gott. ... Diese göttliche Liebestat geschah ‚in Christus': Gott der *Versöhner* handelt durch ihn, in seinem Kreuz und seiner Auferstehung. Außerhalb von Christus gibt es keine Versöhnung zwischen Gott und den Menschen. Mit dem Sätzchen ‚Gott war in Christus' hat Paulus das Losungswort für zwei Jahrtausende christologischen Denkens über das Geheimnis der Gottmenschlichkeit Jesu ausgegeben", schreibt der Kommentar von H.-D. Wendland (S. 207). Michael Hoffmann erläutert Bultmann so: „Der Sinn des Todes Jesu liegt darin, daß dadurch auch die sarkische Verfassung des Menschen gestorben ist und somit der Mensch durch Jesu Auferstehung eine neue Schöpfung ist (*kaine ktisis*), die das eschatologische Heil bekommen kann." (S. 79) Und Adriaan Geense unterstreicht wiederholt eindringlich die „hervorgehobene Subjekthaftigkeit Gottes in diesem Geschehen der Versöhnung" und „Gottes *souveräne* Erlösungstat" (S. 182): „Man muß es in der Tat, gerade wenn es um den existentiellen Bezug dieser Geschichte auf uns geht, so kompromißlos sagen: nur wenn diese Geschichte *Gott* als Subjekt hat, kann ihr Inhalt, ihre Frucht für uns Gottesgerechtigkeit bedeuten." (S. 183)

Angesichts solch sprachlich manifestierter Kompromißlosigkeit ist es tröstlich, daß Osten-Sacken im paulinischen Text zwei leichter nachvollziehbare Überlegungen erkennt. Zum einen sieht er „als Ziel des göttlichen Handelns ausdrücklich die Versöhnung der *Welt* hervorgehoben ... Zum anderen ist ... als zweiter Aspekt die Gegenwart des versöhnenden Handelns Gottes im apostolischen Dienst akzentuiert." (S. 105) Damit wird Gottes „Heils"-Handeln, über das an Karfreitag angesichts des Todes am Kreuz nur so schwierig zu predigen ist, in der Tat einerseits gebunden an reale und weltliche Erfahrungen von Leid und Heilen, von Unrecht und Versöhnung. Und andererseits wird genau dieses versöhnende Handeln Gottes zum Maßstab auch des Handelns seiner Botschafter und Botschafterinnen gemacht, mithin der Auftrag zu einer versöhnenden Praxis an alle Christinnen und Christen erteilt.

Darüber hinaus bindet das Thema der Versöhnung die Christinnen und Christen eng an das Volk Israel, selbst wenn dieses Jesus nicht als den Messias bekennt.

„Die Gabe der Versöhnung der Welt, in 2 Kor 5 als Zentrum des Handelns Gottes in Jesus Christus ausgesagt, kommt zu den Völkern in Gestalt der Hilfe Israels, durch sein Nein, das Gott sich zugunsten der Gojim nutzbar macht." (a.a.O., S. 106) Und weiter: „Mit seinem Nein ermöglicht es Israel, daß die von Gott durch Jesus Christus gewirkte Versöhnung zu den Völkern kommt, mit seinem (von Paulus erhofften und für ihn gewissen) Ja, daß Gott sein rettendes Handeln durch die Auferweckung von den Toten vollendet." (a.a.O., S. 107)

Entgegen letztlich überheblicher Glaubensgewißheit – als sei durch den Tod Jesu am Kreuz die Versöhnung bereits vollständig zu ihrem Ziel gekommen – kann eine behutsame Interpretation besonders von Vers 20 der Zerbrechlichkeit der Karfreitagsbotschaft näher kommen: Paulus *ermahnt*, gegenüber dem Leiden und dem Unrecht der Welt die Friedensbotschaft Gottes deutlich zu machen, und *bittet*, die Versöhnung geschehen zu lassen. Paulus Worte sind fern von Triumphalismus, ihre Wahrheit und Überzeugungskraft gewinnen sie erst in der Praxis des Lebens. Und letztlich schauen sie nach vorne, haben Hoffnungscharakter und warten sehnsüchtig auf eine andere Welt: Der Erstling ist von den Toten auferstanden, die endgültige Vernichtung des Todes und die Auferstehung von Allen aber wird erst noch kommen (vgl. 1 Kor 15).

Im Übrigen lohnt ein Blick auch über die Grenzen des Paulus in die Bergpredigt Jesu (vgl. Osten-Sacken, S.128): Matthäus 5,23f macht ausdrücklich die Versöhnung der Menschen untereinander zur Voraussetzung für das Gott-Gegenübertreten. Als Gesandte und Botschafter Gottes sollten gerade wir Christinnen und Christen hervorragende Zeugen der Versöhnung werden und sein.

3. Homiletische Entscheidungen

Im Blick auf eine verständliche und menschenfreundliche Predigt ist eine Konzentration auf den Begriff der „Versöhnung" zu empfehlen. Die Fragen nach Schuld und Vergeben, nach Schuldbekenntnis und stellvertretendem Handeln, nach Möglichkeiten des Neuanfangs angesichts von schlimmer Vergangenheit spielen dabei mehr als nur eine Hintergrundrolle. Die Erfahrung des „Todes Gottes" am Galgen von Auschwitz stellt jegliches vorlaute Predigen in Frage.

Dennoch darf der oben angemahnte Bezug zu den nahen Lebens- und alltäglichen Erfahrungswelten der Gottesdienstbesucherinnen und Besucher nicht aus den Augen geraten. Welche „Versöhnung", welches „Heilshandeln Gottes" erleben zum Beispiel Krebskranke oder ihre Angehörigen zwischen High-Tech-Medizin im Krankenhaus und Pflegekostenabrechnung durch die Krankenkasse? Vielleicht gelingt es der Predigt ja zu vermitteln, daß Trost auch darin liegen kann, das eigene Leiden im Kreuz Jesu Christi „aufgehoben" zu sehen und die Erfahrung des eigenen Scheiterns im Karfreitagsgeschehen wiederzuentdecken.

Darüber hinaus darf der überindividuelle Anspruch der Verse nicht verloren gehen. Wenn es um die Versöhnung der ganzen *Welt* mit Gott geht, müssen die welt- und zeitumspannenden Aspekte des Zu- und Anspruches Gottes auch nachvollziehbar zu Gehör gebracht werden. Wo auf der Welt Unrecht geschieht, wo Menschen leiden, da ist von Gott gemeinte Versöhnung bitter nötig. Hunger, Krieg, Holocaust können bei der Predigt der biblische Botschaft nicht ausgespart werden – aber die darin verborgenen, schlimmen menschlichen Schicksale sollten verhindern, sie zu leichtfertig und rein rhetorisch einzusetzen. Unter Umständen bietet sich an, den Hintergrund und die Arbeit von „Aktion Sühnezeichen/Friedensdienste" als Beispiel für geduldiges und beharrliches Engagement zugunsten von Versöhnung darzulegen.

Inwieweit das Verhältnis zum Judentum und Israel explizit angesprochen werden soll, ist genau zu überlegen. Nicht jede jüdische Geschichte erreicht die Köpfe und Herzen der Gottesdienstbesucherinnen und Besucher in der beabsichtigten Weise. Und ob zum Beispiel ein ausdrücklicher Bezug zum Jom HaKippurim wirklich angebracht ist, muß sorgfältig abgewogen werden. Vielleicht ist dem jüdisch-christlichen Verständnis mehr geholfen sein, wenn die Paulus-Verse zurückhaltend selbstkritisch und biblisch-assoziativ lebensnah interpretiert werden.

4. Kontexte

4.1 Dunkelste Nacht

Als wir eines Tages von der Arbeit zurückkamen, sahen wir auf dem Appellplatz drei Galgen. Antreten. Ringsum die SS mit drohenden Maschinenpistolen, die übliche Zeremonie. Drei gefesselte Todeskandidaten, darunter der kleine Pipel, der Engel mit den traurigen Augen. Die SS schien besorgter, beunruhigter als gewöhnlich. Ein Kind vor Tausenden von Zuschauern zu hängen, war keine Kleinigkeit ... Die drei Verurteilten stiegen zusammen auf ihre Stühle. Drei Hälse wurden zu gleicher Zeit in die Schlingen eingeführt. „Es lebe die Freiheit!" riefen die beiden Erwachsenen. Das Kind schwieg. „Wo ist Gott, wo ist er?" fragte jemand hinter mir. Auf ein Zeichen des Lagerchefs kippten die Stühle um ... Dann begann der Vorbeimarsch. Die beiden Erwachsenen lebten nicht mehr ... Aber der dritte Strick hing nicht reglos: der leichte Knabe lebte noch ... Mehr als eine halbe Stunde hing er so und kämpfte vor unseren Augen zwischen Leben und Sterben seinen Todeskampf. Und wir mußten ihm ins Gesicht sehen. Er lebte noch, als ich an ihm vorüberschritt. Seine Zunge war noch rot, seine Augen noch nicht erloschen. Hinter mir hörte ich denselben Mann fragen: „Wo ist Gott?" Und ich hörte eine Stimme in mir antworten: „Wo er ist? Dort – dort hängt er, am Galgen ..." An diesem Abend schmeckte die Suppe nach Leichnam.

Auszüge aus: Elie Wiesel, Die Nacht, 1980, S. 86ff

4.2.1 Gründungsaufruf der Aktion Sühnezeichen

„Wir bitten um Frieden .... Wir haben vornehmlich darum noch keinen Frieden, weil zu wenig Versöhnung ist ... Es droht zu spät zu werden. Aber noch können wir ... der Selbstrechtfertigung, der Bitterkeit und dem Haß eine Kraft entgegensetzen, wenn wir selbst wirklich vergeben, Vergebung erbitten und diese Gesinnung praktizieren. Des zum Zeichen bitten wir die Völker, die Gewalt von uns erlitten haben, daß sie uns erlauben, mit unseren Händen und mit unseren Mitteln in ihrem Land etwas Gutes zu tun, ein Dorf, eine Siedlung, eine Kirche, ein Krankenhaus oder was sie sonst Gemeinnütziges wollen, als Versöhnungszeichen zu errichten." Der Aufruf wurde am 30. April 1958 von Präses Lothar Kreyssig auf der gesamtdeutschen Synode der Evangelischen Kirche in Berlin-Spandau vorgestellt und von 79 der 120 Synodalen unterzeichnet.

4.2.2 Lebendige Geschichtsbücher

„Die Begegnung mit den alten Menschen bedeutet mir sehr viel. Ich freue mich jedesmal, wenn ich ihre Gesichter aufleuchten sehe, wenn ich komme, wie sie mir von ihren Gefühlen erzählen, mich an ihrem Leben teilnehmen lassen und sie über die Aufmerksamkeit, die ich ihnen schenke, glücklich sind ...

Für mich bedeutet meine Arbeit hier, daß ich mich bewußt meiner deutschen Geschichte stelle und das Gehörte, die Eindrücke, die Erfahrungen, die Begegnungen und die Erlebnisse in mich aufnehme. Mein Ziel ist es, das daraus Gelernte auf das „Hier und Heute" zu übertragen, damit es für ALLE ein friedliches Morgen gibt."

Christa Steingräber, 27 Jahre, arbeitete als Freiwillige von Aktion Sühnezeichen/ Friedensdienste von 1995 bis 1997 in einem Projekt der offenen Altenarbeit in Jerusalem (zitiert aus Zeichen, ASF (Hg.), Nr. 3 September 1997, Seite 4).

4.3 Aus dem Gebet für Jom HaKippurim:

Unser Gott, Gott unserer Väter, vergib uns unsere Schuld, an diesem Tage der Versöhnung! Lösch aus und tilge unsere Sünden und Vergehungen vor deinen Augen wie geschrieben steht: „Ich, ich lösche aus deine Schuld, um meiner selber willen und deiner Sünden gedenke ich nimmermehr." Und heißt da: „Ich tilge wie eine Wolke deine Schuld, wie einen Nebel deine Sünden; kehre zurück zu mir, ich erlöse dich!" Und heißt da: „An dem Tage wird er euch versöhnen, daß er euch reinige und läutere von allen euren Sünden, vor Gott sollt ihr rein sein!" Heilige uns in deinen Geboten und gib uns unser volles Teil an deiner Gotteslehre; sättige uns mit deinen Gütern und erfreue uns mit deinem Heile!

aus: Gebetbuch der Israeliten, J.N. Mannheimer (Übersetzer), Tel-Aviv, 1979, 368-369

Literatur:

Rudolf Bultmann, Theologie des Neuen Testaments, 1984[9]
Adriaan Geense, Karfreitag, in: Göttinger Predigtmeditationen, 1. Vierteljahresheft 1992, 46. Jahrgang, Heft 2, 179-185
Michael Hoffmann, Karfreitag, in: Gottesdienstpraxis. Serie A, II. Perikopenreihe, Bd. 4: Exegesen, 1991, 78-80
Peter von der Osten-Sacken, Grundzüge einer Theologie im christlich-jüdischen Gespräch, 1982
Heinz-Dietrich Wendland, Die Briefe an die Korinther, NTD Band 7, 1980[15]

Martin K. Reinel, Margarete-Bieber-Weg 25, 35396 Gießen

Osternacht/-Morgen: Offb 1, (4-7) 8

1. Annäherung

1.1. „Furcht vor Atomkrieg beginnt die Apokalypse im Nahen Osten? Jerusalem. Im Jahr 1994 wurde in der mathematischen Fachzeitschrift ein Artikel veröffentlicht, der Grund zu der Annahme gibt, die Bibel beinhalte verschlüsselte Botschaften. ... Zusammen mit dem israelischen Mathematiker Eli Rips versuchte er (Michael Drosnin), Verborgenes zu finden und stieß auf immer mehr Hinweise, daß die Bibel Katastrophen, Attentate (Rabin) und sogar die Apokalypse voraussagt. Textgrundlage sind die Bücher Mose in der herbräischon Originalsprache. ... Ein Computerprogramm durchsucht diese Zeichenfolge". (Frank Eme im Mantelteil des Zollern-Alb-Kurier/Südwestpresse am Samstag, 26.07.1997).

1.2. Schon im 2. Jahrhundert erzählte Rabbi Meir, einer der bedeutendsten Mischna-Lehrer: „Als ich bei Rabbi Akiba lernte, pflegte ich Vitriol in die Tinte zu tun, und er sagte nichts. Als ich aber zu Rabbi Ismael kam, fragte er mich: Mein Sohn, was ist deine Beschäftigung? Ich erwiderte ihm: Ich bin (Thora-)Schreiber. Da sprach er zu mir: Mein Sohn, sei vorsichtig bei deiner Arbeit, denn sie ist eine Gottesarbeit; wenn du nur einen Buchstaben ausläßt oder einen Buchstaben zuviel schreibst, zerstörst du die ganze Welt." (Talmud babli Erubin 13a, zit. bei G. Scholem S.58).

1.3. „Ich bin das A und das O, spricht Gott der Herr, der da ist und der da war und der da kommt, der Allmächtige." Offb 1, 8. Es ist nicht zufällig, daß die Apokalypse des Johannes (und sie als einzige Schrift der Bibel) eine Selbstbezeichnung Gottes an ihren Anfang setzt, die mit den „Symbolen" der *Sprache*, des *Wortes* arbeitet, den Buchstaben; hier A und O. Buchstaben und die daraus entstehenden Worte, und damit die Sprache, sind für die Menschen die einzige adäquate Möglichkeit, ihr Leben wirklich zu verstehen, zu begreifen und mitzuteilen. Nur durch das Medium der Sprache, des Wortes, werden Menschen befähigt, Wandlungen, Veränderungen in ihrem Leben, ihrer Geschichte zu erkennen und zu bearbeiten, in neuen Worten aus den Buchstaben, in interpretierender Sprache (Croatto S.17ff, 95f).

Verlorengegangen – nicht erst in unserer „Multimedia"-Welt ist der enge Zusammenhang zwischen „Wort" und „Gott" (s. Schöpfungsgeschichte „Und Gott *sprach* und es ward", Johannesprolog „Am Anfang war das Wort", oder die jüd. Mystik, die beschreiben kann, daß „Thora" und „Gott" eins sind und die ganze Thora gewebt (textus) ist aus den Buchstaben des Tetragramms und den daraus abgeleiteten vielen Namen Gottes (G. Scholem S. 64).

Verlorengegangen ist auch der enge Zusammenhang zwischen „Wort" und „Wirkung", wie er im Bedeutungsspektrum der hebräischen Wurzel „dawar" aufbewahrt ist. Wir haben einfach vergessen, daß „Wort wirkt", daß jedes unserer Worte Wirkung, Ein-Druck hinterläßt, und sei es bloß den der Oberflächlichkeit, Unglaubwürdigkeit, Überflüssigkeit.

Die Apokalypse lebt von diesem weisheitlichen Wissen, das uns verlorengegangen ist und vielleicht von der feministischen Exegese wieder erarbeitet werden wird.

Adolf Hitlers „1000-jähriges Reich" ist dem Wort-Schatz der Apokalypse entnommen, ebenso viele seiner Propagandaworte (V. Klemperer, LTI, oder seine jüngst erschienenen Tagebücher).
Er benutzt das Wissen um mythische oder magische Bedeutung von Buchstaben und Worten (cf. sein Gebrauch der „Runen") hemmungslos als Wiederinkraftsetzung „arischen" „germanischen" weisheitlichen Wissens. Er vergaß, was in unserer Zeit ja nichts Besonderes ist, den Zusammenhang zwischen „Wort" und „Gott": Er setzte sich an seine Stelle.
1.4. Apokalyptische Texte entstehen oder erfahren immer eine Neuinterpretation in Zeiten des Umbruchs, am Schnittpunkt des Niedergehens einer Kultur und Herrschaft und dem Entstehen einer neuen (Schüssler-Fiorenza, Offenbarung 28f). Apokalyptisches Schrifttum entsteht und wird gelesen und neuinterpretiert in Zeiten der Erwartung des nahen Endes. Seine Worte – seine Sprache – seine „Buchstaben" sind so gestaltet, daß sich der jeweils das Ende erwartende Leser/Hörer sich leicht mit seiner Zeit (politisch (!), persönlich und religiös) dort wiederfindet. Apokalyptische Texte erleichtern durch ihre Sprachgestalt und Symbolik den mystischen, mythischen, esoterischen Zugang, der sich nicht mit „oberflächlichen" oder „zeitbedingten" oder „geläufigen" Wortbedeutungen und Textinterpretationen zufriedengibt (Schüssler-Fiorenza S. 34/35/37).

2. Beobachtungen am Text

„Wie viele andere prophetische Bücher der Hebräischen Bibel auch, beginnt die Offenbarung mit einer ausführlichen Einleitung, die sich in drei Teile gliedert: Überschrift 1, 1-3, Motto 1, 7-8. Die briefliche Einleitung, die in die traditionelle Form des prophetischen Prologs eingefügt ist, gleicht der der paulinischen Briefe (1, 4-6). Die sorgfältig komponierte Einleitung charakterisiert also formal die Offenbarung als ein Werk prophetischer Rhetorik, das wie ein offener pastoraler Brief wirkt, adressiert an sieben christliche Gemeinden in Kleinasien (heute die moderne Türkei)." (Schüssler-Fiorenza S.59) Der Autor versteht sein Werk als literarische Prophezeiung. Als Meister der Sprache schöpft er frei und mit vielen phantasievollspannenden Anspielungen aus dem Formelgut der Hebräischen Bibel und der christlichen liturgischen Praxis, um es in die Lage seiner HörerInnen hinein, treffend, aufschlüsselnd und sie ermutigend auszulegen.
Zu V. 4: „Geister" Hapaxlegomenon, entspricht einem Gottesgeist (Strack-Billerbeck z.Stelle). Der ganze Vers ist eine trinitarische Formel, vom Autor gebildet, zusammen mit V.5: Gott, Geist, Jesus. Alle 3 Aussagen über das Handeln Christi in 1, 5-6 entstammen altem bekenntnishaftem Formelgut aus frühchristlicher Tauftradition, die Johannes zu einem Hymnus komponiert (Schüssler-Fiorenza S. 63). „Die Bekenntnisformel hebt das liebende Handeln Christi am Anfang der christlichen Existenz vor. Dieser Anfang in der Taufe wird konkret ausgedrückt, sowohl als die Befreiung von den eigenen Sünden durch den Tod Christi, als auch durch ihre Einsetzung in die Würde und Macht als Könige und Priester" (Schüssler-Fiorenza a.a.O. cf. Ex. 19, 6; 1. Sam. 12, 6; 1. Könige 12, 31 und 13, 33-34). „Indem er den ersten Aorist (sc. der Aussagen über das Handeln Christi) ins Präsens setzt (ἀγαπῶντι ἡμᾶς), betont der Autor, daß die Liebe Christi *jetzt* mit denen ist, die

Christus erlöst und zur Königsherrschaft eingesetzt hat, um Priester für Gott zu sein."

Zu V.7: Erscheint als Textfusion von Dan. 7, 13 und Sach. 12, 10. Cf. Mt. 24, 30. Cf. Joh. 19, 37. ἐξεκέντησαν bezieht Joh. Ev. auf den Vorgang, daß ein Soldat Jesus eine Lanze nach seinem Tod in die Seite stößt. Es bezeichnet diesen Vorgang als Erfüllung der Schrift mit dem Zitat von Sach. 12, 10. Dieses Wort „durchbohrt" symbolisiert mit seinem Bedeutungsspektrum die enge Bezogenheit von soziopolitischer Situation (Soldat, Macht) und theo-ethischer Antwort (Jesu Tod und Auferstehung als Erlösung und Neuanfang).

Zu V.8: Nur hier und in Offb 21,5 spricht Gott selbst. „A und O" kommen häufiger vor, aber nur in der Offenbarung. Die Gottesbezeichnungen gipfeln im Titel „der Allmächtige", „der Herrscher der Welt". Dieser häufige Titel für Gott in der Johannesoffenbarung (4,8; 11,7; 15,3; u.v.a.) spiegelt das tiefe theologische Interesse an der Macht wider. Es ist Gott, der den Worten, Buchstaben und Sätzen der Offenbarung Glaubwürdigkeit und Autorität verleiht. Worte, Buchstaben und Sprache ohne Kenntnisnahme seines Wirkens in ihnen, wirken nicht zum Heil für die Menschen. Das erlösende Handeln Christi wird etabliert in der Gemeinschaft der Christen („Priester") und in Jesu Liebe zu ihr, und in der Zusage seiner Wiederkehr und Begleitung in der jetzigen Zeit der Bedrängnis.

3. Homiletische Entscheidungen

3.1. Der Text als Ostertext in der Osternacht. Der Text erscheint in der alten Perikopenordnung in der IV. Reihe an Himmelfahrt. Dort gibt er Zeugnis vom großen Umbruch, der „Umwertung aller Werte", vom Nachbuchstabieren menschlicher Lebenszusammenhänge inmitten großer Veränderungen. Grundgedanke der Osternacht ist der „Übergang". Zum Glauben gehört immer neu der Weg in das neue gottgeschenkte Leben. Mitsterben und Mitauferstehen mit Christus in ein neues Leben wird in der Taufe an Ostern verdeutlicht. Die Feier der Osternacht läßt die Gemeinde im Hinblick auf Jesu Tod ihrer eigenen Taufe und ihrer hohen Bedeutung innewerden. Sie soll Menschen helfen, Umbrüche, Ungewißheit und Dunkelheiten in ihrem Leben (ob individuell oder soziapolitisch) zu bewältigen, im Sinne von „sterben müssen" und „neu werden", „alles verlieren" und „neu anfangen".

Predigtschwerpunkt: Offb 1,5.6 als Taufformelgut evtl. im Zusammenhang mit Taufen.

Oder:

3.2. Anfang und Ende. Über Anfang und Ende verfügt der Mensch nicht, d.h. aller Anfang und alles Beenden ist Gottes, auch wenn die Menschen heute meinen, sie seien auch darüber „Bestimmer". Menschen können ihr Leben nur sinnvoll gestalten (im individuellen und im gesellschaftspolitischen Bereich!), wenn sie im Vertrauen leben, daß die Macht des Anfangs und des Endes außerhalb ihrer Möglichkeiten liegt und von dort ihnen zugewandt ist. (ἀγαπῶοτι präsentisch!)

Predigtschwerpunkt: Offb 1,7.8 („er *kommt*" und „A und O"). Die dem Menschen zugewandte Kraft ist erfahrbar im Wort Gottes („er sprach – es geschah" Gen.1; „am Anfang war das Wort" Joh. 1; Wortfeld דבר und dem Handeln Jesu

Christi (ἀγαπῶοτι, λύσαντι, ἐποίησεν). Das Wirkendo Wort Gottes und das Handeln Jesu Christi konstituiert Gemeinde. Wir können sie weder ins Leben rufen, (ἄλφα), noch zerstören (Ω). Eine Last großer Überforderung fällt von uns ab: weder gründet menschliches Bemühen Gemeinde, noch zerstört es sie. Ostern in Annäherung an Pessach: *Gott* hat sein Volk aus Ägypten geführt, es auch in der Wüste ernährt und begleitet, es dadurch konstituiert.
Oder:
3.3. *Feministisches* (?!). Die Offenbarung läßt sich nur durch Nicht-Mächtige predigen. Predigerin sollte dessen eingedenk sein. „Wo immer Christinnen an den Machtstrukturen ihrer Gesellschaft teilhaben und diese stabilisieren (Anfang und Ende selbst in der Hand haben) möchten, dient die gleiche rhetorische Visionswelt (der Apokalypse) dazu, die herrschenden Autoritäten heilig zu sprechen und Rache gegen ihre Feinde zu predigen." (Schüssler-Fiorenza a.a.O. 165) Geschichtliches Beispiel: Hitler (siehe auch die Bezugnahme Ronald Reagans auf die Apokalypse während des Kalten Krieges, geschildert in: J. Ebach S.24 f). „Lieben", „lösen", und „befähigen/ einsetzen/ beauftragen" (Offb 1,5.6) bleibt Tun im Verborgenen, immer an Einzelnen, sie taugen nicht zur Repräsentation, Machtansammlung und Machtausübung. Sie tun ihre Wirkung als tragender Grund der Gemeinde, in ständiger Verbindung zu Gott und in Gemeinschaft mit Jesus Christus. Ans Licht gezerrt wirken sie peinlich, exhibitionistisch, und werden unglaubwürdig und gefährlich. Viele Frauen taten und tun so ihre Arbeit (nicht mehr gewürdigt) im Hintergrund. Es gehört zum Wesen dieses Handelns, daß es im Verborgenen geschieht, d.h. daß Gott als Anfänger und Vollender dieses Handelns bewußt ist. Es bekommt durch Gott und sein Wort Wirkkräftigkeit und Bedeutung und dient nicht dem Machtgewinn der/des Handeloden. (Liegt darin ein Stück Tragik der feministischen Bewegung?) Oder:
3.4. *Umbrüche, Übergänge.* Europäisierung, Globalisierung und die Angst vor dem Euro – Apokalypse now. Offb 1,4-8 kann Übergänge (Brücken) zeigen, Umbrüche zu bewältigen (durch den Tod gehen helfen). Wenn Menschen nicht mehr unter dem Druck stehen, alles Gewohnte festhalten zu müssen, wenn sie nicht mehr Angst haben müssen, alle Neuanfänge selbst schaffen und für alles Zuendegehende selbst haften zu müssen, dann werden sie lernen, einander zu lieben (wie Christus die Menschen liebt), sie werden lernen, einander zu verzeihen, Schuld zu artikulieren, Vorurteile abzubauen (z.B. „die Gefahr aus dem Osten" – Rußland, ebenfalls ein apokalyptisches Motiv, Ebach S.21) und einander zu respektieren, weltweit.(so handeln Könige und Priester nach Jesu Einsetzung Offb 1,6).
3.5. *Aufbau.* Der Apokalypse oder einem Teil von ihr einen linearen, logischen Aufbau aufzuzwingen, mißrät. Da der Prediger, die Predigerin oft intuitiv den Stil des zu predigenden Textes übernimmt, würde ich mich ihm bewußt überlassen. Logisch-faktische Sprache beraubt die Offenbarung ihrer Überzeugungskraft (Schüssler-Fiorenza, Offenbarung S. 52/56/57). Verstehen und Predigen der Johannesoffenbarung muß ihre überwältigende Kraft (in der mytho-poetischen Sprache) und ihre evokative Musikalität würdigen.

4. Kontexte

4.1. „Wir finden (nämlich in den alten Texten), daß der Mensch einen Golem machen kann, der die animalische Seele durch die Kraft seines (des Meisters) Wortes erhält, aber die wirkliche Seele, neschama, ihm zu geben, liegt nicht in der Kraft des Menschen, denn sie stammt aus dem Wort Gottes." (Josef Aschkenasi, zit. nach G.Scholem a.a.O. 251).

4.2. „Das Osterlicht ist der Morgenglanz nicht dieser, sondern einer neuen Erde" (Gertrud von le Fort).

5. Liturgisches

Ideen: – Verbindung von Osternacht und Tauffeier (Konfirmandentaufe) Einzug mit dem Osterlicht vom Osterfeuer auf dem Kirchplatz („lumen Christi")
– Altarwache in der Osternacht und Vorbereitung der Ostermorgenfeier in der Kirche (cf. Praxishilfe Osternacht hg. H.Knickel).
– Osternachtfeier mit den Lesungen der Vigilfeier (cf. evang. Tagzeitenbuch der Michaelsbruderschaft).
– Die Ostergeschichte im Lied (Chor und Kantor) EG 105 statt einer Lesung.

Lieder: Kommt atmet auf, ihr sollt leben EG 639 (württ.)
Du schöner Lebensbaum des Paradieses EG 96
Christ ist erstanden EG 99
Christ lag in Todesbanden EG 101

A und O: Jesus Christus herrscht als König EG 123
EG 66,1 Jesus ist kommen
EG 70,7 Wie schön leuchtet der Morgenstern

Taufe: EG 209 Ich möcht, daß einer mit mir geht
Psalm: 103

Literatur:
G. Scholem, Zur Kabbala und ihrer Symbolik, Zürich 1960/²77
J.S.Croatto, Die Bibel gehört den Armen in: Ökumenische Existenz heute, München '89
V.Klemperer, LTI, Leipzig 1980
ders. Tagebücher 1939-45, Berlin'96
M.Stöhr, Dreinreden, hg. K.Müller/A.Wittstock, Wuppertal'97
E.Schüssler-Fiorenza, Das Buch der Offenbarung, Stuttgart '94
dies., Priester für Gott, Münster '72
O.Böcher, Die Johannesapokalypse, Darmstadt '88
NTD Ergänzungsreihe 8, Textbuch zur neutestamentlichen Zeitgeschichte, Göttingen '79
hg.H.Knickel, Praxishilfe Osternacht, Nidderau '95
hg.evang. Michaelsbruderschaft, evang. Tagzeitenbuch, Kassel ³79
J.Ebach, Apokalypse, zum Ursprung einer Stimmung in: Einwürfe 2, München ²85

Susanne Schöllkopf, Schulstr. 18, 72475 Bitz

Ostersonntag: 1. Kor 15,1-11

1. Annäherung

Unwillkürlich bleibe ich schon hängen an der ersten Wendung dieses großen Kapitels: „Ich *erinnere* euch"! Das Auferstehungskapitel beginnt nicht mit einem Jubelruf, sondern mit Erinnerungsarbeit des Apostels – ernüchternd: Die Auferstehungsbotschaft muß „erinnert" werden, muß dem Strom des Vergessens entrissen werden, muß aus dem Feld der Umstrittenheit erst einmal wieder ins „Innere" hereingeholt und mit einem anderen „Glauben" konfrontiert werden, der uns naturgemäß näher liegt und so gewiß zu sein scheint wie der Tod – mit anderen Worten: Es geht um Erinnerung an das Leben gegen den Glauben an den Tod, gegen die geölte Logik des Todes und der Todesverfallenheit. Diese Erinnerung liegt nicht als selbstverständliche Richtigkeit einfach auf der Straße; sie hat – für Paulus und vielleicht auch wieder für uns heute – mit „Streit" zu tun, mit Polemik, die mit dem Streit zu tun hat, den das Leben und der Tod miteinander führen.

2. Beobachtungen am Text

Daß die Verse 3b-5 zum ältesten Überlieferungsgut im Neuen Testament gehören, ist zur Genüge herausgestellt und gezeigt worden. Hier wurzelt christliches Bekenntnis und findet eine ihrer ersten Summierungen, hier nehmen die zentralen Formeln des Apostolischen Glaubensbekenntnisses ihren Ausgang. All dies „gemäß den Schriften", gemäß der schriftlichen Tora also, die bekanntlich nicht zu haben ist ohne die mündliche. Auf die „Parallelen" in Jes 53; Hosea 6,2 oder Jona 2,1 ist immer schon hingewiesen worden; daß hingegen die Tradition der Aqedat Itzchaq nach Gen 22 ein Deutehintergrund für diese Verse darstellen könnte, wäre mit Hilfe von Jon D. Levenson (sein Buch „The Death and Resurrection of the Beloved Son" wird von Matthias Henze in „Kirche und Israel" 2.96 vorgestellt) und Paul van Buren (vgl. in: „Kirche und Israel" 1.96) weiterzudenken.

3. Homiletische Entscheidungen

Ich gehe aus vom ersten Impuls, den dieses Kapitel setzt, und komme zu einem möglichen Predigtthema: *Erinnerung an das Leben, das Zukunft hat!* Leben muß erinnert werden, zu stark sind die lähmenden Erfahrungen des „Werde und stirb". Tief im menschlichen Bewußtsein ist verwurzelt, was Heidegger auf die Formel gebracht hat, das Sein des Menschen sei ein „Sein zum Tode". Wer hat je etwas anderes gewagt zu denken, wer würde wagen, an das Leben zu erinnern, das offen ist für die Zukunft?! Das Auferstehungskapitel des Apostels führt diesen Streit. Der Streit des Lebens gegen den Tod wird geführt *kata tas graphas* – nach den Schriften. Die Predigt wird nun dazu übergehen können, die biblischen Schriften in 3 Schritten als Erinnerungsträger des Lebens gegen den Tod zur Sprache zu bringen:

1. Die Schriften Israels erinnern an die Schöpfung gegen die Chaosnacht, an Neuaufbruch gegen Lethargie, an Exodus gegen knechtende Bindungen, kurz: an Gottes Lebenswillen, an sein unendliches Interesse am Leben.

2. Die Jesusschriften erzählen jener Spur nach, die in Israels Schriften schon gelegt ist. Die Jesusgeschichte, die sich im Credo verdichtet, holt Stimmung und Begriff von nirgendwo anders her als aus den Schriften und ihrer Auslegung. Die Erfahrung der Auferstehung machen Jüdinnen und Juden am Juden Jesus; entsprechend kann gar nicht anders darüber geredet werden als *kata tas graphas*. Hier kann auf den Eingangspsalm 118 zurückgelenkt werden; in der Tat ist Ostern in allen Zügen eine Erinnerung an die Zeilen dieses Psalms. Hier wird das gemeinsame Bezogensein von Juden und Christen auf das lebensschaffende Wort Gottes sinnfällig.

3. Auf die Zukunft gerichtet ist das gemeinsame Zeugnis der Schriften Israels und der Kirche auf Gottes neue Schöpfung, die dem Osterleben zum endgültigen Durchbruch verhelfen wird.

4. Kontexte

Sicherlich schiebt sich dem sogenannten modernen Menschen immer wieder die Frage nach der Tatsächlichkeit der Auferstehung in den Vordergrund. Wichtiger scheint mir jedoch die Auseinandersetzung mit jenem Kontext zu sein, den Ernst Lange den „Glauben an den Tod" genannt hat und der in immer neuen Anläufen und durch immer neue Lebens-Erinnerung entkräftet werden muß. Der Sieg des Lebens streitet gegen die Erfahrungswelt, in der – mit Herbert Marcuse gesprochen – „der Tod ... *das* Wahrzeichen der Niederlage des Menschen" ist.

Erich Fried: „Wer will, daß die Welt so bleibt, wie sie ist, der will nicht, daß sie bleibt."

Daß die Auferstehungserfahrung eine jüdische Erfahrung ist, sollte deutlich werden. Das jüdisch-christliche Hoffnungsgut ist kritisches Potential gegen alle auf Dauer angelegten Knechtschaftsverhältnisse.

Kurt Marti:
ein grab greift
tiefer
als die gräber
gruben
denn ungeheuer
ist der vorsprung tod
am tiefsten
greift
das grab das selbst
den tod begrub
denn ungeheuer
ist der vorsprung leben.

5. Liturgievorschläge

Die vorgeschlagene Psalmlesung 118 (EG 763.1) eilt eingangs schon voraus zum Ausgang des „Streites" zwischen Leben und Tod, der im Verlauf – des Gottesdienstes und an vielen Stationen des Lebens – immer wieder anklingt und aufflammt, und „singt mit Freuden vom *Sieg* in den Hütten der Gerechten".

Evangelienlesung: Lk 24, 13-35 In der Reihe: „gestorben" – „begraben" – „auferweckt" – „erschienen" – betont die Emmausgeschichte eigens das „Erscheinen" des Auferstandenen als eines Begegnens und Sich-Entziehens, nicht ohne die Kraft zur Umkehr zu hinterlassen.

Klaus Müller, Alfred-Jost-Straße 11, 69124 Heidelberg

Ostermontag: 1. Kor 15, 12-20

1. Annäherung

„Das könnte den Herren der Welt so passen" (Kurt Marti), das Auferstehungsleben jenem Einzelnen, Ersten möglicherweise noch zuzugestehen, es aber den Vielen, den Anderen abzusprechen, vorzuenthalten, um sie in nie endender Knechtschaft zu halten! Das trotzige „Nun aber ist ..." (V. 20) des Paulus trotzt allen religiösen Atomisierungsversuchen, die vor einer gesellschaftsweit durchbrechenden Osterhoffnung Angst haben wie vor nichts sonst. In diesem Sinne führt Paulus auch einen Kampf um die Tatsächlichkeit der Auferstehung – für die tatsächliche, ins Fleisch der Vielen eingreifende Hoffnung auf Leben gegen das privatisierte Heil. Der „Erstling" zieht schon per definitionem die Vielen nach sich – das ist nun aber so. Und daß es den „Erstling" überhaupt geben kann, liegt an einer vorgängigen Hoffnung für die Vielen, einer Hoffnung, die älter ist als das Christentum.

2. Beobachtungen am Text

Noch längst nicht christliches Allgemeingut ist die Einsicht, daß das Bekenntnis zum auferstandenen Christus mit der jüdisch-vorchristlichen Erwartung der Totenauferstehung grundlegend verknüpft ist. Nicht etwa nur in der Weise, daß Christi Auferstehung der Ermöglichungsgrund für eine allgemeine Auferstehung wäre; vielmehr wie Paulus sagt: „Gibt es keine Auferstehung der Toten, so ist auch Christus nicht auferstanden" (V. 13). Ich habe die neutestamentlichen Lehrstunden an der Universität noch im Ohr, bei denen dieser Satz von profunden Auslegern notorisch schlicht umgedreht wurde.

Hilfreich zum Verständnis ist die „rabbinische" Exegese, die Jesus in Mt 22,23ff im Streit um die Auferstehung – mit den Pharisäern gegen die Sadduzäer – vorführt. Jesus konnte seine „Schriften" mit den pharisäischen Kreisen seiner Zeit auf die Auferstehung hin interpretieren; entsprechend können dann die Auferstehungszeugen sein Auferwecktwerden als „kata tas graphas" (V. 4) verstehen.

Christus der „Erstling" zieht die Vielen nach sich; er ist weder auf ewig der Einzelne, vorläufig aber doch der Erste und Einzige, der all die Anderen im Stande der Hoffnung läßt – ein Vorbehalt, der nicht korinthisch-enthusiastisch übersprungen werden darf.

3. Homiletische Entscheidungen

Klaus Zillessen (in: Gottesdienst Praxis) faßt die Verse in das Bild der „Todeskette", die Paulus aus sechs Gliedern bestehend vor Augen führt: Ist Christus nicht auferstanden (1), dann ist unsere Predigt leer (2) und sind die Entschlafenen verloren (3), dann ist unser Glauben vergeblich (4), dann sind wir falsche Zeugen (5) und noch in unseren Sünden (6). Paulus schüttelt den Alptraum dieser „Todeskette" ab durch sein: „Nun aber ist Christus auferstanden von den Toten ..." Zillessen stellt der „Todeskette" das Bild des „Lebensbrunnnens" entgegen, dessen übereinandergeordnete vier Schalen das Wasser des Lebens überströmen lassen: Christus ist auferstanden (1), unsere Predigt ist gute Nachricht (2), Glaube ist verbürgte Hoffnung (3), Tote erwachen zum ewigen Leben (4). Todeskette gegen Lebensbrunnen könnten in neueren Formen eines ostermontäglichen Gottesdienstes – nicht nur in der Predigt – ausgestaltet werden.

4. Kontexte

Martin Luther dichtet in seinem Osterlied „Christ lag in Todesbanden" (EG 101; Str. 4):
„Es war ein wunderlicher Krieg,
da Tod und Leben rungen.
Das Leben behielt den Sieg,
es hat den Tod verschlungen.
Die Schrift hat verkündet das,
wie ein Tod den andern fraß."
In diesem „polemos" – „Krieg" – findet die Polemik des Apostels ihren Grund. Dieser Streit im Namen des Lebens gegen die Todesmechanismen erhält in der Tat immer neue „Kontexte". Die Christengemeinde ist nicht nur eine Protestbewegung gegen den Tod, sondern läßt auch die Spiritualisierung und Privatisierung des Osterlebens nicht unwidersprochen.

Ernst Lange: „Das Leben, dieses irdische Leben ist nicht mehr durch den Tod definiert, widerlegt, sondern: das Leben, zu dem Gott sich bekannt hat, definiert hinfort den Tod, ja es widerlegt ihn, besser, es kann ihn widerlegen!" Im Traktat „Nicht an den Tod glauben" von Ernst Lange sind Reden gesammelt, die Menschen aus ihrem resignativen Blick auf den Tod befreien wollen, Menschen in ihrem Widerstand gegen den Tod bestärken und Mut zum Leben machen.

5. Liturgievorschläge

Wiederum ist die vorgeschlagene Psalmlesung 118 (EG 763.1); wiederum wird diese Psalmrezitation den gottesdienstlichen Sinn haben können, den Ausgang des Polemos auf Leben und Tod bereits eingangs anzuzeigen.

Evangelienlesung: Möglicherweise die angesprochene Perikope Mt 22,23ff oder auch eines der großen Stücke aus der Hebräischen Bibel, wie Ez 37. Wochenlied ist das ebenfalls schon zitierte „Christ lag in Todesbanden", EG 101.

Klaus Müller, Alfred-Jost-Straße 11, 69124 Heidelberg

Quasimodogeniti: 1 Petr 1,1-9

1. Annäherung

1. Aspekte der Annäherung

Mir fällt beim Lesen dieses Predigttextes, aber auch des gesamten 1Petr ein merkwürdiger Kontrast auf: da ist auf der einen Seite die offensichtlich harte Bedrängnis, die die Gemeinde erlebt (1,6: durch mancherlei Versuchungen betrübt; 4,13: soweit ihr der Leiden Christi teilhaftig seid) und auf der anderen Seite die Behauptung der „Wiedergeburt" (1,3), die sie allen Widrigkeiten entgegenhalten kann und soll.

In einigen neueren Kommentaren (Brox, 31f, Frankemölle, 13ff) wird die Schwere der Verfolgungserfahrung relativiert. Diese Sichtweise wird dadurch unterstützt, daß der 1Petr keiner historisch greifbaren Verfolgungssituation zugeordnet werden kann. Der Feststellung Brox' (32, in Anlehnung an Schelkle, 213): „Der Brief ‚paßt' darum ‚immer', sogar in wesentlich harmloseren Phasen von Kirchengeschichte als der hier beschriebenen", möchte ich zustimmen, sie aber anders bewerten. Ich wollte die Tiefe der hier getroffenen Aussagen nicht dadurch relativieren, daß ich kein adäquates historisches Umfeld belegen kann. Die liturgische Tradition, die den Text am ersten Sonntag nach Ostern liest, ist da wesentlich unbefangener – womit natürlich nicht das eine gegen das andere ausgespielt werden soll.

Warum gerade Wiedergeburt? Was bedeutet in diesem Brief Wiedergeburt als die ultimative Antwort auf Bedrängnis und Verfolgung?

Dem Verfolger zum Trotz lebe ich. Ist das das Thema des 1Petr? Ich glaube, es ist noch weiter gefaßt: der Verfolger kann mich nicht wirklich erreichen, denn ich bin in der Hoffnung auf die Auferstehung wiedergeboren, ich lebe auf einer anderen Ebene. Ich bin zwar verletzlich, aber nicht letztlich zerstörbar. Es ist schwierig, das genau zu fassen, denn einerseits ist es ja wichtig, in der Verfolgung die Selbstachtung zu bewahren und (geistig) dagegen anzugehen, daß meine Person zerstört werden soll; andererseits darf das nicht dazu führen, daß ich auf Dauer in eine illusionäre Welt eintauche. In dieser Gefahr befindet sich der 1Petr durchaus, und das ist wohl auch die Gefahr bei der Interpretation des Begriffes „Wiedergeburt" (Bultmann spricht von „Entweltlichung", 530ff). Es könnte nützlich sein, sich hier mit Nikodemus (Joh 3,9) ins Gedächtnis zu rufen, daß wir einmal geboren sind und daß es dabei bleibt; d.h., daß über der Diskontinuität die Kontinuität nicht verschwindet. Ich möchte also möglichst neutral so umschreiben: mit der Behauptung des Wiedergeboren-Seins der Gemeinde durch die Auferstehung Jesu beabsichtigt der Verfasser des Briefes, der Gemeinde zum Trost einen Punkt anzusprechen, den keine Verfolgung erreichen kann.

Mir fallen einige mögliche Überschriften für den 1Petr ein. Die eben besprochene Variante könnte „Verfolgung und (Un-)Verletzlichkeit" heißen. Ich könnte das Thema des 1Petr aber auch „Widerstand und Unterordnung" nennen. Widerstand vor allem mit 5,8 („... dem widersteht standhaft durch den Glauben"). Selbst Gott widersteht, so erinnert der Verfasser – den Hochmütigen (Spr 3,34; 1Petr 5,5). Das Thema wird sehr differenziert verhandelt – vgl. 1,14: „Seid *als Kinder des Gehorsams* keine Angepaßten". – Demut, Kindlichkeit, Nüchternheit, Wachheit sind Leitworte dieses Briefes – Illusionslosigkeit wird hier angemahnt, die sowohl die eigene Person als auch die Situation betreffen soll. Nüchternheit, Wachheit und sicher auch Demut lassen mich eher an einen/eine Erwachsene/n als an ein Kind denken –

vielleicht bietet aber der Terminus „unverfälscht" (2,2: ἄδολος) eine gute Integrationsmöglichkeit. Es wäre somit auch möglich, den 1Petr unter der Fragestellung nach „Echtheit und Illusionen" zu analysieren. Dabei fällt mir auch auf, daß der Verfasser die Neugeborenen sofort mit dem Attribut „begierig" (2,2: ἐπιποθήσατε, seid begierig, habt Sehnsucht!) versieht – ein wunderbar treffendes Bild für das Unverfälschte: selbstverständliche Bedürftigkeit, die ein Neugeborenes auch aktiv anmelden wird. Das möchte ich im Hinterkopf behalten, wenn der Verfasser nachdrücklich zur Unterordnung auffordern wird: ein Neugeborenes ordnet sich selbst, seine Bedürftigkeit und seine Sehnsucht nicht unter!

Alle genannten Zugangsversuche haben die Momente des Leidens und der Wiedergeburt in der Auferstehung gemeinsam. Ich möchte versuchen, sie zu bündeln und gebe dem 1Petr für diese Predigtmeditation die Überschrift: „Hoffnung auf die Auferstehung – ultissima ratio des Überlebens".

2. Zum Symbol des Neugeborenen: Beschwichtigt der Verfasser die Gemeinde?
Mit der Einführung des Symbols des Neugeborenen entsteht die Assoziation der Wehrlosigkeit. Ein Neugeborenes mag sich zwar nicht unterordnen, aber Widerstand leisten kann es auch nicht. Der verfolgten Gemeinde wird aber empfohlen, sich unterzuordnen, zwar nicht unter ihre Begierden (1,14), aber deshalb werden sie dem Verfasser nicht geschrieben haben. Das zentrale Paradox, an dem die Aussageabsicht des Verfassers am deutlichsten wird, ist wohl, daß sich die Sklaven *freiwillig* ihren gewalttätigen Herren unterordnen sollen (2,18-20). Die Gemeinde wird damit auf sich selbst verwiesen. Die Frage nach einer angemessenen Reaktion auf die Verfolgung wird damit auf ein minimales Niveau zurückgedrängt. Indem der ganze Brief am Stichwort Widerstand (und seinem Gegenstück, der Unterordnung) orientiert ist, gerät aus dem Blickfeld, daß es noch andere Reaktionsmöglichkeiten, zum Beispiel das Weggehen, die Flucht gibt. Neugeborene können freilich nicht fliehen und Unterordnung ist in der Tat das einzige, was ihr Leben retten kann. Die Frage nach der angemessenen Reaktion auf die Verfolgung, die die Gemeinde gestellt haben mag, wird auf die Frage reduziert, was mich in der Verfolgung meine Selbstachtung bewahren läßt. Mehr hat der Verfasser der verfolgten Gemeinde nicht zu bieten. Mein Verdacht ist deshalb, daß der Verfasser des 1Petr seinen AdressatInnen zu verstehen gibt, daß er ihnen auch nicht helfen kann. Er übermittelt ihnen das widerständige Potential von Neugeborenen – das ist nicht viel, sollte es um die physische Rettung von Menschenleben gehen.

Was heißt Wiedergeburt durch die Auferstehung (1,3)? Könnte es nicht sein, daß es einfach Tod heißt? Warum zitiert er „alles Fleisch ist wie Gras" (Jes 40, 6ff in 1,24)? Wie mag das eine verfolgte Gemeinde hören?

Als Einleitung in diese Fragen verstehe ich den vorliegenden Predigttext.

2. Beobachtungen am Text

(1) 1,3 „Gott hat uns ... wiedergeboren zu einer lebendigen Hoffnung durch die Auferstehung Jesu Christi."
Dazu fällt mir als erstes eine Redensart ein: „Ich fühle mich wie neugeboren". Das sagt man, wenn eine Krankheit überstanden ist oder eine Heilung gelungen ist. Ein Gefühl der Leichtigkeit ist damit verbunden, vieles scheint nun möglich und

ich habe wieder mehr Interesse an meinen Mitmenschen. Beschränkungen fallen weg, ich bin weniger anfällig. Nachträglich zeigt mir dieses Gefühl der Leichtigkeit an, welche Bedrückung vorher auf mir gelegen hat, unter der ich diesen Wechsel nicht vorhersehen, geschweige denn erwarten konnte. „Ich hätte es nicht für möglich gehalten" – diese Redensart gehört oft mit der erstgenannten zusammen.

Das Bild der Geburt meint immer das Durchschreiten von Bedrohungen, die durch ihre Unbekanntheit Todesangst auslösen können; das Leben am Ende wird unwahrscheinlich, es ist nicht die logische Folge dieser Erfahrungen, es wird zum Geschenk. Spätere Bedrohungen sollten an diese Todesnähe nicht mehr heranreichen; das Durchleben der eigenen Geburt sollte Stabilität und Vertrauen für ein ganzes Leben geben. Am Ende dieser Bedrängnis stand ein neues Leben für mich.

In unserem Vers wird der Begriff der Geburt auf die Auferstehung angewendet. Die Auferstehung Jesu, die bereits geschehen ist, verbindet sich mit der Hoffnung auf die eigene Auferstehung.

(2) „Wiedergeburt" im Kontext der Verfolgung
So werden die gegenwärtigen Leiden gleichsam zu Geburtswehen, deren positiver Ausgang, die Auferstehung, bereits verbürgt ist. Den gegenwärtigen Leiden liegt also noch etwas zugrunde, das in jedem Fall tiefer liegt und weiter reicht: die Auferstehung und die Hoffnung auf Auferstehung. Das ist, so einfach es klingen mag, immer richtig; auch dann, wenn kein Widerstand und keine Flucht mehr möglich ist. Insofern ist es ultissima ratio. Diesen Kontrast spürt offenbar der, der sagt: „Wenn ihr leiden solltet um der Gerechtigkeit willen, glücklich (μακάριοι) seid ihr (3,14)!; Wenn ihr im Namen Christi geschmäht werdet, glücklich seid ihr (4,14)!" Die Auferstehung, d.h. die Tatsache, daß Gott mich gewollt hat, kann keine Verfolgung auslöschen. Wiedergeburt heißt: Gott hat sich zum zweiten Mal dafür entschieden, daß ich da sein soll. Das ist ein starkes Argument für meine Selbstachtung im Erleben der Verfolgung.

Wohin führt mich die Sehnsucht (ἐπιπόθησις 2,2) des Neugeborenen, die sich in ihrer Unverfälschtheit von jedem zusätzlichen Bedürfnis (ἐπιθυμία 1,14) unterscheidet? Hoffentlich führt sie mich dahin, daß ich die Opferrolle auch wieder aufgeben kann, daß ich aus der Tiefe des Gegensatzes – wenn ihr leiden solltet, glücklich seid ihr; wenn ihr geschmäht werdet, glücklich seid ihr – auch wieder aufsteigen kann, wenn ich die Gewißheit dessen, daß ich erwünscht bin, einmal nicht mehr nur in mir selbst trage, sondern auch von anderen zugesprochen bekomme. Dann werden Konflikte auch anders und vielfältiger als nur durch Unterordnung lösbar sein.

3. Kontexte:
Vom Tod zum Leben – ein jüdisches und ein christliches Grundmuster

Zuerst möchte ich in Betracht ziehen, daß der Sonntag Quasimodogeniti der erste Sonntag nach dem Fest der Auferstehung ist. Damit wird der Sinn des Symbols der Geburt deutlich: ein Durchgang vom Tod zum Leben. Das ist das Muster, nach dem das Leben der AdressatInnen von nun an neu geprägt ist und auf das keine Bedrängnis Zugriff hat. Die Sehnsucht des Neugeborenen nach authentischem Leben wird nicht letztlich verneint werden. Für diesen Aspekt des 1Petr entscheidet sich zumindest die kirchliche Tradition. Was wird aber aus dem, wie ich meine, zu kritisierenden Paradox des „glücklichen Leidens"? Es wird Aufgabe der Predigt bleiben, dies ins rechte Licht zu rücken und die Gefahren einer Opfermentalität zur Sprache zu bringen.

Vom Tod zum Leben – indem die christliche Gemeinde die Auferstehung feiert, trägt sie sich in das Grundmuster Israels ein. Der Exodus ist ein Weg vom Tod zum Leben, ein Durchgang aus der Bedrängnis und Verfolgung in die Freiheit. Die Sehnsucht des Neugeborenen hat auch hier ihren Platz. Und auch für Israel ist es so, daß es manchmal nur die Möglichkeit gibt, darum zu wissen und man/frau nichts weiter tun kann ...

4. Homiletische Entscheidungen

Ich habe für diese Predigtmeditation 1Petr 1,3 als Ausgangspunkt gewählt und von dort aus einen Rundblick über den ganzen Brief versucht. Das erschien mir wegen der Einleitungsfunktion der vorgegebenen Verse nötig. Insbesondere hielt ich es nicht für möglich, das Thema „Unterordnung" auszusparen. Ich möchte gerade bei diesem Thema, daß der Gemeinde nicht verschwiegen wird, was sie in diesem Brief noch alles erwartet. Ich wünsche mir in diesem Zusammenhang eine Predigt, die zwar in die Tiefe dieses Konflikts führt, aber dabei aufzeigt, daß es nicht wünschenswert ist, sich immer in dieser Tiefe, in der es im Grunde keine verändernde Aktivität und keine Außenkontakte gibt, zu befinden.

„Wiedergeburt" heißt für mich, daß ich mit der Sehnsucht des Neugeborenen nach Leben von neuem in Kontakt komme und bleibe. Die letzte Konsequenz dessen ist die Hoffnung auf die Auferstehung. Mit diesem Text wird die Gemeinde nach dem Osterfest wieder in den Alltag entlassen.

Wenn nichts mehr stimmt, stimmt doch, daß ich leben will. Das will ich, seit ich da bin. Deshalb nehme ich Verfolgung wahr und wende mich dagegen, weil sie auf die Zerstörung von Leben zielt. Das halte ich fest, besonders für den Fall, daß ich selbst verfolgt werde und nichts dagegen tun kann. Wenn ich mich dann unterordnen muß und leiden muß, weiß ich, daß das meinem Wert keinen Abbruch tut. Niemals werde ich aber meine Sehnsucht nach Leben irgendeinem Ersatz unterordnen.

Meine Sehnsucht nach Leben und meine Bedürftigkeit sollen mich dazu leiten, Gutes von anderen anzunehmen und selbst verändernd tätig zu werden. Unter welchen Bedingungen ich auch immer lebe, sie bewahrt mich davor, in eine einseitige Opfermentalität zu geraten. Ich suche es mir nicht aus, zu leiden und dabei glücklich zu sein. Viel eher bin ich darauf angewiesen, gute und bestätigende Erfahrungen mit anderen zu machen, die die Hoffnung auf die Auferstehung konkretisieren und befestigen können.

Literatur

Brox, Norbert, Der erste Petrusbrief (EKK 21), 4. Aufl., Zürich, 1993
Bultmann, Rudolf, Theologie des Neuen Testamentes, 5. Aufl., Tübingen, 1965
Frankemölle, Hubert, 1. Petrusbrief, 2. Petrusbrief, Judasbrief (NEB 18/20), Würzburg, 1987

Susanne Plietzsch, Hardenbergstr. 23, 04275 Leipzig

Misericordias Domini: 1. Petr 2,21b-25

1. Annäherung

Der Text scheint eher in die Passionszeit zu passen, als in die österliche Zeit. Das Leiden Christi steht im Vordergrund. Ostern findet keine Erwähnung. Verwundert bin ich auch über die Abgrenzung der Perikope, die nach der Lutherübersetzung mitten im Satz beginnt. Der Kontext ärgert mich sogar: Inmitten einer Haustafel, angehängt an die Sklavenparänese, scheint es mir, als ob mit dem Hinweis auf das Leiden Christi eine „bürgerliche Moral" verteidigt werden soll.

Mir ist zunächst sympathisch, daß der Text mehrfach das sog. 4. Gottesknechtslied zitiert. Der Text scheint sich hier für den Erfahrungshorizont Israels zu öffnen. Dann jedoch stellen sich Bedenken ein, ob und wie eine Identifikation Jesu mit dem Gottesknecht aus Deuterojesaja möglich ist. Mir ist unwohl bei dem Gedanken, daß hier ein Text gegen seine ursprünglichen und eigentlichen Träger verwendet werden könnte.

2. Beobachtungen am Text

In einer Zeit, in der Christen und Christinnen leiden, wo sie verlacht, verdächtigt und z.T. verfolgt werden, will der 1.Petr trösten und ermahnen. Deshalb erinnert er zum einen an die Hoffnung, die mit Jesu Auferstehung gegeben ist (z.B. 1,3f). Zum anderen zeigt er, „daß die von den Christen jetzt erlebten Schwierigkeiten der Verfolgung das Erwartbare, ‚Regelmäßige', Bezeichnende, durchaus nicht Irritierende und Anstößige sind" (Brox, S.16). Nicht das Leiden als solches wird thematisiert, sondern jene Leiden, denen Christen und Christinnen wegen ihres Christseins ausgesetzt sind. Ein solches Leiden kann der 1.Petr sogar als Gnade bezeichnen (2,19.20; 5,12).

Die Haustafel, in die der Predigttext eingebettet ist, ist mir befremdlich, weil die Sklaverei nicht kategorisch verurteilt wird und Unterordnung das Verhältnis von Frauen und Männern bestimmt. 1.Petr erwähnt jedoch nicht deshalb die Sklaven, weil er die Sklaverei für eine erhaltenswerte Institution hält, sondern weil er in dem Leiden der Sklaven und Sklavinnen ein gutes Exempel für das Christsein sieht. Daher ist 2,21-25 mehr als nur eine Begründung für die vorangehende Sklavenparänese. Die „Berufung" (2,21) zum Leiden in der Nachfolge Christi gilt vielmehr für alle Christen und Christinnen.

Die Begründung liefert 2,21b-25 in einem (überarbeiteten) Traditionsstück, das das Leiden und Sterben Christi mit mehrfachem Verweis auf das sog. 4. Gottesknechtslied ausführt. Christen und Christinnen leiden, weil auch Christus gelitten hat. Deshalb sollen sie ihn zum Vorbild nehmen und seinen Fußspuren nachfolgen (2,21). Die in 1,3f erwähnte, in der Auferstehung Christi begründete Hoffnung auf ein „unbeflecktes und unverwelkliches Erbe" wird erstaunlicherweise nicht erwähnt. Versteht sie sich von selbst?

Während 2,22f die Vorbildfunktion Christi im Leiden erläutern, geht 2,24 über den Kontext hinaus. Die Identifizierung Jesu mit dem leidenden Gottesknecht bleibt nicht beim Gedanken des Vorbildes stehen, sondern versteht Jesu Leiden als stellvertretende Sühne, wie sie auch sonst im NT vielfach bezeugt ist (vgl. Barth, S.37ff. Siehe dazu auch das „für euch" in 2,21.). Dieses Verständnis des Todes Jesu gibt als Begründung für das Leiden der Gemeinde wenig her. Passender ist die in 2,24 angedeutete Vorstellung vom Mitsterben und Mitleben mit Christus. Das in 2,24f präsentisch verstandene Heil („Ihr seid heil geworden") steht in einem gewissen Widerspruch zur noch ausstehenden „Seligkeit" (1,5). Die Gerechtigkeit zu leben (2,24), unterscheidet sich so von der erwarteten Zukunft.

2,25 mit der Gegenüberstellung vom einstigen Herumirren und der Bekehrung zum „Hirten" läßt sich im Kontext des 1.Petr dahin auslegen, daß solche Orientierung am Hirten Leiden miteinschließt. Mit dem Hirten und Bischof (besser „Beschützer") ist nicht Jesus, sondern Gott gemeint (Brox, S.139).

3. Homiletische Entscheidungen

a) Der Skopus der Tradition, die 1.Petr aufnimmt und bearbeitet, ist zu unterscheiden von der Funktion, die der Text in seinem jetzigen Kontext einnimmt. Das Traditionsstück betont das stellvertretende Sühneleiden Jesu, der Kontext des Briefes das Leiden in der Nachfolge. Es gilt, Christus als Vorbild auch und gerade im Leiden anzunehmen und die Gerechtigkeit zu leben. Dies möchte ich zum Thema meiner Predigt machen, weil damit explizit die Rolle der Gemeinde thematisiert wird.

b) „Misericordias Domini" kreist überwiegend um das Bild von „Hirte" und „Herde". Die atl. Lesung aus Ez 34 stellt Gott als rechten Hirten den falschen Hirten gegenüber, die sich nur selbst weiden, aber die Schafe in der Zerstreuung lassen. Die Evangelienlesung aus Joh 10 knüpft daran an: Hier ist Christus der gute Hirte, der sein Leben für die Schafe läßt. Der Wochenpsalm ist Ps 23. Das Wochenlied „Der Herr ist mein getreuer Hirt" (EG 274) lehnt sich stark an Ps 23 an. 1.Petr 2,25 bringt ebenfalls das Bild von „Herde" und „Hirte", das aber hier nicht im Zentrum steht. Daher entscheide ich mich, nur am Rande auf jenes Bild einzugehen.

c) Ich knüpfe vielmehr bei der Vorstellung vom Vorbild an. Vorbilder und Idole gibt es reichlich, und jede Generation hat ihre eigenen. Es dürfte dem Prediger bzw. der Predigerin leicht fallen, exemplarische Vorbilder seiner/ihrer Gemeinde aufzuspüren. Das Besondere des Vorbilds Jesu ist aber nicht seine Stärke, Größe, etc., sondern sein Leiden. Die Gefahr besteht, den Kern dieser Aussage darin zu sehen, alle Ungerechtigkeit widerstandslos zu erdulden, sich alles gefallen zu lassen. Ich denke aber, daß mit 2,23 eher das „Ethos des Vergeltungsverzichts" (Brox, S.137) betont wird. Jesus durchbricht die Spirale von Gewalt und Gegengewalt.

d) 1.Petr geht von Leiden aus, die Christen und Christinnen wegen ihres Christseins erdulden. In meiner Gemeinde – und wohl nicht nur in ihr – erlebe ich nicht viel von solchen Leiden. Daraus ergeben sich zwei Perspektiven für die Predigt. Zum einen kann seelsorgerlich nach den tatsächlich vorhandenen Leiden gefragt werden. Viele Leiden sind durch Absicht oder Leichtsinn von Menschen ausgelöst (Misericordias Domini fällt dieses Jahr auf den Jahrestag der Reaktorkatastrophe von Tschernobyl!!), andere hingegen lassen keine direkte menschliche Einwirkung erkennen. Angesichts der Tendenz in unserer Gesellschaft, Leiden und

Tod zu tabuisieren, möchte ich betonen, daß Leiden zum Menschsein dazugehören. Leiden zu akzeptieren und damit „dem Traum (zu) entsagen, mehr als ein Mensch zu sein" (so der Titel eines Buches von U.Bach), kann so Teil eines Heilungsprozesses werden. Auch hier kann Christus uns Vorbild sein, denn als „wahrer Mensch" litt er nicht erst ab dem Zeitpunkt seiner Verhaftung.

e) Die Diskrepanz zwischen den Leiden der Gemeinden damals und heute kann aber auch Anlaß geben, danach zu fragen, warum wir heute dieses Leiden so nicht mehr kennen. Ich überlege, ob die allgemeine Flucht vor Leiden und der Wunsch, mehr als ein Mensch – d.h. Gott gleich – zu sein, auch mich davon abhält, mir den leidenden Christus zum Vorbild zu nehmen. An mir selbst merke ich, wie mir nur allzuoft die Bereitschaft zum Leiden fehlt. Zu groß scheint die Angst zu sein. Lieber bin ich Mitläufer, als daß ich mich verwundbar zeige. Wer aber nicht leiden will, der läßt leiden. Die Geschichte des Christentums ist in der Tat zu großen Teilen eher eine Geschichte des Wundenschlagens, als des Leidens.

f) Die frühe Christenheit hat im Bild vom leidenden Gottesknecht ihre Erfahrung mit Jesus wiedererkannt. Schnell wurde daraus eine exklusive Deutung: Der Gottesknecht ist allein Jesus. Ihre Angst, sich selbst in Frage zu stellen und sich damit verwundbar zu machen, hinderte sie daran, die vielfältigen Deutungen des Gottesknechtes im Judentum (ein grober Überblick bei Haag) wahrzunehmen und nach der Möglichkeit eines inklusiven Verständnisses zu fragen. Was könnte es z.B. christlicherseits bedeuten, Jesu Tod als Kiddusch HaSchem zu interpretieren? Aber auch bei der Übernahme von Deutungen ist Vorsicht geboten: Es macht z.B. einen großen Unterschied, ob ein Jude/eine Jüdin oder ein Christ/eine Christin das Leiden Israels mit dem Leiden des Gottesknechts identifiziert. Von Christen und Christinnen ist m.E. zunächst gefordert, ihre Schuldverstrickung einzugestehen und sich konsequenter an dem leidenden Jesus auszurichten.

g) Die Perikope endet mit dem Bild von „Hirt" und „Herde". So könnte auch die Predigt noch einmal Bezug darauf nehmen: Welchem Vorbild folgen wir? Dem der Hirten, die viel versprechen, letzlich aber in die Irre führen, oder dem des einen Hirten, der gerade im Leiden Hoffnung verspricht?

4. Kontexte

„Christus Jesus hat (...) sein Leben hingegeben ‚für viele' (Jes. 53,11). Wer durch dieses Tor eintritt, das durch Leiden und Stellvertretung gekennzeichnet ist, der bekommt Anteil an dem Leidensgeheimnis Israels, an dem Leiden derer, die gezeichnet sind als die Kinder des Gottes Israels und die von den Völkern und ‚Heiden' geschlagen und verstoßen werden. Dort ist der Platz der Christen, dort am Kreuz, und nicht auf den Höhen des Sieges, der Anerkennung und der umfassenden religiösen Ansprüche!" (Kraus, S.491)

„So ist es von jeher gewesen: wer sich nicht verwunden lassen wollte, der hat Wunden geschlagen. Wer sich nicht infrage stellen lassen wollte, der hat die Fragenden verjagt oder beseitigt. (...) Am Kreuz werden die Bilder von einem unverwundbaren Gott zunichte gemacht. Jesus Christus ließ sich verwunden bis zum Tod am Kreuz. (...) In seiner Nachfolge lernen wir verzichten auf Rechthaberei und Vorrechte." (Roth, S.51)

„Und ich sehe diese Gefahr, daß auch einige unserer Freunde meinen könnten, wir Juden sollten sozusagen die besseren Christen sein. Wenn die Christen, die ja eigentlich ein Evangelium predigen des Leidens in der Nachfolge Jesu, wenn die Christen schon während der meisten Jahrhunderte ihres christlichen Lebens eben in keiner Weise eine Nachfolge Jesu angetreten hatten, dann waren eigentlich doch die Juden die Knechte Gottes, die gekreuzigt wurden. (...) Aber das ist gefährlich, daß man hier ein Volk zu Märtyrern macht. Und es ist vielleicht die umgekehrte Seite der Münze: diesmal verdammt man nicht die Juden, sondern man preist und liebt sie. Aber dasselbe kommt heraus: sie werden ermordet." (Levinson, S.427)

„*Gethsemane*
Alle Menschen sind der Heiland.
In dem dunklen Garten trinken wir den Kelch.
Vater, laß ihn nicht vorübergehn.
Wir sind alle einer Liebe.
Wir sind alle tiefes Leid.
Alle wollen sich erlösen.
Vater, deine Welt ist unser Kreuz.
Laß sie nicht vorübergehn."   (Kurt Heynicke)

5. Liturgievorschläge

Neben dem Wochenlied halte ich folgende Lieder für passend:
„Ich möcht', daß einer mit mir geht" (EG 209)
„Gib Frieden, Herr, gib Frieden" (EG 430)
„Herr, stärke mich, dein Leiden zu bedenken" (EG 91, 5.6.8)
Zu empfehlen (v.a. für das Abendmahl) ist die Meditation von G.Roth, aus der das Zitat in den Kontexten entnommen ist.

Literatur
Barth, G.: Der Tod Jesu Christi im Verständnis des Neuen Testaments, Neukirchen-Vluyn 1992. – Brox, N.: Der erste Petrusbrief, EKK XXI, Zürich/Neukirchen-Vluyn ⁴1993. – Haag, H.: Der „Gottesknecht" bei Deuterojesaja im Verständnis des Judentums, in: Judaica, 41/1985, S.23-36. – Heynicke, K.: Gethsemane, in: Pinthus, K. (Hg.): Menschheitsdämmerung, Hamburg 1955, S.76. – Kraus, H.J.: Systematische Theologie im Kontext biblischer Geschichte und Eschatologie, Neukirchen-Vluyn 1983. – Levinson, N.P.: Auflehnen gegen Gott, in: Ginzel, G.B. (Hg.): Auschwitz als Herausforderung für Juden und Christen, Heidelberg 1980. – Roth, G., in: Ev. Missionswerk (Hg.): Die Begegnung von Christen und Muslimen. Eine Orientierungshilfe ..., Hamburg ³1991, S.50f.

Ralf Lange, Fuldastr. 12, 12045 Berlin

Kantate: Kol 3,11-17

1. Annäherung

Ach, der Text – den kenne ich doch sonst als Lesungstext für Trauungen bzw. als Trauspruch (V 14). Immer wieder empfand ich bei Trauungen einen Bruch ab V 14. Liegt dies daran, daß der Text ab V 15 eindeutiger auf eine Gemeinde zielt oder weil er „theologischer bzw. christlicher" wird? Die aufgezählten Tugenden empfinde ich selbst für eine Ehe als Überforderung.

Der zweite Gedanke: was hat dieser Text mit Kantate zu tun? Ist V 16 als Bezug nicht etwas schwach?

Beim nochmaligen Lesen bleibe ich bei der Anrede „Auserwählte" und „Heilige" hängen. Und dazu der Schluß: „und dankt Gott, dem Vater, durch ihn."

2. Exegetisches

Kol 3,11-17 gehört zum paränetischen Teil (Kap. 3-4), der an den dogmatischen Teil (Kap. 1-2) anknüpft und konkretisiert, woran ein „Wandel im Herrn" (2,6) erkennbar wird.

Das Bild vom Anziehen der genannten fünf Tugenden bezieht sich spiegelbildlich auf 3,5-11. In V 5-9 wird in zwei fünfgliedrigen Aufzählungen gesagt, was die Adressaten meiden sollen. In V 5-7 fordert der Verfasser auf, sich von Lastern zu trennen, die das „Einst", d.h. die Zeit vor der Bekehrung charakterisiert haben. Darunter finden sich auch Unzucht und Habsucht, „die ihre gemeinsame signifikante Bedeutung darin (finden), daß sie zusammen mit dem Götzendienst in jüdischen Augen als typisch heidnische Verhaltensweisen gelten", wie Wolter (175f.) mit Bezug auf TestDan 5,5-7; Weish 14,22ff feststellt. Der Übergang in den Heilsbereich wird also in ethischer Hinsicht an jüdischen Maßstäben gemessen. (Vgl. dazu 2,11: „In diesem (Christus) seid auch ihr beschnitten worden mit einer nicht von Händen gemachten Beschneidung durch das Ablegen des Leibes des Fleisches, in der Beschneidung Christi..").

Überraschend ist die Fortführung des Einst-Jetzt-Schemas in 3,8, in der das „Jetzt" wiederum mit einer Aufforderung beginnt, und zwar Zorn, Grimm, Bosheit etc. abzulegen. Die hier genannten Verhaltensweisen beziehen sich auf den zwischenmenschlichen Bereich und sind Verhaltensweisen, die im „Jetzt" das Zusammenleben in der Gemeinde gefährden. In der Aufforderung „Abzulegen" wird noch einmal deutlich der Bezug zu 2,11f. hergestellt: dem „Ablegen des Leibes des Fleisches sowie dem in der Taufe begraben und im Glauben mit Christus Auferweckt sein". Die Aufforderung kann so als doppelte Mahnung gehört werden: daß dies keinen Heilsindividualismus meint und daß das Auferstehungsleben in der Gegenwart im Umgang miteinander Realität gewinnen will.

V 12: Nach dem allen setzt Kol 3,12-17 nun damit ein, was man denn als Gottes Auserwählte, Heilige und Geliebte stattdessen anziehen soll. (Die Anrede als Auserwählte und Heilige läßt einen zunächst hellhörig werden, ist doch Israel Gottes Eigentumsvolk, das ihm heilig ist und das er sich erwählt hat, weil er es liebt (Dtn 7,6f.). Ich verstehe die Anrede hier in Anlehnung an diese Tradition, nicht aber als deren Substitution.)

Verlangt wird als erstes ein Erbarmen, das aus dem Innersten der Gefühle kommt. Der dafür verwendete Begriff wird sonst nur von Gottes Handeln gebraucht. Güte ist eine Freundlichkeit, die es gut meint mit dem anderen. „Demut ist die Gabe, sich nicht selber in den Mittelpunkt zu stellen. Sanftmut meint eine aus der Geborgenheit des Glaubens resultierende Haltung, die dem anderen zurechthilft. Die Geduld erweist den langen Atem im Umgang mit dem schwierigen Menschen." (Schmückle, 46) (Die genannten Tugenden sind auch die für den jüdischen Frommen und Weisen charakteristischen.)

V13: Diese fünf Tugenden finden ihre Konkretion in der Aufforderung, einander zu vergeben in den täglichen Konflikten. Christen sollen einander ertragen, und zwar nicht nur, weil auch ihnen vergeben wurde, sondern weil auch sie nicht dem die Vergebung verweigern sollen, dem der Herr vergeben hat.

V14: Die Liebe kommt nicht als eine weitere Tugend dazu, sondern sie ist der Gürtel, der das Gewand zusammenhält, der es tragbar macht. V15: Der Friede Christi soll „Schiedsrichter" sein, wie es wörtlich genau heißt. In den Auseinandersetzungen zielt er auf die Eintracht der Gemeinde, des einen Leibes, und macht dies zum Kriterium des Umgangs miteinander.

V16: Hier kommt in den Blick, was es heißt, dankbar bzw. eucharistisch zu sein. Gemeint ist das g'ttesdienstliche Leben der Gemeinde. Auch hier beginnt die Aufforderung mit einem Imperativ, der von Partizipien ausgeführt wird. Damit ist die Struktur parallel zu 3,12f. aufgebaut. Das „Wort Christi" ist dabei nicht die Summe von Lehrsätzen, sondern etwas Lebendiges, „nicht etwas, das man zur Kenntnis nimmt und dann besitzt, sondern etwas, das im Menschen ‚wohnt' und ärmlich oder reichlich wohnen kann, also seine Gegenwart kaum oder eindringlich spürbar werden läßt." (Schweitzer, 157) In der Aufzählung steht das Singen gleichberechtigt neben dem Lehren und Ermahnen. Was das Singen heraushebt, ist die Ausrichtung auf Gott, während das Lehren untereinander stattfindet. Das Singen soll εν τη χαριτι geschehen, „dankbar" oder „in der Gnade". So wird das Sein in der Gnade wohl am Besten singend kundgetan.

V17: faßt alles noch einmal zusammen und stellt „Wort und Werk", die Gesamtheit der menschlichen Aktivitäten, unter den Namen Jesu und damit in den Dank an Gott hinein. „Im Namen des Herrn Jesus" dient der Kennzeichnung von Beauftragung und Autorisierung (vgl. Dtn 18,18f.; 1. Sam 17,45/Act. 3,6; 4,10) Die Gemeinde soll sich bewußt sein, daß sie darin, wie sie lebt, Christus repräsentiert und daher in seinem Sinn handeln soll. Richtung und Ziel des Ganzen ist der Dank an Gott, den Vater. M. E. hat in den meisten Kommentaren und Predigtstudien diese theozentrische Ausrichtung zuwenig Beachtung gefunden. Dabei zieht sie sich durch den gesamten Brief. Das Präskript 1,2 ist das einzige aller ntl. Briefe, das den Friedenswunsch nur mit Gott verbindet. Das sonst damit verbundene „und unserem Herrn Jesus Christus" fehlt hier. Selbst die steilen christologischen Aussagen im Hymnus 1,15-20 sind in 1,12f. immer Gott als dem Handelnden, dem dafür Dank gebührt, unterstellt.

3. Homiletische Entscheidungen

„Eine Predigt über Kol 3,12-17 am Sonntag Kantate wird nicht vom Text, sondern vom Proprium des Sonntags her zum Problem." (Müller, 59) So jedenfalls die

Ansicht der meisten Predigtstudien. Der Sonntag Kantate hat ein starkes Eigengewicht. Meist wird er musikalisch besonders ausgestaltet. Das Singen steht im Zentrum. Muß die Alternative also heißen: textgemäße Predigt oder Kantatensonntag? Oder läßt sich (angesichts des Tugendkataloges) aus der Not eine Tugend machen?

Lebt, was ihr seid. Dazu will der Text ermutigen. Allerdings sind mir die konkreten Tugenden eine Nummer zu groß. Können wir dieses neue Kleid schon ausfüllen, oder müssen wir nicht erst hineinwachsen? Gut, daß wir die Liebe haben, um das ganze zusammenzubinden. Trotzdem bleibt die Gefahr, die Gemeinde mit den ermahnenden Forderungen zu „über"fordern. Aber: steht nicht im Text das Singen gleichberechtigt neben dem Ermahnen? Und ist nicht gerade das Singen geeignet, dem neuen Sein Ausdruck zu verleihen? In ihm kommt das Verhalten untereinander und Dank und Ausrichtung auf Gott zusammen. Warum also dies der Gemeinde nicht wenigstens einmal so sagen und tatsächlich vom Text her das Singen in den Mittelpunkt stellen und über dessen Bedeutung nachdenken. Dabei kann der Ausspruch Bonhoeffers eine Brücke sein, nach Verbindungen zwischen Singen und dem zwischenmenschlichen Umgang zu suchen bzw. die Gefahr aufzeigen, dieses nicht auseinanderklaffen zu lassen. Und vor allem sollte man den Text auch darin beherzigen, es zu tun: Singen.

4. Kontexte

„Nur derjenige hat das Recht, gregorianisch zu singen, der auch für die Juden zu schreien bereit ist." *D. Bonhoeffer*

Gott achtet mich, wenn ich arbeite,
aber er liebt mich, wenn ich singe. *unbekannt*

„Denn die Musica ist eine Gabe und Geschenke Gottes, nicht ein Menschen-Geschenk. So vertreibt sie auch den Teufel, und machet die Leut fröhlich; man vergisset dabei alles Zorns, Unkeuschheit, Hoffart und anderer Laster. Ich gebe nach der Theologia der Musica den nähesten Platz (locum) und höchste Ehre. Und man siehet, wie David und alle Heiligen ihre gottselige Gedanken in Vers, Reim und Gesänge gebracht haben, wie es denn heißt: *Wenn Friede ist, regiert die Musik*"
WA Martin Luther Tischreden, Bd 6, 7034 *(Au)*

„Kleider machen Leute"

5. Liturgievorschläge

Alternatives Eingangsvotum: „Ich freue mich im Herrn, und meine Seele ist fröhlich in meinem Gott; denn er hat mir die Kleider des Heils angezogen und mich mit dem Mantel der Gerechtigkeit gekleidet." Jes 61,10

Lieder: 279 „Jauchzt, alle Lande, Gott zu Ehren" / 286 „Singt, singt dem Herren neue Lieder" / 288 „Nun jauchzt dem Herren, alle Welt" / 302 „Du meine Seele, singe" / 328 „Dir, dir, o Höchster, will ich singen"

Literatur:
Andreas Lindemann, Der Kolosserbrief. Zürcher Bibelkommentar, Zürich 1983./ Hans Martin Müller, in: Predigtstudien II,2 (1979/ 80), Stuttgart/Berlin, 58-64./ Werner Schmückle, in: Predigtstudien II,2 (1992), Stuttgart, 44-50./Eduard Schweizer, Der Brief an die Kolosser (EKK), Neukirchen 1976./Friedrich Wintzer, in: Predigtstudien II,2 (1986), Stuttgart, 50-56./Michael Wolter, Der Brief an die Kolosser. Der Brief an Philemon, ÖTK Bd. 12, Gütersloh 1993.

Andreas Schulz-Schönfeld, Petunienweg 15, 22395 Hamburg.

Himmelfahrt: Apg 1,1-11

Was steht ihr da und seht zum Himmel?

1. Annäherung

Himmelfahrt – eine Wolke – zwei Männer in weißen Gewändern.
Was sollen mir diese mythologischen Bilder?
Aber bietet nicht der Text selber schon eine Antwort in sich, die von einer Gegenbewegung getragen ist?

Mir springt der Zusammenhang der Verse 10 und 11 ins Auge: Vers 10 lautet in genauerer Übersetzung für ατενιζοντες – „gebannt sein" (statt Luther: „nachsehen"): „und sie waren wie gebannt, wie er in den Himmel dahinging ...", worauf die beiden Männer in den weißen Kleidern sie aufrütteln: „Was steht ihr da und seht zum Himmel?"

Pointe des Himmelfahrtsberichts scheint also gerade der Verweis auf die Erde zu sein.

2. Beobachtungen am Text

Unser Predigttext ist die Einleitung zum 2. Teil des lukanischen Werkes. Ging es im 1. Teil, dem Lukasevangelium, um die Zeit Jesu auf Erden, seine Taten und seine Lehre (Vers 1, beachte Reihenfolge: zuerst Taten, dann Lehre!), wird nun übergeleitet auf die Zeit nach seinem Weggang, die Zeit der Abwesenheit Jesu. Wir befinden uns also an der Schwelle vom Erdendasein Jesu zur Zeit der Apostel, von der Predigt des Reiches Gottes zum Wirken der Kirche.

Gliederung des Textes:

1-3: Rückblende auf das vorangegangene LkEv, in dem von den Taten und der Lehre Jesu berichtet wurde.

4-8: Ein Gespräch Jesu mit seinen Jüngern innerhalb der 40 Tage seiner nochmaligen Anwesenheit unter den Jüngern.

9-11: Himmelfahrt

Inhalt der Reden Jesu mit seinen Jüngern vor seiner Himmelfahrt sind vor allem das Reich Gottes und der Heilige Geist. Auf ihre Frage nach dem Kommen des Reiches werden die Jünger auf die Kraft des Heiligen Geistes verwiesen, der ihnen helfen wird, Zeugen zu sein. War ihnen zur Zeit Jesu auf Erden das Reich Gottes so nah erschienen, scheint es nun wieder in weitere Ferne zu rücken und sie werden auf die Aufgabe ihrer Zeugenschaft verwiesen.

Vers 8 bietet das Programm der Apostelgeschichte in konzentrierter Form: die Gabe des Heiligen Geistes und die Zeugenschaft in Jerusalem und in ganz Judäa und Samaria bis an das Ende der Erde.

3. Homiletische Entscheidungen

Leicht kann die Identifizierung hergestellt werden mit den Jüngern, die wie gebannt auf das Entzogenwerden Jesu in den Himmel starren. Auch wir leben in der Zeit der Abwesenheit Jesu.

Marquardt, Eschatologie 1, S. 405: „... dann hat die Himmelfahrtserzählung die Bedeutung, die Entzogenheit als ein Kennzeichen des neuen Lebens schlechthin auszusagen."

Oder Iwand in Göttinger Predigtmeditationen 1955/56: „Himmelfahrt ist die Frage an die Kirche auf ihrem Weg von Ostern nach Pfingsten, ob sie auch das Beste dabei nicht vergessen hat, das eine, was not ist, ob sie weiß, daß sie „ferne vom Herrn" ist und der Geist, der ihr verheißen ist, nur ein Pfand, eine Wegzehrung, ein Licht auf dem Wege, keine Kraft- und Substanzübertragung, keine Qualifizierung des Irdischen zum Überirdischen, des Menschlichen zum Übermenschlichen ist."

So gehören Himmelfahrt und Verheißung des Heiligen Geistes untrennbar zusammen: Himmelfahrt würde ohne die Verheißung des Heiligen Geistes die Zeugenschaft nur zu einer Erinnerung machen, die dann doch allmählich verblaßte. Die Verheißung und Gabe des Geistes ohne Zeichen der Himmelfahrt würde die Gemeinde und den einzelnen nur allzu leicht auf dieser Erde sich endgültig etablieren und zu Hause wissen lassen.

Iwand, aaO: „Himmelfahrt ist das aufgerichtete Zeichen gegen alle, die von Ostern herkommend sich zufriedengeben, die sich hier auf Erden einrichten, die sich an das Sichtbare, insofern an die Kirche, an heilige Menschen, an das Sakrament, an die Ämter, an die Ordnungen halten und nicht bedenken, daß wir dank der Himmelfahrt Christi neu in Marsch gesetzt sind, daß wir die Wüstenwanderung noch einmal ... zu bestehen haben." Damit hält Himmelfahrt den Blick nach oben offen, das Gespür dafür, daß das Reich Gottes noch immer nicht gekommen ist, daß wir eines anderen warten, daß das Jetzige nicht das Endgültige ist. Dennoch darf dieses Gespür für ein anderes nicht zu einem erstarrten Blick nach oben werden, der die Realität aus den Augen verliert. Der Blick der Jünger soll nicht nach oben, sondern nach vorne gehen, auf den Weg, die Wanderung, die vor ihnen liegt.

Himmelfahrt führt also nicht an einen fernen Ort, sondern mitten ins Leben. Die Jünger kehren zurück nach Jerusalem.

Dtn 30, 11-14: „Denn das Gebot, das ich dir heute gebiete, ist dir nicht zu hoch und nicht zu fern. Es ist nicht im Himmel, daß du sagen müßtest: Wer will für uns in den Himmel fahren und es uns holen, daß wir es hören und tun? Es ist auch nicht jenseits des Meeres, daß du sagen müßtest: Wer will für uns über das Meer fahren und es uns holen, daß wir es hören und tun? Denn es ist das Wort ganz nahe bei dir, in deinem Munde und in deinem Herzen, daß du es tust."

Bei der Himmelfahrt Jesu geht es nicht um den Himmel, sondern um die Erde. Wir haben uns damit abzufinden, daß Jesus im Himmel ist und wir auf der Erde. Allerdings lautet unser Auftrag dahin, den Himmel nach unten zu bringen.

„Himmelfahrt könnte heißen, daß der Mensch zum Menschen fliege."

4. Kontexte

1. Joh. Brenz, Von der Mayestet unsers lieben Herrn und einigen Heilands Jesu Christi 1562, zit. nach Eichholz, Herr tue meine Lippen auf, 2: „Ist er (Christus) räumlicher weiß von einem himmel zu dem andern auffgefaren, biß er kommen ist in den leiblichen, geistlichen, raumlichen himmel ..., in wölchem er nun fürohin

sitze, stehe oder zu zeiten mit seinen heiligen spaciere? Ja warlich ..., so muß Christus von den Wolcken an nicht vrblitzig in einem augenblick, sondern fein gmehlich, fuß für fuß, in den Himmel Empyreum kommen sein. Nun haben aber die „Schullehrer" den Abstand des Fixsternhimmels von der Erde so weit bestimmt, daß ein Bleigewicht, das dort auf die Erde fiele, mehr als 500 Jahre brauchen würde. So müßte man also Sorge haben, ob er wirklich schon im Himmel oder nicht etwa noch dahin unterwegs sei."

2. Fabel von Mark Rasumny, einem Juden aus Riga: „Gruß von den Bergen"
Ein Wind, der von den Bergen kommt, überbringt dem Schnee im Tal Grüße von seinem Bruder aus der Höhe. Er hat mir erzählt, flüstert der Wind, daß ihr beide ein und derselben Wolke entstammt. Und daß er nichts dafür kann, daß euch ein unterschiedliches Schicksal ereilte. Er bedauert dich, daß du so tief zu liegen kamst. Er soll mich nicht bedauern, sagt der Talschnee. Mir geht es hier unten besser als ihm. Besser? wundert sich der Wind, wo doch alle auf dir herumtrampeln? Gewiß, leicht liegt es sich nicht, sagt der Talschnee, aber intensiver. Man wird mehr strapaziert: Schlitten fahren über einen hinweg, die Schuhsohlen schlitternder Kinder schleifen mich ab und glatt, Liebespaare stapfen durch meine Verwehungen, die eisenspitzenbewehrten Spazierstöcke der Alten durchbohren meine Decke. Sicher, vom ewigen Weiß wie bei meinem Bruder auf den einsamen Höhen kann bei mir nicht die Rede sein. Mein Anteil an der Ewigkeit ist die Vergänglichkeit eines Lebens, das sich den ewigen Qualen und Freuden der Welt und des Lebens tragend und ertragend aussetzt.

3. Bertolt Brecht, „Der gute Mensch von Sezuan": Drei Götter kommen auf die Erde. Auf der Suche nach „guten Menschen" stoßen sie auf Shen Te, eine junge Prostituierte. Sie nimmt die Götter, die niemand beherbergen wollte, auf. Als Lohn erhält sie zu ihrer Überraschung 1000 Silberdollar. Und nun beginnt die „Tragödie der Gutheit". Shen Te will gut sein und den Menschen in ihrem Elend helfen – aber sie wird zerrissen von dem ehernen Gesetz von „Konkurrenz und Existenz". Das Ende: verwirrt von dem ganzen Geschehen, entschwinden die Götter auf einer rosa Wolke im Himmel. Shen Te schreit ihnen nach: „oh, entfernt Euch nicht, Erleuchtete. Ich brauche Euch dringend." Aber, so meinen die Götter, sie wird sich schon durchschlagen:

„Laßt uns zurückkehren. Diese kleine Welt
Hat uns sehr gefesselt. Ihr Freud und Leid
Hat uns erquickt und uns geschmerzt. Jedoch
Gedenken wir dort über den Gestirnen
Deiner, Shen Te, des guten Menschen, gern
Die du von unserem Geist hier unten zeugst
In kalter Finsternis die kleine Lampe trägst.
Leb wohl, mach s gut."

Die Götter entschwinden. Der Mensch ist allein. Und die Verhältnisse sind so, daß er, wenn er gut sein will, ausgenutzt wird bis zum Tode. „Die Guten können nicht helfen, und die Götter sind machtlos."

Das Spiel ist zuende. Ein Spieler tritt vor den Vorhang:
„wir stehen selbst enttäuscht und sehr betroffen

den Vorhang zu und alle Fragen offen ...
Verehrtes Publikum, los, such dir selbst den Schluß!
Es muß ein guter da sein, muß, muß, muß."

Gabriele Zander, POB 7259, 91072 Jerusalem

Exaudi: Eph 3,14-21

1. Annäherung

„Deshalb beuge ich meine Knie vor dem Vater, ... daß er euch Kraft gebe ..." Ich denke dabei an eine andere Bitte, die so ganz ähnlich lautet: „Vater unser im Himmel, ... denn dein ist die Kraft". Für mich eine der tröstlichsten Worte im Vater unser. Wenn schon ich selbst kraftlos bin, dann doch das Bekenntnis: „Dein ist die Kraft."

Jedesmal, wenn ich Bilder sehe von Lagern, aus Hungergebieten, von Gurs oder vom KZ Dachau, frage ich mich: wie lange hättest du durchgehalten. Wie lange hätte deine Kraft gereicht?

Ich gebe mir da nicht viel.

Nach der Geburt des zweiten Kindes erwischte mich eine Mastitis, eine relativ alltägliche Sache, mit Hausmittelchen weitgehend in den Griff zu bekommen. Und trotzdem: eine meiner furchtbarsten Erfahrungen von Kraflosigkeit, körperlichem Ausgeliefertsein.

Vielleicht gehört es tatsächlich eher zur weibliche Erfahrung: sowohl die körperliche Schwäche wie die Ohnmacht gegenüber Gegebenheiten, Zuständen, Strukturen.

Zum Stichwort Vater fällt mir ein: ein „rechter Vater" ist hier beschrieben; einer der aufbaut, der gibt, der stark machen will, der die Teilhabe ermöglicht. Also gerade kein Patriarch, dem am Abstand liegt.

Ein Vater, der Kinder hat. Wer gehört da dazu?

In den Bibeln und Kommentare fallen die unterschiedlichen Übersetzungen von V. 15 auf.

2. Beobachtungen am Text

Der ganze Abschnitt ist als Gebet gestaltet, als Fürbitte, die in einem Lobpreis endet.

Hier gilt das Motto des Sonntags: Exaudi! Der Bitte „Herr, höre meine Stimme" genau entsprechend.

Da bittet einer, der nach eigener Aussage doch selbst gebunden ist. Da bittet einer in Gefangenschaft (3,1; 4,1) für die Leute in Ephesus; schließlich auch für uns, für mich: daß der Vater Kraft gebe, daß Christus im Herzen wohne. In der knietiefen Bitte selbst liegt Stärke, nicht Schwäche. Verliehene Stärke, können wir vermuten.

Stärke, Kraft – sie wird vom Apostel für die Adressaten erbeten, damit auch sie alles erkennen können und selbst noch, was Erkenntnis übersteigt. (Pfingsten steht noch aus!) Überhaupt, die „Erkenntnis": biblisch ja nicht eine Sache der objektivierenden (und damit auch: zum Objekt machenden) Distanz, sondern eine Sache der Nähe, des Berührt-Werdens, des Be-Greifens, des Austastens. Und dies in jeder Richtung: Breite und Länge und Höhe und Tiefe. Wer Breite und Länge, Höhe und Tiefe sieht, versteht sich selbst als in der Mitte, im Zentrum stehend, wo die Koordinaten sich kreuzen.

Eine alte Tradition sieht in Breite, Länge, Höhe und Tiefe das Kreuz beschrieben, das Paradoxon von Ohnmacht und Kraft, Schwäche und Herrlichkeit. In der Tat: genau hier ist die Liebe Christi erkennbar.

Das eigentliche, große Thema des Epheserbriefs aber: die Ein-heit (ein Einssein der Gemeinde, die dem Einssein Gottes entsprechen mag), die Gemeinschaft, zu der die Heiden nun dazugekommen sind, Miterben wurden (3,6). Alles, was zum Vater gehört, ist beim Vater. Paulus betont ausdrücklich, daß Israel, der Tochter Zion, die Kindschaft gehört (Röm 9,4). Strittig sind die Heiden. Denen zugunsten beharrt der Epheserbrief: bei Gott sind sie Hausgenossen. Ein Zeugnis pro reo.

„Vielleicht können es ja unsere Gemeinden nicht mehr hören, aber jetzt, wo wir hören, daß die Mauer zusammengebrochen sein soll, können wir's ja noch einmal freier sagen, im Rückblick auf das, was da zusammengebrochen ist. Von der Befreiung aus läßt sich von der Unfreiheit freier reden, von Jesus aus freier über den christlichen Antijudaismus, mit dem es jetzt vorbei sein muß, vorbei sein kann." (F.-W. Marquardt).

3. Homiletische Entscheidungen

Ist eine Gemeinde darauf gefaßt, sich hinter dem Apostel vorzufinden? Daß sie es nötig hat, knieende Fürbitte für sich eingelegt zu bekommen? Rechnet sie damit, daß sie selbst, ihr Verhältnis zu Gott strittig sein könnte? Sie selbst, und eben nicht des andern, und erst recht nicht jenes der Jüdinnen und Juden? Ist ihr deutlich, daß sie erst im Begriff steht, langsam, mühsam, angewiesen auf Hilfe und Kraft von außen, sich das Kreuz Christi anzueignen?-

Fast ein trinitarischer Text – und wer zwei Wochen später schon wieder zu predigen hat, könnte das vielleicht aufgreifen (oder gar noch mal denselben Text nehmen?). Der Apostel unternimmt schließlich eine Verhältnisbestimmung von Gott, dem Vater; dem Geist, durch den die Gläubigen stark werden sollen; und Christus, dessen bleibende Gegenwart (Einwohnung) so ermöglicht wird.

Zuletzt ist der Abschnitt auch ein ekklesiologischer Text, der sich dem Verhältnis von Heiden und Juden, Gottesvolk und Kirche widmet.

Ist das schwere Kost? Doch die „Lehre" steht in den Versen ja nicht um ihrer selbst willen. Sie ist der Hintergrund des eindringlichen Gebets, das der Apostel an Gott richtet, pro nobis. Er legt sich ins Zeug wie weiland Abraham vor Sodom und Gomorrha, leistet Fürbitte, liegt Gott in den Ohren, wirft sich auf die Knie. Setzt sich ein, daß die Gemeinde die Kraft gewänne, den Geist bekäme, die Einwohnung Christi spüre. Daß der Vater ihr Teilhabe gäbe an seiner väterlichen Kraft.

Glaubenswissen, Glaubenserkenntnis bleibt engagiertes Wissen.

Die ethische Überlegung dazu: worum und für wen betet unsere Gemeinde? Und mit welchem Einsatz?

4. Kontexte

Geschichten von Kraft und Kraftlosigkeit in der Bibel, Geschichten von Ge- und Bekräftigten: man denke an Mose, Jeremia, Paulus. –

Fürbitten finden sich bei Abraham, Jeremia, Mose, Jesus. – Aus jüngerer Zeit, nämlich 1941, ist mir eine Fürbitte besonders eindrücklich, nämlich die im Brief der

Stadtvikarin Katharina Staritz an den Stadtdekan in Breslau; von dort vervielfältigt an die „Breslauer Amtsbrüder" weitergeleitet:

„Juden im Sinne der Nürnberger Gesetze ... müssen beim Erscheinen in der Öffentlichkeit durch ein Abzeichen in Form eines handtellergrossen Davidsterns mit der schwarzen Aufschrift ‚Jude' gekennzeichnet sein. ... Zu den von dieser Verordnung betroffenen Menschen gehören auch einige unserer Gemeindeglieder und zwar ... auch solche, die schon seit mehreren Jahrzehnten treue Glieder der evangelischen Gemeinden sind, und solche, die als Säuglinge getauft wurden, evangelisch erzogen und konfirmiert sind ... Es ist Christenpflicht der Gemeinden, sie nicht etwa wegen der Kennzeichnung vom Gottesdienst auszuschließen. Sie haben das gleiche Heimatrecht in der Kirche wie die anderen Gemeindeglieder und bedürfen des Trostes aus Gottes Wort besonders. ...

(Es ist notwendig), dass treue Gemeindeglieder, die wissen, was Kirche ist, und die in der Kirche mitarbeiten ... auch auf (den) ... Bänken neben und unter den nichtarischen Christen Platz nehmen. Es ist auch zu überlegen, ob nicht wenigstens in der ersten Zeit diese gekennzeichneten Christen auf ihren Wunsch von Gemeindegliedern zum Gottesdienst abzuholen wären, da einige mir gegenüber schon geäußert haben, sie wüssten nicht, ob sie nun noch wagen dürften, in die Kirche zu gehen."

Katharina Staritz wurde wenige Woche nach diesem Brief von der Kirchenleitung beurlaubt und aus Breslau ausgewiesen. Im März 1942 wurde sie verhaftet und kam ein Jahr lang nach Ravensbrück.

5. Liturgievorschläge

Zum Psalm 27: gibt es eine Möglichkeit ihn ganz zu lesen?

Lieder: 262/263 („schaue die Zertrennung an"), Verse aus 123 (zum Stichwort „Kraft/ Herrlichkeit"); 358,1+3; und das leider in den Hauptteil nicht aufgenommene Lied von Heinrich Vogel aus dem Jahr 1936 (es wäre eine eigene Predigt wert): „Der Herr wird für dich streiten, du angstverstörtes Heer ..."

Literatur

Marquardt, Friedrich-Wilhelm: Exaudi – 31.05.1992; in: Göttinger Predigtmeditationen. 46. Jg., Heft 3.

Nörenberg, Klaus-Dieter: 6. Sonntag nach Ostern (Exaudi) – Eph 3, 14-21; in: Calwer Predigthilfen N.F., II 2, Stuttgart 1992.

Rundschreiben Nr. 36 des Stadtdekans, Breslau, den 12. September 41 (EZA:KKA 110, 287); abgebildet in: Röhm, Eberhard: Evangelische Kirche zwischen Kreuz und Hakenkreuz: Bilde und Texte einer Ausstellung. Stuttgart 1982.

Kira Busch-Wagner, Finkenherdstr. 2, 74889 Sinsheim-Waldangelloch

Pfingsten: Apg 2, 1-18

1. Annäherung

Jedes Mal beeindruckt mich wieder der Bericht vom Pfingstwunder: Menschen unterschiedlichster Herkunft verstehen einander, ohne daß sie gleichgemacht werden. Die Differenzen bleiben bestehen und doch gibt es auf wunderbare Weise Gemeinschaft und Verstehen. Für mich ist Pfingsten damit eine Gegengeschichte zur Turmbaugeschichte von Babel. Dort wird gegen den Zwang zur Einheit (einerlei Volk, einerlei Sprache), der in Unfreiheit führt, die Vielfalt gesetzt – wohl auf Kosten des gegenseitigen Verstehens.

Den Geist von Pfingsten verstehe ich von daher als Gottes Geist, der in die Freiheit der Vielfalt und des Verstehens führt. Dieser Geist ermöglicht es uns Menschen erst, die Freiheit, die uns verheißen ist, auch fruchtbar zu machen für uns und andere.

Pfingsten ist daher für mich das Fest des Geistes, der aus der Befreiung lebt und zur Freiheit führt: in unserer oft begeisterungslosen, geistlosen Zeit und Kirche eine wahre Herausforderung; in einer Zeit der Vielfalt, in der viele Menschen auf der Suche nach dem ‚Einen' sind, ein Kontrapunkt mit Perspektive.

2. Beobachtungen am Text

Im Kontext der Apg bildet der Pfingstbericht den Beginn des Wirkens Gottes von Jerusalem bis an die Enden der Erde (vgl. 1,8). Jerusalem, das Zentrum Israels, ist zerstört und Lukas versucht mit seinem Bericht eine Antwort zu geben auf die Frage: ‚Was sollen wir tun?' (So auch der Titel des lesenswerten Aufsatzes von G. Jankowski, TuK 8 (1980), S.22-44. Im Folgenden beziehe ich mich teilweise auf ihn.) Die Apg ist ein „Versuch, die Bewegung, die von Anfang an in der Geschichte Gottes mit seinem Volk war, neu zu begreifen für ihre Zeit" (Jankowski, 23). So wird das Pfingstgeschehen eingereiht in Gottes Geschichte mit seinem Volk Israel. Von daher ist Pfingsten nicht der Geburtstag der Kirche (und so ein dezidierter Neuanfang in Gestalt der Heidenkirche), sondern ein Schritt auf dem Weg Gottes mit seinem Volk in der Welt und in die Welt.

Diese Kontinuität Pfingstens zeigt sich im Text durch die vielen Anklänge an die Schrift. Dazu kommt, daß der Pfingstbericht innerhalb der jüdischen Gemeinschaft spielt und die Völkerwelt nur am Rande in den Blick nimmt (die Ausgießung des Geistes in die Heidenwelt vollzieht sich in Apg schrittweise: Jerusalem, SamaritanerInnen (Apg 8, 15-17), HeidInnen (Apg 10, 44-46)).

2,1: Sehr dezidiert wird die Perikope mit der Zeitangabe am Pfingsttag eingeleitet. Mit dieser Zeitansage wird schon eine inhaltliche Einordnung des Geschehens angedeutet: das jüdische Wochenfest. Es ist das Fest der Erstlingsfrüchte nach der Befreiung, an ihm wird der Gabe der Tora gedacht. In beiden Traditionssträngen des Wochenfestes geht es je um die Früchte der Befreiung (vgl. Jankowski, 26) – einmal stehen die realen Früchte im Vordergrund, einmal die übertragenen Früchte in Gestalt der Freiheit stiftenden Weisungen Gottes für sein Volk. Am Rande sei bemerkt, daß zu Shavuot das Lernen der Tora und ihrer Auslegung in Mishna und

Talmud einen besonderen Stellenwert hat. Aus jüdischer Sicht entspricht das Lernen der Schrift dem Bemühen, Gottes Geist zu erkunden, sich für Gottes Geist zu öffnen.

2,2-4: In der Schilderung des Pfingstereignisses klingen für an der Schrift geschulte Ohren Assoziationen an Gottes gewaltige Befreiungstat im Exodus an („gewaltiger Wind' => Ex 14,21 vgl. Jes 11,15 und 42,5; Zungen wie von Feuer => Gott spricht aus dem Feuer Dtn 4,36, vgl. auch die Feuersäule als Gottes Wegweisung durch die Wüste Ex 13,21f). Darüberhinaus weist es die Struktur der Prophetenberufung auf (hören – sehen – reden vgl. Jer 1,4ff; 1,11ff; 2,1ff). Damit wird das Pfingstgeschehen von Lukas in die prophetische Tradition Israels eingeordnet, die immer wieder auf Gottes befreiendes Handeln in der Geschichte zurückgreift.

2,5-11: Es ist m.E. vollkommen unangebracht, einen Gegensatz zwischen den 120, die in Trauer und Furcht beieinander sind – wo steht das im Text? –, und den festtagsfröhlichen Juden aufzubauen, wie z.B. Luther in seiner Auslegung getan hat (Texte zum NT. Auslegungen der Reformatoren (NTD Textreihe 3), S. 235). Vielmehr gilt es festzuhalten, daß sich das erste Pfingsten ganz im Rahmen der jüdischen Gemeinschaft ereignet hat. Jüdische Festbesucher aus aller Welt sind im Blick. Hier beginnt das Verstehen über (Sprach-)Grenzen hinweg.

2,12-13: Die Reaktion auf das Pfingstereignis ist nicht verwunderlich: die einen staunen, die anderen erklären die Begeisterten für betrunken, ja verrückt.

2,14-15: Mit seiner Predigt übt sich Petrus im Erklären und Überzeugen und wendet sich ausdrücklich an Jüdinnen und Juden. Der Trunkenheitsvorwurf ist schnell geklärt, schwieriger ist es, das Wunder zu erklären.

2,16-18: Petrus legt das Erlebte mit einem seinem Auditorium vertrauten Text aus: Joel 3,1-5. Pfingsten ist ein messianisch-eschatologisches Geschehen in der Gegenwart Israels.

Die Abgrenzung der Perikope mitten im Joelzitat scheint mir willkürlich. Durch diese Abgrenzung wird die Aufmerksamkeit der HörerInnen auf den Geistempfang konzentriert. Die Kontinuität, in der die Geistausgießung an Pfingsten mit der Geschichte Gottes mit seinem Volk steht, wird so in den Hintergrund gedrängt. Von daher halte ich es für geraten, die Perikope um die V 19-21 zu erweitern (insbesondere V 21 als Zitat aus Joel spannt einen Bogen zur Geschichte Gottes mit seinem Volk Israel).

3. Homiletische Entscheidungen

Im Blick auf die PredigthörerInnen sind mir zwei Aspekte des Textes wichtig: Zum einen möchte ich die Verknüpfung des Pfingstereignis' mit dem jüdischen Wochenfest vergegenwärtigen – es handelt sich nicht um eine zufällige Zeitüberschneidung, sondern um inhaltliche Kontinuität und Korrespondenz. Zum anderen möchte ich den besonderen Inhalt des pfingstlichen Geistes, nämlich die Ermöglichung des Verstehens und der Verständigung über (Sprach-)grenzen hinweg, für die Gemeinde greifbar machen und zwar als eschatologisches Geschehen, das in unsere Gegenwart einbrechen kann.

Für die Umsetzung scheint mir eine Zweiteilung der Predigt sinnvoll. Der erste Teil führt die HörerInnen nach Jerusalem. Eine Festpilgerin erzählt aus ihrer Sicht von Pfingsten (eingearbeitet werden Informationen zu Shavuot, Gedanken über Hoffnungen und Erwartungen im Blick auf die Zeit in Jerusalem, Staunen und Freude über das Verstehen über Grenzen hinweg etc.). Der zweite Teil reflektiert die Erzählung im Blick auf die Realität der HörerInnen. Wo ereignet sich Pfingsten in unserer Realität? Z.B. im neuen Verstehen des Verhältnisses von Juden und Christen, wo Grenzen überwunden werden ohne die Unterschiede zu verwischen.

4. Kontexte

Midr HL 1,10 (91^b) (zitiert nach Strack-Billerbeck II, S.608):

Wenn sie (die Weisen) die Worte der Tora aneinanderreihten und von den Worten der Tora übergingen zu den Propheten und von den Propheten zu den Hagiographen, dann flammte Feuer rings um sie auf, und die Worte (der Tora) freuten sich wie damals, als sie vom Sinai her gegeben wurden; denn wurden sie nicht vom Berge Sinai mit Feuer gegeben? „Der Berg brannte feurig bis in den Himmel." (Dtn 4,11)

ExR 5 (71^a) (zitiert nach Strack-Billerbeck II, S. 605):

„Alles Volk sah die Stimmen" Ex 20,18. Es heißt hier nicht: sah die „Stimme", sondern die „Stimmen". R. Jochanan (+279) hat gesagt: Die Stimme ging aus und teilte sich in sieben Stimmen, in siebzig Sprachen, damit alle Völker sie hörten; und jedes Volk hörte die Stimme in der Sprache des Volkes und ihre Seelen entflohen. Aber die Israeliten hörten die Stimme ohne Schaden zu nehmen.

Wie ging die Stimme aus? R. Tanchuma (um 380) hat gesagt: Mit doppeltem Angesicht ging sie aus: sie tötete die Völker, weil sie sie (die Tora) nicht annahmen, und gab den Israeliten Leben, weil diese die Tora annahmen. Das ist es, was Mose ihnen am Ende der vierzig Jahre sagte Dt 5,23: „Denn wer ist von allem Fleisch, der die Stimme des lebendigen Gottes mitten aus dem Feuer heraus hätte wie wir reden gehört und wäre am Leben geblieben?" Du hast seine Stimme gehört und bist am Leben geblieben, aber die Völker der Welt haben sie gehört und sind gestorben.

Midr Ps 14 §6 (57^b) (zitiert nach Strack-Billerbeck II, S. 615):

Du findest, daß im Psalmbuch zweimal geschrieben steht: „O daß doch das Heil Israels aus Zion käme", einmal im 1. Buch (s. Ps 14,7) und einmal im 2. Buch (s. Ps 53,7). Weshalb? R. Levi (um 300) hat gesagt: Mit Rücksicht auf den Meister und mit Rücksicht auf den Schüler. ... Der Meister ist Gott, der gesagt hat: O daß sie doch solch ein Herz hätten, mich zu fürchten Dt 5,26! Der Schüler ist Mose, der gesagt hat: O daß doch das ganze Volk Gottes Propheten wäre Nu 11,29! Aber weder die Worte des Meisters, noch die Worte des Schülers gingen in dieser Welt in Erfüllung; doch in der Zukunft (=messianische Zeit) werden die Worte wieder in Erfüllung gehen; die Worte des Meisters, s. Ez 36,26: Ich will euch ein neues Herz geben usw., und die Worte des Schülers, s. Joel 3,1: Ich will ausgießen meinen Geist über alles Fleisch.

Pfingsten

5. Liturgievorschläge

Lieder: „Gott gab uns Atem" EG 432
„Nun saget Dank und lobt den Herren" EG 294
(nach Psalm 118)
„O Heiliger Geist, o heiliger Gott" EG 131
„O komm, du Geist der Wahrheit" EG 136, 1-4.7
„Du, Herr, gabst uns dein festes Wort" EG 570
(rheinisch-westfälisch-lippischer Teil)

Gnadenspruch: Joel 3,1

Lesungen: Num 11, 11-30
Apg 2, 1-21

Fürbitten mit Kehrvers aus EG 570:
„Du, Herr, gabst uns dein festes Wort,
gib uns allen deinen Geist ..."

Rahel Schaller, Stammstr. 21-23, 50823 Köln

Trinitatis: Röm 11,(32)33-36

1. Annäherung

Herausforderung Trinitatis: ein eigener Feiertag, doch was für einer?! Von den meisten kaum wahrgenommen, von etlichen als unbiblische Dogmenbildung empfunden. Doch geht es aber bei der Trinitätslehre genau darum, die verschiedenen biblischen Aussagen zu Gott, dem Schöpfer, Jesus, dem Christus, und dem heiligen Geist, so zueinander in Verbindung zu setzen, daß ihre Inhalte sprachlich entfaltet werden, ohne das Einssein Gottes zu gefährden, ja, die Einheit Gottes herauszustellen. Je mehr wir bereit sind, uns von jüdischer Seite, jüdischer Schriftauslegung und Tradition her befragen zu lassen, umso mehr müßten wir uns um eine Trinitätsdogmatik in diesem Sinne bemühen. Dogmatik und Theologie als systematisches, systematisierendes Nachsprechen biblischer Sachverhalte, ein Nach-Denken, das sich stets eingestehen muß, seinem Gegenstand nie ganz gewachsen zu sein. Das ständige Paradoxon der Theologin: den eigenen Glauben und damit Unverfügbarkeit wie in jeder lebendigen Beziehung als Voraussetzung theologischen Denkens und Redens miteinzubeziehen.

Meine Befürchtungen angesichts des Textes zielen eigentlich in eine andere Richtung: darf der so herausgerissen werden aus dem Zusammenhang? Was passiert mit all dem, was die Verse eigentlich hymnisch abschließen wollen?

Und ist nun Vers 32 mit aufzunehmen oder besser nicht?

2. Beobachtungen am Text

Weisheitliches Vokabular, ähnlich wie im Prediger oder bei Hiob (der ja auch zitiert wird), aber von einer ganz anderen Stimmung: nicht skeptisch, nicht resignativ, nicht kritisch gegen den Menschen gewendet. Paulus findet vielmehr eben seinen Trost in der unbegreiflichen, nicht nachvollziehbaren Weisheit Gottes.

V 33: anders als in der Lutherübersetzung sind die drei Genitive gleichgeordnet, also: Tiefe *des* Reichtums, *der* Weisheit *und der* Erkenntnis Gottes. Ihnen entsprechen in umgekehrter Reihenfolge die drei Fragen in VV 34 und 35: wer hätte Gott angesichts seines Reichtums etwas zu geben, wer könnte ihm angesichts der Weisheit raten und wer könnte Erkenntnisse haben über die Erkenntnis Gottes. Und auch V 36 schließt sich der Dreigliederung an. Hier allerdings ist alles in Bewegung: „von ihm und durch ihn und zu ihm"; kein SEIN Gottes, sondern ein Wirken von Äon zu Äon, von Weltzeit zu Weltzeit. Insofern durchaus eine Ent-faltung der Gottheit Gottes, auch eine Art von Drei-faltigkeit.

3. Homiletische Entscheidung

Paulinisches Schreiben als echt evangelisches Theologie-treiben: nach all dem Nachdenken, Theologisieren, Systematisieren über drei Kapitel mündet Paulus ins gläubige Staunen. Und er findet auch noch Freude und Trost dabei. Freude und Trost darüber, mit sich und dem eigenen Kopf an Grenzen geraten zu sein und statt dessen an die unbegreifliche Grenzenlosigkeit Gottes geraten zu sein. Freude über Gottes Entscheidung über die Frage, an der Paulus schier zu verzweifeln drohte: wie es sich denn angesichts der Christen mit Israel verhalte. Und Paulus freut sich über die Entscheidung Gottes, seine Erwählung nicht hinfällig werden zu lassen.

Dort wo Paulus reflektiert, tut er es vor dem Hintergrund der Geschichten und Begebenheiten der biblischen Texte. Es wäre sicherlich hilfreich, den streng geschürzten Knoten etwas aufzudröseln, wenigstens ansatzweise Geschichten zu erzählen vom verschwenderischen Reichtum Gottes, von seiner Weisheit und von seinem Wollen und seinen Wegen. Geschichten vom Erschaffen der Welt, von der Errettung Israels aus Ägypten und in der Wüste, Geschichten von den Bundesschlüssen. Geschichten vom Handeln Gottes in Jesus bis hin zur Pfingstgeschichte, wo Gottes Kraft in Menschen wirkt und Kirche baut. Kann man die Gemeinde mit hinein nehmen ins Staunen über Gottes Wirken, dann läßt sich von hier aus eine Brücke finden zu V. 32. Wer einerseits staunt, muß doch andererseits erschrecken, wie täglich der Reichtum Gottes mißachtet, seiner Weisheit zuwider gehandelt und sein Heilsweg bestritten wird. Zerstörung der Schöpfung, Gewalt statt Erbarmen, Tod statt Leben: das gehört schließlich zu unser aller Erfahrung. Juden und Christen haben da jeweils ihre je eigene Ungehorsamsgeschichte. Zur christlichen gehört sicherlich der Umgang mit den Kapiteln 9-11 des Römerbriefs: umgebogen, verfälscht, verhindert, totgeschwiegen, zum Schweigen gebracht. Paulus konnte selbst hinter dem Ungehorsam noch Gott am Werk sehen. Klänge das heute zynisch? Ist soweit schon der Ungehorsam geraten? Hätte Paulus sich das Ausmaß des Ungehorsams heidenchristlicher Seite gegenüber Israel vorstellen können? Wohl kaum. So bleibt auch hier nur das Staunen und Wundern über die Gerichte Gottes, daß wir noch bestehen.

4. Kontexte

Kindergebet: Hab ich Unrecht heut getan,/ sieh es, lieber Gott, nicht an./ Deine Gnad und Jesu Blut/ machen allen Schaden gut.

Zum Verhältnis von Theologie und ihrem „Gegenstand": Vor Jahren gab's im Roten Kalender einmal eine Karikatur: eine gerade Linie wurde von einer Schlangenlinie mehrfach geschnitten. Neben der Schlangenlinie stand: „Linie der Partei"; neben der geraden Linie: „Die Rechts- und Linksabweichungen des Genossen N.". – Klar, sie wich mehrfach rechts und links von der Schlangenlinie ab. Umgekehrt verhält es sich manchmal mit der Theologie: was allzu stringent erscheinen will, mag manches Mal die Rechts- und Linksabweichung gegenüber dem biblischen Zeugnis sein.

5. Liturgievorschläge

Lieder: 139, 1-3; 139, 4+5; 124, 1-4; 140, 2-5.

Literatur
Gollwitzer, Helmut: Der letzte Lobpreis (Röm. 11, 33-36). In: Israel im christlichen Gottesdienst. Predigten. Ansprachen. Begegnungen. Berlin 1980.
Marquard, Reiner: Trinitatis – Röm 11, 33-36. In: Calwer Predigthilfen. N.F. Reihe 2, Halbbd. 2, Stuttgart 1992.
Stark, Hans-Joachim: Trinitatis – Röm 11, (32),33-36. In: Neue Calwer Predigthilfen 2. Jg. B, Stuttgart 1980.

Kira Busch-Wagner, Finkenherdstr. 2, 74889 Sinsheim-Waldangelloch

1. Sonntag nach Trinitatis: 1. Joh 4,16b-21

1. Annäherung

Bei nicht wenigen Trauansprachen habe ich den theologisch hintergründigen Text schon gegen oberflächliche Begeisterung seiner Bewunderer in Schutz zu nehmen versucht, um im gleichen Atemzug – frei nach Karl Barth („Die Liebe ist Gott" KD IV/2, S. 858) – die Liebe in aller Unbefangenheit zu preisen.

Bei meinem ersten Predigtanlauf an einem ganz normalen Sonntag, tat ich mich schwerer. Das berühmte Beispiel aus der Literatur (s. Kurt Marti, a.a.O.) zerstreute nicht meine Bedenken gegen das, was ich aus der Exegese kannte („Das Gebot der Bruderliebe hat...das Gebot der Nächstenliebe...schlicht außer Kraft gesetzt." M. Rese; referiert bei Hammerich, a.a. O., S. 103). Abenteuerlich erschien mir darum, mit dem Text und jüdischen Quellen gegen die vermeintliche Absicht des Verfassers zu predigen.

Bedeutend leichter fällt mir die Annäherung in dieser Meditation. Die unsägliche Gegenüberstellung von „Bruder- contra Nächstenliebe" scheint überwunden. Man lese lieber gleich den Exkurs von Klauck *Die Liebe zu Brüdern und Schwestern* (a.a.O. S. 277ff.). Der Kommentar ist zwar noch kein Billerbeck, aber ich kann jetzt die Erkenntnisse aus den bekannten Arbeiten zum Verständnis der Gottesliebe und des Doppelgebotes besser unterbringen. (Lenhardt/v.d. Osten-Sacken, a.a.O.).

Im christlich-jüdischen Kontext sehe ich keine Berührungsangst mit dem Johannesbrief. Marquardt setzt V. 16b als Überschrift für ein ganzes Kapitel seiner Christologie (a.a.O. Bd. 2, S. 419ff.). In seiner Eschatologie bespricht er mit dem Text *Jüdische und christliche Gedanken zur Rechtfertigung von Mensch und Gott* (a.a.O., S. 201ff.).

Als Predigtthema könnte ich mir den Titel des Aufsatzes von Yehuda Aschkenasy *Geliebt ist der Mensch* vorstellen, den ich auf jeden Fall zu lesen empfehle (zit. bei Lenhardt/v.d. Osten Sacken; dort finden sich weiterführende Hinweise: S. 175ff.).

2. Beobachtungen am Text

Die vorliegende Perikope ist durch die bekannten Verse 16b und 21 eingerahmt. Theologie und Ethik werden hier aufs engste aufeinander bezogen, wie es das Evangelium des Sonntages schon nahelegt (Lk 16, 19-21). Augenfällig geht es dem Verfasser um Zusammenhänge, die wir aus dem Verständnis des *Schema Israel* kennen, Dtn 6, 4ff. wird wohl nicht zufällig in der 6. Reihe als Predigttext vorgeschlagen.

V.16b:
„Gott ist die Liebe" ähnelt den beiden anderen definitorischen Sätzen „Gott ist Licht" (1,5) und „Gott ist Geist" (4,24). Sie haben drei Gemeinsamkeiten (Klauck, S. 261f.). Auf die Motivation zu einem Handlungsimpuls käme es mir an. Im Textgefälle bezieht sich die Gottesliebe auf das Gebot der Liebe zu den Brüdern und Schwestern, das wiederum den „Raum der Selbsterschließung Gottes" angibt (ders., S. 264). So erscheint der Satz „wer in der Liebe bleibt, bleibt in Gott" als

logische Konsequenz. Er gibt die Gotteserfahrung an, die durch das Halten der Gebote möglich ist (vgl. Joh 15, 9ff.).

V.17f.:
Die Vollendung der Liebe wird als reale Zuversicht für den Gerichtstag beschrieben. Im Raum der Gotteserfahrung, in dem Gott ganz er selbst (V.16b) ist, gibt es keine Furcht. Der Verfasser wahrt das 1. Gebot. Als Kinder Gottes kann es für die zuversichtlich Hoffenden auch nur um ein Ähnlichwerden mit Gott gehen (1. Joh. 3,2).

V. 19-21:
Da in 19a ein betontes ἡμεῖς vorangestellt ist, übersetzt man besser indikativisch: „Wir lieben...".

Gottesliebe und Bruderliebe werden so aufeinander bezogen, daß kein Zweifel an ihrer Gleichwertigkeit bleiben kann (Klauck, S. 275).

Liest man nur das, was in V. 21 steht, könnte man meinen, daß hier nur auf das Doppelgebot angespielt wird. Bislang wurde darum nur auf die Ähnlichkeit verwandter Texte (Mk 12, 29-31 parr) verwiesen. (Gemeint ist die innere Verschränkung von Gottes- und Nächstenliebe. Man vermißt den Bezug zur „Feindesliebe", die in 1Joh fallengelassen worden sei.) Der Beschränkung auf die Bruderliebe entnahm man die These von der „Sektenmentalität" und „Konventikelfrömmigkeit", die man im Johannesbrief als höchst fragwürdig deklarierte. Klauck entkräftet die überzogene These (ders., S. 280ff.). Auch ich bin der Ansicht, daß man die Geschwisterliebe – sie ist keineswegs selbstverständlich (vgl. Josef und seine Brüder: Gen 37ff.) – und die synoptische Nächsten- und Feindesliebe in einem Zusammenhang sehen muß. Noch mehr: man könnte gerade an dieser Stelle die „sonst kaum erreichte Tiefe und Intensität" der Besonderheit der *Gottesliebe* herausgestellt sehen, die schon deutlich wird an Gottes besonderem Verhältnis zu Israel und dem daraus folgenden besonderen Gebot.

3. Homiletische Entscheidungen

Für den Verfasser von 1Joh kommt es in erster Linie auf die innere Verschränkung von Gottesliebe und Geschwisterliebe an. Möglicherweise hatte er sogar verschärfte Bruderkonflikte vor Augen. Er stellt biblische Bezüge her (1Joh 3,12), die vermuten lassen, daß das Ansehen und die Glaubwürdigkeit der Gemeinde erheblich beschädigt sind.

Für die Hörerinnen und Hörer heute sind derartige gemeindliche Auseinandersetzungen ebenso abschreckend, vielleicht auch, weil das Harmoniebedürfnis angesichts eigener familiärer Konflikte nicht geringer geworden ist. An die Kirche werden immer höhere Ansprüche gestellt. Es dürfte nicht schwer sein, im Predigteinstieg darauf Bezug zu nehmen.

Das gute Wort „Liebe" hat in der Tat einen schlechten Ruf bei gleichzeitiger Überfrachtung mit illusionärer Romantik. In der Aufdeckung der inneren Konfliktlage gemeindlicher „Geschwister-Praxis" besteht allerdings auch die Gefahr, nur das zu sagen, was die meisten sowieso schon zu wissen glauben: „wenn es die Christen schon nicht schaffen, was ist das dann für ein Gott, der *Liebe* ist!"

Die Chance und der Gewinn des Predigttextes könnte dann sein, daß er nicht im Appelativen bleibt, sondern den Zustand der Gottesliebe beschreibt, der keineswegs unerreichbar ist.

Die Verheißung der Perikope läßt sich m.E. deutlich machen auf dem Hintergrund der Skepsis gegenüber den menschlichen Fähigkeiten, die zugleich das tiefe Mißtrauen gegenüber den Möglichkeiten Gottes bedeuten. Daß der Mensch von Gott zutiefst geliebt ist, wird zwar oft behauptet, aber ebenso häufig als weltfremdes kirchliches Deckmäntelchen bestritten. Brüder und Schwestern, die über Finanzen und Verteilung von Aufgaben in den Gemeinden beschließen, entscheiden nach guten und schlechten Erfahrungen mit den Menschen, mit denen sie zu tun kommen. Dies gilt auf bekannte wie kuriose Weise noch einmal besonders im Blick auf jüdischen Brüder und Schwestern, deren geistliche Verwandtschaftsnähe man immer noch nicht so ganz wahr haben will, zugleich aber so tut, als wüßten Christen über die Geschwister-Religion genug, um sich Israel heute ein Urteil zu erlauben.

Auch wenn „noch nicht offenbar geworden ist, was wir sein werden" (1.Joh 3,2), scheint mir die In-Schutz-Nahme der Gottesliebe und seiner Gebote nötiger denn je.

4. Kontexte

Der Dreierspruch Rabbi Akivas:

Geliebt ist der Mensch, denn er ist in der Ähnlichkeit (Gottes) erschaffen: besondere Liebe – es wurde ihm kundgetan, daß er in der Ähnlichkeit (Gottes) erschaffen ist, denn es heißt (Gen 9,6): ‚Denn in der Ähnlichkeit Gottes hat er den Menschen gemacht.'

Geliebt sind die Israeliten, denn sie werden Kinder (Söhne) im Verhältnis zu Gott genannt; besondere Liebe – es wurde ihnen kundgetan, daß sie Kinder im Verhältnis zu Gott genannt werden, denn es heißt (Dtn 14,1): ‚Kinder seid ihr des Ewigen, eures Gottes.'

Geliebt sind die Israeliten, denn es ist ihnen kostbares Gefäß gegeben; besondere Liebe – es wurde ihnen kundgetan, daß ihnen ein kostbares Gefäß gegeben worden ist, mit dem die Welt erschaffen wurde, denn es heißt (Prov 4,2): ‚Denn gute Lehre geb' ich euch, meine Unterweisung (Tora) verlasset nicht!'

(Avot 3,14; bearbeitet in: Rabbi Akiva, Texte.., S. 175ff.; vgl.a. Aschkenasy, a.a.O., S. 191ff.)

5. Liturgievorschläge

Lieder: EG 134; 124; 401; 417; 675 (Laßt uns den Weg der Gerechtigkeit gehn); 414.
Lesungen: Dtn 6, 4-9; Lk 16, 19-21

Verwendete Literatur:
Y. Aschkenasy, Geliebt ist der Mensch. Über einen Spruch von Rabbi Akiva (Avot III, 14), in: K. Barth, KD IV/2, Zürich 1978, S. 853ff.
H. Hammerich/ E. Rosenboom, Liebe kennt keine Furcht, in: Predigtstudien 1992 II,2, S. 102ff.

B. Klappert/H. Starck (Hgg.), Umkehr und Erneuerung. Neukirchen-Vluyn 1980, S. 191-206.
Lenhardt, P./v.d. Osten-Sacken, P., Gottesliebe ohne Grenzen, in: diess., Rabbi Akiva, ANTZ Bd. 1, Berlin 1987, S. 32ff.
Lenhardt, P./v.d. Osten-Sacken, P., Nächstenliebe, ebd., S. 174ff.
H.-J. Klauck, EKK XXIII/1, Der erste Johannesbrief, Zürich, Braunschweig 1991.
Kurt Marti, Gottesbefragung. Der 1. Johannesbrief heute, Stuttgart 1982
Fr. W. Marquardt, Eine Christologie Bd. 2, Gütersloh 1991, S. 419ff.
Fr. W. Marquardt, Eine Eschatologie Bd. 3, Gütersloh 1996, S. 201ff.

Christian Wenzel, Igelsbachstraße 14, 55566 Bad Sobernheim

2. Sonntag nach Trinitatis: Eph 2,17-22

1. Annäherung

Vor mir liegt ein Text, der im jüdisch-christlichen Dialog schon in unterschiedlicher Weise buchstabiert wurde. Auch ich lese den Text mit meinem Vorwissen und den mir eigenen Erfahrungen nach der Shoah, dem Golfkrieg und den Entwicklungen im jüdisch-christlichen Gespräch.

Betitelt wird dieser Trinitatis-Sonntag mit dem Thema: Großes Abendmahl. Eine Einladung an alle soll hier ausgesprochen werden.

Aber schon hier zeigt sich die Vereinahmung, wie kann ich als Christin das jüdische Volk zu Gott und in sein Haus einladen. Wir sind die Adressaten und Adressatinnen der Einladung.

2. Beobachtungen am Text

Der Predigttext ist ein Ausschnitt aus dem Abschnitt (2,11-22) des Autors über die Einheit von jüdischen und heidnischen Menschen in der εκκλησια und kann nur mit dem vorhergehenden verstanden werden.

Verse 17 und 18: Die Verkündigung Jesu Christi tritt als neuer Aspekt im Abschnitt auf. Er predigt den Menschen aus der Hebräischen Bibel zwei Zitate des Propheten Jesaja (Jes 57,19 und 52,7). Während Jesaja mit den Nahen die Juden und Jüdinnen im Lande und mit den Fernen die im Exil lebenden meint, deutet der Verfasser dies nun auf die jüdischen und heidnischen Männer und Frauen. Beide hören die Friedensbotschaft, mit der die Feindschaft vernichtet werden soll (Vgl. Tanchuma Schophtim 17,3/22b). Die eschatologische Gemeinde kennt keine Unterschiede mehr.

Der eine Geist, der über dem Wasser schwebt, der den Leib der Menschen durchwaltet und der der Geist des Juden Jesus Christus ist, ist der Zugang für „alle beide" zu Gott.

Verse 19 bis 21: Mit diesem Vers beginnt der Schlußteil des großen Abschnittes. Die neue Gemeinschaft beschreibt der Autor mit verschiedenen Bildern:

Die Heiden und Heidinnen sind nun nicht nur Fremde und Beisassen (im Judentum müssen die Beisassen die Noahidischen Gebote einhalten), sondern Mitbürger und Mitbürgerinnen der Gemeinschaft.

Das organische Zusammenwachsen wird anhand des Bildes vom Bau dargestellt. Männer und Frauen haben durch ihre Verkündigung das Fundament gelegt. Fast einhellige Meinung in der Exegese ist, daß es sich bei den ProphetInnen um Menschen der urchristlichen Gemeinde handelt, aber endgültig ist dies nicht zu klären! (Vgl. dagegen Lk 11,49; Apk 18,20) Als Eckstein hat Jesus Christus seinen Anteil am Bau des Hauses Gottes. Doch ist Schlußstein die korrekte Übersetzung, und damit ist die Sonderstellung Jesus Christi als krönender und herrschender Stein hervorgehoben. Auf und unter ihm wird das Haus Gottes gebaut. Dieser geistige Tempel ist noch eine Baustelle (Vgl. 1.Kor 3,9-12+16; Kol 2,7+15+19; 1.Petr 2,3-6) und somit wird hier die Dynamik besonders hervorgehoben.

Vers 22: Der Bau ist die Wohnung Gottes im Geist, die die Heidenchristen und -christinnen mit erbauen und in der sie mit wohnen. „Die Vergangenheit ist bedeutungslos geworden, weil die neugewonnene Einheit alles beherrscht." (s. Gnilka, S. 160)

3. Homiletische Entscheidungen

Viele Bilder bieten sich an, in der Predigt näher ausgeführt zu werden, aber Vorsicht vor den Schwierigkeiten im Text, die auch nicht weg gelogen werden können:
– Jesus Christus als Zugang für alle zu Gott (V. 18)
– Jesus Christus als der thronende Schlußstein (V.20)

Sehr gut „ausmalen" lassen sich in einer Predigt folgende beiden Bilder:
Die Nahen und die Fernen: Das Zitat des Propheten Jesaja kann als Einstieg und Grundlage für die Predigt dienen. Für das Paar von nah und fern lassen sich gerade im jüdisch-christlichen Gespräch noch weitere Attribute finden, anhand derer ein gutes und gleichberechtigtes Verhältnis dargestellt werden kann.

Gottes Haus bauen/Tempelbau: Viele unterschiedliche Erzählungen über den Bau der Stiftshütte oder des Tempels finden wir in der christlichen Bibel (AT+NT). Als „Phantasiereise" das Haus Gottes anhand der Angaben im Text und allerlei Zusätzen bauen.

M. Stöhr (s. u.) beschreibt in seiner Auslegung die Geschichte eines Hauses, in dem zuerst das jüdische Volk wohnt. Dann ziehen christliche Familien ein und am Ende werden die Juden und Jüdinnen in die KZ transportiert.

4. Kontexte

Die Nahen und die Fernen:
– In der rabbinischen Literatur wird das Jesaja-Zitat so erklärt, daß unter nah und fern die Beziehung zu Gott zu verstehen ist (z.B. bBrachot 34b u.a.).
– A.J. Heschel (s. u.) beschreibt sehr ausführlich die Beziehung zwischen Gott und den Menschen. Gerade das Wortpaar Suchen und Finden steht im Mittelpunkt seines Denkens. Die Geschichte Gottes mit den Menschen ist die Suche Gottes nach dem Menschen. „Der Glaube ist eine Antwort auf die Frage Gottes." (S. 105)
– M. Buber (s. u.) stellt zwei Glaubensweisen – Judentum und Christentum – gegenüber, aber so einfach ist die Unterscheidung nicht.

Gottes Haus bauen/Tempelbau:
– 14. Bitte des Schmone Esre: Für Jerusalem und den Tempel (siehe auch die 17. Bitte zum Gottesdienst)
– Jesaja 2: Völkerwallfahrt zum Zion
– Der Felsen des Tempelberges schloß als Grundstein die Urtiefe oder die Hölle ab (WR 20.4; BaR 21.4; besondere Kraft wurde dem Stein bezeugt, weil der Name eingraviert war: jerTargum zu Ex 28,30; jerTargum zu Koh 3,11).
– Die aktuelle Diskussion zu Jerusalem und zum Tempelberg

5. Liturgievorschläge

- Psalm 36,6-10
- Lied: Komm bau ein Haus
- Lied: Komm, heiliger Geist (aus: Wenn Himmel und Erde sich berühren, Liederbuch, Nr. 64)
- Lied: Welche der Geist Gottes treibt (Christusbruderschaft Seblitz)
- Israelische שלום Lieder (oft gibt es zu diesen Liedern auch deutsche gute Texte)

Literatur:

M. Buber: Zwei Glaubensweisen, Gerlingen, 2. Auflage, 1994.

J. Gnilka: Der Epheserbrief, Herders Theologischer Kommentar zum NT, Bd. X, Freiburg u.a., 2. Auflage, 1977.

A.J. Heschel: Gott sucht den Menschen, Eine Philosophie des Judentums, Neukirchen-Vluyn, 3. Auflage, 1992.

B. Klappert: Eine Christologie der Völkerwallfahrt zum Zion, in: Jesusbekenntnis und Christusnachfolge, Hrsg.: ders. u.a., München, 1992.

Fr.-W. Marquardt: Von Elend und Heimsuchung der Theologie, München, 1988 (besonders § 7, S. 374-458).

F. Mußner: Der Epheserbrief, ÖTK, Gütersloh, 1982.

M. Stöhr: Ein Tod reicht als Mauerdurchbruch zum Leben aller, in: Textspuren, Bd. 2, Hrsg.: P. Härtling, S. 142-144.

Angela Langner, Küselstr. 11, 10409 Berlin

3. Sonntag nach Trinitatis: 1. Tim 1,12-17

1. Annäherung

Diese Perikope wirkt auf den ersten Blick wie ein dogmatisch sehr aufgeladener Text. Da ist von Sünde die Rede, die in Jesus Christus durch Gnade und Barmherzigkeit überwunden wird. Der Glaube hieran führt zum ewigen Leben. Wer hat dies nicht schon oft gehört?

Auf den zweiten Blick fällt auf, daß dieser u.U. abstrakte Sachverhalt immerhin exemplarisch an einer historisch sattsam bekannten Person und dessen Biographie festgemacht wird, nämlich an niemand anderem als an Paulus. Was wir sicherlich aus dramatisch ausgeschmückten Darbietungen der Kinderkirche kennen, die Erzählung von der Bekehrung des Paulus in Damaskus, genau dies wird hier in theologischer Begrifflichkeit verarbeitet. Doch so groß die Freude auch ist, daß sogar der Text ein anschauliches Beispiel für die in ihm ausgesagte Botschaft von der Rechtfertigung des Sünders und der Sünderin liefert, so groß ist zunächst das Befremden darüber, wie er es tut. Paulus scheint hier eine abgehobene Sonderstellung zu besitzen. Das Handeln Jesu Christi an ihm gilt als besonders beispielhaft: Jesus Christus ist in die Welt gekommen, die Sünder selig zu machen, unter ihnen v.a. eben den Paulus. Paulus bezeichnet sich als „ersten", als „Vorbild". Hier nun ist m.E. eine antijudaistische Falle der Predigt über diese Perikope zu sehen. Wenn Paulus das Exemplum schlechthin für die Rettung des Sünders ist und wenn dies, wie es der Text nahelegt, durch Elemente seiner Biographie narrativ anschaulich gemacht wird, dann besteht die Gefahr, das strahlende Evangelium vom sünderrettenden Jesus Christus der dunklen jüdischen Existenz, die vor Damaskus Paulus als Verfolger der Christen kennzeichnete, gegenüberzustellen. Und dann ist es nicht mehr weit, das Sündersein des Paulus („Lästerer, Verfolger, Frevler") mit seinem Judesein gleichzusetzen, womit das jüdische Gesetz ein weiteres Mal in seiner Unmenschlichkeit und Härte entlarvt wäre (vgl. Gal 1,13; Phil 3,6).

Doch der „Eifer des Paulus, der vor der Verfolgung anderer nicht zurückschreckt, resultiert nicht, wie oft gemeint wird, aus dem Gesetz selbst. Es ist vielmehr ein Kennzeichen des Menschen Paulus, wie er sich durch die Zeiten hin gleichgeblieben ist. ... Das alte Paulusbild, das den dunklen Pharisäer Saulus dem leuchtenden Apostel Paulus gegenüberstellt, ist eine Legende. Vielmehr kennzeichnet der Eifer, der Fanatismus, gleichermaßen beide Stadien des paulinischen Lebens und Wirkens, seine Zeit als Pharisäer wie die als Apostel Jesu." (P.v.d. Osten-Sacken, Paulus und das Gesetz, in: ders., Anstöße aus der Schrift, Neukirchen-Vluyn 1981, 61f).

Als hilfreich erweist sich ferner der Zugang zum Text über das Thema dieses Sonntags, das mit „Verlorenes suchen – Sünder retten" angegeben werden kann (vgl. Wochenspruch und übrige Perikopen). Dies ermöglicht eine heilsame Relativierung der Person des Paulus. Es geht nicht um den Paulus im besonderen, sondern um den sündigen Menschen vor Gott, dem im Akt der Gnade Umkehr ermöglicht wird.

2. Beobachtungen am Text

Die Perikope bildet eine in sich geschlossene Texteinheit. Der Neueinsatz in V. 12 ist durch „Ich danke..." markiert. Den Abschluß bildet eine der hellenistischen Synagoge zugeschriebene Doxologie in Form einer liturgischen Gebetsformel.

In der Frage der Verfasserschaft schließe ich mich der Unechtheit der Pastoralbriefe an. Demnach sind diese pseudonym verfaßten Briefe in die 2. und 3. Generation der Paulusschüler zu datieren. Ihre Bezeichnung als „Paulus"-Briefe soll Autorität verleihen und die Echtheit der überlieferten Tradition garantieren. (Deshalb halte ich es auch homiletisch für verantwortbar, in der Predigt von „Paulus" zu sprechen.) Diese Briefe stellen einen der ersten Versuche dar, die neue kirchliche Situation – beginnende Konsolidierung der Kirche im Kontext zurücktretender Parusieerwartung – aufzuarbeiten. In Form einer Anordnung des Apostels an seinen Mitarbeiter Timotheus wird gesammelte Überlieferung aktualisiert und für die Gegenwart interpretiert. Die Kirche soll im Kampf gegen Häresie geschützt werden.

Die Textanalyse führt u.a. zu folgenden Ergebnissen:

Paulus ist, wo es um die Erfahrung der Gnade geht, nur zweimal in der Rolle des Subjekts (V. 12: „Ich danke"; V. 15: „Sünder..., unter denen ich der erste bin"). Alle übrigen Stellen haben Jesus Christus zum Subjekt oder werden in der Passivform ausgedrückt. Besonders auffällig ist das zweimalige „mir ist Erbarmung widerfahren" (V. 13.16). Paulus erlebt diese Rettung nicht als einen Akt, zu dem menschliche Vorleistungen bzw. Qualifikationen notwendig sind. Dies geht vielmehr ganz von Gott aus. Der Mensch ist Objekt seiner Handlungen. Im Hintergrund dieses Sprachgebrauchs stehen chäsäd bzw. charis, will sagen: Gott hält an seinem Bund mit seinen Verheißungen fest trotz der Untreue der Menschen. Ähnlich ist es bei Paulus: Er kennzeichnet sein Leben mit apistia (V. 13), was sowohl Unglauben als auch Untreue bedeuten kann, sowie mit agnoon (V. 13; ähnlich wird in Röm 10,2f das Verhalten Israels angesichts des Evangeliums in Jesus Christus beschrieben.). Dies gibt zwar eine Erklärung, nicht aber eine Entschuldigung für sein Verhalten. Er war im Unglauben, d.h. er wies das Evangelium zurück, da er nicht um dessen Bedeutung wußte. Trotzdem gilt ihm die Gnade. Charis meint die „Überwindung der Schwelle der Zugehörigkeit zu Gott durch Gottes eigenes zuvorkommendes Handeln" (K. Berger, Art. ‚charis', in: EWNT, Bd. III, Stuttgart 1983, Sp. 1098). Aus der Sicht des Menschen wird dieses Geschehen mit „Glaube" an Jesus Christus (V. 14.16) beschrieben.

3. Homiletische Entscheidungen

Für die Predigt bieten sich verschiedene Themenschwerpunkte an:
– Das dem Paulus aufgetragene Amt (diakonia) als unmittelbare Folge der erfahrenen Gnade. (Amtsverständnis in der nachapostolischen Situation bzw. heute...)
– Ekklesiologisch: Stärkung der Kirche durch Rückbesinnung auf die Grundlagen des Evangeliums.
– Einer dritten Möglichkeit würde ich den Vorzug geben: Der Text bezieht paulinische Heilsaussagen in seine spezifische Gegenwart, um in ihr die Relevanz des Evangeliums deutlich werden zu lassen. Dies tut er im Medium der Individualisierung, d.h. er legt das Damaskusgeschehen aus und demonstriert somit an

Paulus, wie Gott nicht nur der Gemeinde oder der Kirche als ganzer, sondern auch dem einzelnen Menschen gnädig begegnet. Für die Predigt bedeutete dies, die Aussagen über das Geschenk der Rechtfertigung des Sünders und der Sünderin, das anstrengungs- und leistungsfreie Wie dieses Geschehens einschließlich der hiermit verbundenen Konsequenzen, heute in der jeweiligen Gegenwart des einzelnen begreifbar zu machen, zu konkretisieren und somit letztlich Zuspruch zu vermitteln.

Wer in diesem Zusammenhang (allen genannten Unkenrufen zum Trotz!) die Person des Paulus exemplarisch sprechen lassen will – immerhin wird er hier als „hypotyposis" (Ur-,Vorbild) bezeichnet –, dem stehen genug paulinische O-Töne zur Verfügung, um sein Sündersein nicht mit seinem Judesein gleichzusetzen (vgl. z.B. die gepriesenen Vorzüge Israels in Röm 9,1-5). Und wer möchte, kann auch einflechten, daß das Damaskuserlebnis in Paulus' Leben eine solch starke Schlüsselposition besaß, daß er fortan konsequenterweise tatsächlich alles – auch seine jüdischen Mitschwestern und -brüder – nur noch durch die Brille des Evangeliums, nicht unbedingt aber durch eine sachliche, historisch zutreffende Brille anzusehen vermochte. Heutige PredigerInnen dieser Perikope werden folglich darauf bedacht sein, das Evangelium nicht unwürdig zu verkündigen und der Gefahr nicht zu erliegen, „das Selbstverständnis des anderen völlig zu ignorieren und zu verzeichnen. ... Nur in dem Maße, in dem das Hören und Verstehen des anderen in das Leben der christlichen Gemeinde Einlaß findet, dürfte sie dagegen gefeit sein, im Rahmen des nur zu oft einseitig gehandhabten Zusammenhangs Glauben-Bekennen-Definieren auf Kosten der anderen zu leben. Die paulinische Maxime, daß die Liebe dem Nächsten nichts Böses tut, gilt auch für den Bereich des theologischen Verstehens und Urteilens." (P.v.d. Osten-Sacken, Die Heiligkeit der Tora, München 1989, 53f.)

Dies alles wäre aufgrund der negativen Wirkungsgeschichte, die Paulus gern in ein einseitig destruktives Kontrastverhältnis zu seiner Vergangenheit stellt („aus Saulus wurde Paulus"), zu Paulus zu sagen, um ihn dann auch als positives Beispiel für das sünderrettende Evangelium anwenden zu können, ohne zugleich Judenfeindschaft Vorschub zu leisten. Damit ist allerdings Paulus noch nicht als ‚hypotyposis' in den Blick gekommen.

Das Urbildhafte des Paulus sehe ich mit dieser Perikope vielmehr darin, die göttliche – und nicht menschliche – Urheberschaft seiner Veränderung zu betonen. Diese setzt da ein, wo es nach menschlichem Ermessen sicherlich nicht zu erwarten wäre, nämlich mitten in der Sünde. Hier konkretisiert sich, daß Verlorenes gefunden wird (Passiv!). Außerdem wird gerade mit dem Widerfahrnis der Gnade ein heilsamer Gegenpol zum paulinischen Missionseifer gesetzt.

Worin Paulus also kein Einzelfall ist, das ist die Erfahrung der lebensverändernden Kraft der Gnade mitten im ureigensten Lebensbereich. Menschen, die sich sola gratia von Gott geliebt und angenommen wissen, gewinnen Stärke und Freude (V. 12). Dazu gehört z.B. auch die Stärke, wie Paulus offen den eigenen Niederlagen oder Schwächen ins Auge zu sehen bzw. von ihnen lassen zu können.

4. Kontexte

Zur antijudaistischen Predigttradition, zu der das Damaskuserlebnis mitunter Anlaß zu geben droht, siehe die folgende Äußerung Wolfgang Gerlachs in Predigtstudien IV/2, 1982, S. 180, nämlich daß „[d]er Konvertit Paulus [...] zuweilen so schreibt, als ob er seine vor-damaskinische Epoche des eifernden, strenggläubigen Ordensmannes auf alle seine früheren Glaubensgenossen böswillig projiziert. (Versucht er, seine Vergangenheit loszuwerden, indem er sie der Kritik aussetzt, damit sein neuer Glaube um so heller leuchte?)"

5. Liturgievorschläge

Schriftlesung: Lk 15,1-10; Apg 9,1-19
Psalm 103 oder 92 oder 100
EG 355 Mir ist Erbarmung widerfahren

Evelina Volkmann, Schulstr. 17, 72805 Lichtenstein

4. Sonntag nach Trinitatis: Röm 14,10-13

1. Annäherung

Die Geschichte der Kirche ist von Anfang an die Geschichte des Streites um den richtigen Weg gewesen – aber mit welchen Mitteln!? Vernichtende Urteile über Andersdenkende, Verachtung gegenüber Andersglaubenden (und hier zuallererst gegenüber dem jüdischen Volk) und die gegenseitige Aufkündigung der geschwisterlichen Gemeinschaft hatten allzu oft tödliche Konsequenzen.

Gestritten wird auch in der Gegenwart – sei es innerlich oder zwischen den Konfessionen. Nicht nur das Beispiel Nordirland zeigt, daß dieser Streit nach wie vor lebensgefährlich sein kann. Der Schlichtungsversuch des Paulus damals in Rom kann auch heute hilfreich sein, weil er dazu auffordert, zwischen dem Letzten und Vorletzten zu unterscheiden. In Hinblick auf die Rechenschaft, die jede und jeder Gott gegenüber schuldig ist, verbietet sich jede Selbstgerechtigkeit, mit der wir uns unsere religiöse oder unsere politische Einstellung zum allgemein- und letztgültigen Maßstab machen. Und in Hinblick auf die zitierte Verheißung aus Deuterojesaja, Gott werde sich selbst und seiner Wahrheit zur Anerkennung verhelfen, müssen wir nicht meinen, das hinge allein an unserem Tun und Verhalten.

2. Beobachtungen

a) Kontext: Die Perikope ist Teil des Abschnitts 14,1 bis 15,13, in dem Paulus sich an zwei Gruppierungen innerhalb der römischen Gemeinde wendet, die eine unterschiedliche Frömmigkeitspraxis pflegen und sich deshalb gegeneinander abgrenzen. Auf der einen Seite stehen die „Schwachen im Glauben" (14,1; 15,1), die vegetarisch leben (14,2), keinen Wein trinken (15,31) und bestimmte Zeiten als heilig ansehen (14,5). Auf der anderen Seite befinden sich die „Starken", zu denen Paulus selbst sich zählt (15,1) und die dergleichen religiöse Tabus auf dem Hintergrund ihres Verständnisses christlicher Freiheit nicht kennen. Aufgrund der Einordnung dieses Konflikts in die heilsgeschichtliche Perspektive der Versöhnung von Juden und Heiden (15,7-13) läßt sich vermuten, daß Paulus darin Parallelen sah zu den Auseinandersetzungen um den rechten Weg der Kirche zwischen Israel und den Völkern: einerseits eine am jüdische Lebensstil festhaltende Gruppe von ChristInnen und andererseits die, die sich nach ihrem eigenen Selbstverständnis nicht mehr zu Israel zählten. Die Beurteilung des in Röm 14 und 15 erkennbaren asketischen Lebensstils auf jüdischem Hintergrund wird plausibel, wenn man die Beispiele für situationsbedingten Vegetarismus im Frühjudentum heranzieht (siehe Theobald, 130f) und berücksichtigt, daß nach der Ausweisung der Juden aus Rom durch das Claudius-Edikt 49 n.Chr. die zu Christus sich bekennenden und stark vom Judentum geprägten sog. „Gottesfürchtigen" ganz wesentlich das Überleben der Jesusüberlieferung in Rom gewährleisteten.

Paulus beschreibt die unterschiedlichen Reaktionen der beiden Gruppierungen aufeinander folgendermaßen: Die „Konservativen" „richteten" oder „verurteilten" (14,3a.10b) die „Progressiven", weil diese die jüdischen Traditionen nicht mehr achteten und die „Progressiven" umgekehrt „verachteten" (14,3a.10b) die „Konservativen", die sie für zurückgeblieben hielten. Daß Paulus im Gegensatz zum scharfen Ton im Galaterbrief gegenüber den judenchristlichen Missionaren hier vergleichsweise zurückhaltend reagiert, hat wohl darin seinen Grund, daß er eine Gefährdung der Bedeutung des Christusbekenntnisses durch die „Konservativen" nicht befürchtete und stattdessen die Möglichkeit sah, die unterschiedliche Glaubens- und Lebensweisen durch deren gegenseitige Anerkennung in der *einen* Kirche zu integrieren.

Paulus möchte dazu auffordern und ermutigen, indem er herausstellt, daß beide, Starke wie Schwache, von Gott angenommen sind (14,3) und indem er beide in Röm 14,7-9, den Versen unmittelbar vor der Perikope, an das gemeinsame Bekenntnis zu Chistus erinnert. Er ist und bleibt der Herr, der durch seinen Tod und seine Auferstehung jeder und jedem Einzelnen eine Beziehung gestiftet hat, die selbst den Tod zu überdauern vermag. Auf diesem Hintergrund erscheint das gegenseitige Richten und Verachten als unrechtmäßige Anmaßung von Herrschaft über den anderen zur Durchsetzung des eigenen Interesses.

b) Text: Als Konsequenz aus der Erinnerung an das fundamentale Herrsein Christi wendet Paulus sich in V.10 erneut, aber jetzt noch eindringlicher, den Kontrahenten zu. Wenn die ganze Gemeinde und jeder und jede einzelne Christus gehört (14,8), dann kann und darf niemand seine Christuszugehörigkeit gegen die des anderen ausspielen. Deshalb werden die Kontrahenten in zwei getrennten direkten Fragen betont in der 2. Person Singular angesprochen und nach ihrem den jeweils anderen herabwürdigenden Verhalten gefragt. Indem Paulus die Du-Anrede wählt, streicht er die individuelle Verantwortung des einzelnen heraus, so daß sich niemand mehr hinter seiner „Fraktion" verstecken kann. Und indem er den jeweiligen Gegner „Bruder" nennt, appelliert er an die Geschwisterlichkeit „im Herrn", die eben durch das an den Tag gelegte Verhalten verloren zu gehen droht.

Sprach zuvor die Kyriosstellung Jesu gegen das Richten und Verachten, so fügt Paulus jetzt als weiteren theologischen Grund an, daß alle vor dem Richterstuhl Gottes erscheinen werden. Auch der Ernst der Verantwortung jedes Einzelnen vor Gott stellt das menschliche Richten und Verurteilen radikal infrage und verhindert die Verabsolutierung menschlicher Maßstäbe, so richtig und wichtig sie auch erscheinen mögen.

In V.11 beruft sich Paulus in Hinblick auf die Rede vom Richterstuhl Gottes auf die Schrift und zitiert – offensichtlich auswendig, denn der von ihm zitierte Einleitungssatz findet sich in Jes 45,23 nicht, wohl aber in Jes 49,18 LXX u.ö. – den Schwur Gottes, jedes Knie werde sich vor ihm beugen und jede Zunge ein Bekenntnis ablegen. Der Kontext dieses Verses über eine allgemeine Proskynese und die damit verbundene Akklamation bei Deuterojesaja spricht von der sich weltweit durchsetzenden Anerkennung Gottes und läßt den Topos von der Völkerwallfahrt nach Zion anklingen. Die Kennzeichen der sich im Gericht endgültig durchsetzenden Gottesherrschaft sind demnach Anbetung und Lobpreis.

Während Paulus in V.12 nochmals die Verantwortlichkeit jedes einzelnen Menschen Gott gegenüber herausstellt, fordert er in V.13 *beide* Seiten auf, das gegenseitige Richten zu unterlassen und leitet über zum nächsten Abschnitt, in dem er vor allem an die Verantwortung der „Starken" appelliert. Die äußere Demonstration ihrer inneren Freiheit von den Weisungen, an denen das Herz der „Schwachen" hängt, ist gefährlich, weil es Letztere dazu veranlassen kann, gegen ihr Gewissen zu handeln und auf diese Weise aus dem Glauben herauszufallen.

3. Homiletische Entscheidungen

Es geht Paulus darum, die besondere Gefahr christlich-religiöser Intoleranz, wie sie paradigmatisch in dem Konflikt um die angemessene Glaubenspraxis innerhalb der römischen Gemeinde zutage getreten ist, durch die Perspektive auf Gott und sein richtendes Handeln zu bannen und die Gemeinde zusammenzuhalten. Gefährlich ist diese Intoleranz vor allem deshalb, weil sich mit ihr das übersteigerte Selbstbewußtsein verbindet, Gott und die Wahrheit auf seiner Seite zu haben, ein Selbstbewußtsein, das blind macht für das Recht des anderen und leicht alle Mittel heiligt. Nicht nur der Blick in die Kirchengeschichte, sondern auch die Gegenwart illustrieren an unzähligen Beispielen die verhängnisvollen Konsequenzen dieser Ideologisierung von Religion. Die Predigt kann bewußt machen: Gott läßt sich nicht vereinnahmen. Er ist niemals deckungsgleich mit den Bildern, die wir uns von ihm machen.

Um in der Predigt zunächst die beschriebene Gefahr der Ideologisierung vor Augen zu führen, bietet sich an, im ersten Teil den Weg der Auseinandersetzung zwischen den beiden Richtung erzählend nachzugehen – im Präsens, um das Erzählte nicht zu weit von den HörerInnen wegzurücken, und vielleicht aus der Perspektive eines „neutralen" Gemeindegliedes von damals: Alles hat eigentlich ganz harmlos angefangen, aber bald durch das starke Selbstbewußtsein der beiden Gruppen, die gegenseitige Herabsetzung und das Mißtrauen eine zerstörerische Eigendynamik entwickelt, die schließlich zur Aufkündigung der Tisch- und Gottesdienstgemeinschaft führt. In dieser Situation erreicht die Gemeinde der Brief des Paulus mit folgendem Inhalt: ... (Verlesung der Perikope). Eine solche Erzählung, die *beide* Seiten in ihrer Position sympathisch und in ihrer Psychologie verständlich macht, kann transparent werden für mögliche Konflikte in der jeweiligen Gemeinde, im binnenkirchlichen Raum oder zwischen Konfessionen und auf diese Weise den Brückenschlag zu analogen Auseinandersetzungen in der Gegenwart vorbereiten. Ich denke in Hinblick auf meine Gemeinde etwa an die Auseinandersetzung um die neuen Kirchenfenster. An einem solchen Beispiel für die Bedeutung von Traditionen und Prägungen weit unter Bekenntnisrang läßt sich außerdem leicht plausibel machen, warum das jüdische Volk bis heute der Tora treugeblieben ist.

In einem zweiten Teil ist mir wichtig, die paulinische Konfliktlösungsstrategie nachzuzeichnen. Sie bedeutet zunächst die Nebeneinanderstellung und Würdigung der Kontrahenten als Individuen (Du-Anrede, „dein Bruder") und umfaßt anschließend die Rede vom Richterstuhl Gottes. In Hinblick auf die schlimme Wirkungsgeschichte dieses Theologumenons ist es wichtig, deutlich zu machen, daß der Gerichtsgedanke hier keineswegs bloß Droh- und Druckmittel ist. Es geht vielmehr darum, daß zum einen das Gericht über jeden einzelnen Menschen die Konsequenz seiner Annahme durch Gott ist (14,3) und daß zum anderen die Rede von der sich im Gericht durchsetzenden Herrschaft Gottes alle Herrschaft von Menschen über Menschen delegitimiert und nicht auf Hin- sondern auf neue Ausrichtung zielt: *Jedes* Knie soll sich beugen vor mir ... Diese Perspektive schließt ein: Jeder Mensch gleich welcher Religion und Prägung hat in der Geschichte Gottes mit dieser Welt seinen Platz und das jüdische Volk – denkt man an die Vorstellung der Völkerwallfahrt nach Zion – sowieso.

Im dritten und letzten Teil der Predigt sollen die Konsequenzen aus der Rede von Gott als Richter zur Sprache kommen. Sie verpflichtet uns durch das Leben und auch das Verhalten zueinander Gott jetzt schon die Anerkennung als Herr der Welt zuteil werden zu lassen, die ihm zusteht. Das bedeutet: Richtende (Vor-)Urteile jeder Art über andere in und außerhalb der Kirche verbieten sich. Gemeinde und Kirche vertragen und brauchen eine Vielfalt an Einstellungen und Frömmigkeitsstilen. Den Streit um die ethischen Konsequenzen aus dem Glauben wird und muß es immer wieder geben, und die Aufkündigung der Gemeinschaft durch den status confessionis als ultima ratio ist dabei nicht von vorneherein ausgeschlossen. Viel wichtiger aber ist die immer wiederkehrende Selbstprüfung, ob ich meine Einsichten zum allgemeingültigen und andere richtenden Maßstab mache, und vor allem die Erinnerung an die alle verbindende Taufe.

4. Kontexte

1) Albert Camus läßt in seinem Roman „Der Fall" einen Strafverteidiger sagen: „Sie haben ihren Heiland in der geheimsten Kammer ihres Herzens auf einen Richterstuhl gehißt, und nun schlagen sie drein, vor allem richten sie, richten in seinem Namen. Er sagt voll Milde zur Ehebrecherin: „So verdamme ich dich auch nicht!" Das aber stört sie nicht, sie verdammen, sie sprechen niemand los ... Ob sie nun Atheisten oder Frömmler sind, Materialisten in Moskau oder Puritaner in Boston ... sie erfinden schreckliche Regeln und errichten eilends Scheiterhaufen ... Sie glauben immer nur an die Sünde, nie an die Gnade. (Zitiert nach: Kirche im Rundfunk 1992, 191)

2) Im Hintergrund von V.13b steht möglicherweise die rabbinische Auslegung von Lev 19,14, wie sie sich in *bPes 22b und bAZ 6a* findet: „Woher, daß ein Mensch einen Becher Wein nicht einem Nasiräer (geben soll) und ein Glied von einem lebenden Tier nicht den Kindern Noahs darreichen darf? Die Schrift sagt lehrend: Vor einen Blinden sollst du keinen Anstoß legen (Lev 19,14)." (Zitiert nach: Theobald, 156f)

Liturgievorschläge

Eingangspsalm: Psalm 66,1-9 oder Psalm 96
Alttestamentliche Lesung: Jes 45,18-35
Predigtlied: EG 412

Literatur
Berger, K.: Gottes einziger Ölbaum. Betrachtungen zum Römerbrief, Stuttgart 1990, 271-276.
Neuhaus, D. zum Text in CPh II/2, Stuttgart 1992.
Schullerus-Keßler, S. zum Text in: Kirche im Rundfunk 1992, 189-191.
Theobald, M.: Römerbrief Kapitel 12-16, Stuttgart 1993.

Rolf Kruse, Wiesenstraße 20, 76228 Karlsruhe

5. Sonntag nach Trinitatis: 1. Kor 1,18-25

1. Annäherung

Das Kreuz im Mittelpunkt – für Paulus zentral, offensichtlich auch für seine Argumentation. Wie ist das bei uns?

Das Kreuz steht in besonderer Weise zwischen Juden und Christen: seit den Anfängen bis heute wurden in tausend Variationen „die Juden" beschuldigt, den Erlöser gekreuzigt zu haben. Joh. Chrysostomos: „Juden sind die verhassten Mörder Christi, und für den Mord an Gott gibt es keine Sühne...Es ist die Pflicht aller Christen, den Juden zu hassen." (Pfisterer, 238).

Das Kreuz, missbraucht als Legitimation für Verfolgung und Vertreibung und Machtausübung durch die Jahrhunderte – wir gehen mit einer großen historischen Hypothek an eine Predigt zu 1Kor 1,18ff, wo es doch um das Kreuz als „Kraft Gottes" und „Rettung" geht, für Juden und Nichtjuden.

2. Beobachtungen am Text

Der Abschnitt knüpft an das Vorhergehende an, wo Paulus V.17 schon das *Kreuz* der *Weisheit* entgegensetzt: in den Spaltungen der Korinther verwirklichen einzelne ihre „Weisheit", während die Einheit, die durch das Kreuz Jesu vorgegeben ist, verlorengeht. Menschliche (eigenmächtige) Weisheit und Gottes andersartiger Weg stehen gegeneinander (Mt 11,25ff: den Weisen ist Gottes Offenbarung verborgen). Diese Antithese durchzieht unsere Perikope und birgt weitere Gegensätze:

Verlorene/Gerettete: das Wort vom Kreuz konfrontiert mit der Ent-scheidung für oder gegen Christus und ruft damit auch Scheidung hervor. Vor dem Kreuz ist Neutralität ausgeschlossen, „es gibt kein Mittelding" (Bonhoeffer). Wobei aber nicht von Prädestination die Rede ist, sondern von der Wirkung des Kreuzeswortes, die hier und jetzt einsetzt (daher Part. Präs.).

Torheit/Kraft Gottes: Hier wird nicht Weisheit an sich verurteilt, sondern Weisheit, insofern sie Gottes Heil durch den Kreuzestod Jesu nicht wahr sein lässt. Die Auto-nomie des Menschen, die sich selbst setzende Eigenmächtigkeit, die nicht mehr wahrnimmt, dass wir uns verdanken und uns nur finden, wenn wir von uns wegsehen auf Christus und wenn wir Verantwortung übernehmen für andere, die wird letztlich zur Torheit. Die eigene Weisheit gerade auch der religiösen Erwartungen wird vernichtet, während das, was der Mensch für töricht hält, zum Leben führt. Interessant, dass das Gegenstück zu Torheit nicht Erkenntnis oder Weisheit ist, sondern Kraft Gottes, die sich im scheinbar Schwachen und Ohnmächtigen durchsetzt.

Welt/Gott: Die Weisen (der jüd. Schriftgelehrte und der griech. Disputator V.20) (an-)erkennen Gott nicht, obwohl die Erde von der Schöpfung her durchdrungen und umgeben ist von der Weisheit Gottes. So nahe die Erkenntnis läge, sie wird nicht am Kreuz gesucht, da Gott am Kreuz als Skandal oder Torheit erscheint. Der Mensch bedient sich seiner eigenen Maßstäbe und Kategorien und verfehlt daher den Weg Gottes. Dieser Weg ist ein souveränes Handeln Gottes (eudokein), das nicht „einsichtig" und „plausibel", sondern Gottes freier Entschluss ist.

Hintergrund Jesaja 29: Ariel/Jerusalem wird das Gericht angedroht, aber dann V.5: plötzlich, ehe man sich's versieht, greift Gott für sein Volk ein, und zwar total überraschend, wie man es nicht erwartet hätte – und der Zion wird bewahrt. V.9: die Offenbarung Gottes trifft schockierend anders ein als erwartet. V.13: Wo bloße Lippenbekenntnisse verbreitet werden, wo der Gottesdienst nur noch äußerlich abläuft, wird Gott „fremdartig und unverständlich" eingreifen.

Das freie, überraschende, souveräne Handeln Gottes wählt den Kreuzesweg als Heilsweg. Das bedeutet die Krisis „unserer Weisheit", die vor die Entscheidung gestellt wird.

Die Kreuzespredigt *ist* das Evangelium: vgl. Parallelität Röm 1,16 „Kraft Gottes". Die Gute Nachricht ist die, dass Gott radikal eingreift und radikal umwertet: Schuld wird vergeben, das Gebrochenwerden wird zum Beginn des neuen Lebens. Gott gibt den Menschen nicht preis, sondern rettet ihn. Diese Verknüpfung von Fall und Rettung, von Schuld und Freispruch ist ein Kernsatz der paulinischen Botschaft (vgl. Röm 1,17f; 8,1).

3. Homiletische Entscheidungen

Ich möchte nicht die eingangs in Erinnerung gebrachte Belastung des christlich-jüdischen Verhältnisses durch das Zeichen des Kreuzes zu stark gewichten. Sie ist vielmehr der Horizont, in dem ich auf den „ganz anderen Weg" Gottes zu sprechen kommen will. Dieser Horizont könnte aber zu Beginn des Gottesdienstes aufgezeigt werden (s.u. Liturgievorschläge).

Für die Predigt wäre mir der atl. Hintergrund wichtig. Warum nicht davon ausgehen, dass Paulus den Kontext von Jes 29 durchaus im Blick hat und nicht nur Vers 14 herausreißt? Gottes Weg ist ein überraschender, er kehrt die Verhältnisse um. Unsere Weisheit wird zunichte, Gottes Weisheit ist Rettung durch das scheinbar Törichte und Schwache. Dieser „andere Weg" ist allein Gottes Initiative und seine freie Gabe: Der Wochenspruch Eph 2,8 könnte in der Predigt noch einmal aufgenommen werden. Die radikale Kritik an dem, was uns hindert, Gott Gott sein zu lassen, hat sehr aktuelle Dimensionen ökologischer, politischer und geistlicher Art. Es könnte zur Sprache kommen, wie sich die „Weltweisheit" heute auswirkt: Die Haltung, die Erde nach eigenem Gutdünken ausbeuten zu können; beständige Gewaltausübung und Unterdrückung, um sich zu behaupten; die Selbstbehauptung, die dem Mitmenschen die Liebe und den Hinweis auf Christus schuldig bleibt.

4. Kontexte

Auf den Missbrauch des Kreuzes und die Belastung dadurch wurde schon hingewiesen (Kirchengeschichte etc.).

Das Kreuz als „kulturelles Symbol" (bis hin zu Vorgängen wie dem Kruzifixurteil) steht in großer Spannung zum Anliegen des Paulus, wo das Kreuz als das Zeichen der Schwäche, des Nicht-Etablierten gerade die Herausforderung der breiten Kultur (auch der religiösen und der interreligiösen!) bedeutet. Die *crux* ist nicht zu eliminieren.

5. Liturgievorschläge

Zum Beginn des GD (bei Begrüßung oder Schriftlesung) würde ich das Kreuz als Herausforderung ansprechen: das Altarkruzifix (sofern beweglich), ein großes Bild/Poster vom Kreuz oder etwas Entsprechendes (zwei Balken als Kreuzsymbol) könnte vor dem Altar im Blickfeld der Gemeinde plaziert werden und als Anlass dafür dienen, an die geschichtliche Hypothek mit dem Kreuz zu erinnern; an die Verharmlosung (das Kreuz als Halsschmuck etc.); freilich auch daran, dass Jesus, der Jude, *als der Gekreuzigte* zum Retter wurde; dass viele zu Opfern wurden, weil sie am Kreuz festhielten ...

Schriftlesung: Num 21,4-9.
Liedvorschlag (nach der Predigt):
EG 94 Das Kreuz ist aufgerichtet
EG 405 Halt im Gedächtnis Jesus Christ

Literatur:
Dietrich Bonhoeffer, GS IV, hg.v. E.Bethge, 204ff.
Rudolf Pfisterer, Von A-Z. Quellen zu Fragen um Juden und Christen, ²1985.
Wolfgang Schrage, EKK VII/1, 1991.

Friedmann Eißler, Pfitznerweg 2, 72581 Dettingen

6. Sonntag nach Trinitatis: Röm 6,3-11

I.

Paulus beschreibt christliche Existenz als einen surreal anmutenden Zwischenzustand: Nicht mehr „von dieser Welt" – denn nichts anderes ist das, was er „Sünde" nennt, dem wir mit der Taufe „gestorben" sind, ist dies doch das Leben, unter das alle, Juden wie Griechen, beschlossen sind. Und zugleich noch nicht in der „kommenden Welt", im Leben mit Christus. Die Tempora sind genau zu beachten! Imperfecta bzw. Perfecta auf der einen Seite: Wir wurden begraben (V. 4); wir sind seinem Tod verwandt geworden (V. 5); unser alter Mensch wurde mitgekreuzigt (V. 6); wir sind gestorben mit Christus (V. 8). Auf der anderen Seite Futura: Wir werden in neuem Leben wandeln (V. 4); wir werden seiner Auferstehung verwandt sein (V. 5); wir werden mit ihm leben (V. 8). Wir sind schon aus uns herausgetreten – sind aber noch nicht in das eingetreten, was wir einmal sein werden: In gewisser Weise stehen wir also permanent neben uns.

Mit der Welt, die ihn geprägt hatte und ihn umgibt, hatte Paulus nichts mehr „am Hut": Nicht mit dem pharisäischen Judentum, das er bekanntlich für „Scheiße" hielt (Phil 3,8). Nicht, weil er das jüdische oder das pharisäische daran für weniger wert gehalten hätte, als irgendeine andere Lebensform – im Gegenteil: diese Lebensform war für ihn das Optimum unter den Bedingungen der „alten Welt" –, sondern weil es wie alle anderen eben eine Lebensform der „alten Welt" war, aus der Paulus wegen der Begegnung mit der „neuen Welt" herausgetreten ist. Erst recht hatte er nichts „am Hut" mit den ihn umgebenden „Mächten" und „Gewalten", zu denen die politischen – Rom – ebenso gehörten wie die kosmischen, himmlischen Gestalten und Gespenster, wie sie in den vielen Spielarten und Abarten von Religiosität verehrt wurden.

Darum sehnte er sich nach der „neuen Welt", nach dem „Ganz Anderen", das ihm in Gestalt des Messias Jesus schon einmal begegnet war, dem er nunmehr sein noch verbleibendes Leben ganz und gar widmete, das er allen Menschen nahe bringen wollte. Und nur dies – daß andere auch etwas davon haben mögen – hielt ihn davon ab, „abzuscheiden", um sofort „bei Christus zu sein" (Phil 1,23f.)

(Wie die Christen diese Frist gestalten sollten, wie sie das „umsetzen" können, daß sie „der Sünde gestorben" sind, ist ein anderes Thema, das im Anschluß in den Versen 12ff. angegangen wird. Selbstverständlich besteht ein unlösbarer Zusammenhang zwischen „Indikativ" und „Imperativ"; er ist für die christliche Existenz konstitutiv. Gleichwohl: Wer sich an die Perikopenordnung hält, sollte sich dann auch begrenzen, sich für diesmal auf den Surrealismus der christlichen Existenz konzentrieren und tunlichst alle Moral außen vor lassen! Ethik ist in genügend anderen Perikopentexten Thema. Natürlich wäre es sinnvoller, lectio continua zu predigen, damit solche Zusammenhänge besser sichtbar werden. Das befreit von der Notwendigkeit, jedesmal doch irgendwie alles sagen zu müssen – und sich darum nie so recht konzentrieren zu können ...)

II.

Es kann also nicht verwundern, wenn Paulus – und vor allem sein Römerbrief – besonders in Situationen gelesen und verstanden wurde, in denen sensible Menschen spürten, wie eine „alte Welt" unverkennbar ihrem Ende zuging. Das war bei Augustin (354 – 430) der Fall, als das römische Weltreich sich aufzulösen begann (Reichsspaltung 395; der letzte Kaiser stirbt 475) und mit ihm die antike Zivilisation ihre alles prägende Kraft verlor. Das war bei Martin Luther so, als an der Wende vom „Mittelalter" zur „Neuzeit" die katholische Kirche ihre bis dahin ausgeübte Rolle als prägendes Element einer gesamteuropäischen Zivilisation einbüßte. Und für uns vielleicht noch am besten nachvollziehbar bei Karl Barth, als im Schlachten des 1. Weltkriegs die Katastrophe der Zivilisation der Bourgeoisie offenbar wurde. Wenn man sich zu vergegenwärtigen bemüht, auf welchem Hintergrund Barth seine Auslegung des Römerbriefs geschrieben hat – die gesamte geistige und geistliche Elite der am Krieg beteiligten Großmächte, auch eben des Landes der „Dichter und Denker", hatte seinen Beginn begeistert begrüßt –, dann ist die Lektüre dieses vordergründig so hochtheologisch daherkommenden Buches immer noch und immer wieder atemberaubend. Ich jedenfalls finde ihn als hermeneutischen Schlüssel um ein Vielfaches hilfreicher, als alle gelehrten Erkenntnisse über religions- und traditionsgeschichtliche Hintergründe des Römerbriefs.

III.

Vor diesem Hintergrund halte ich es für durchaus nicht abwegig, einen sachlichen Zusammenhang mit dem Beschriebenen darin zu erkennen, daß nach dem Offenbarwerden der Katastrophe der christlichen Theologie in Auschwitz die Kapitel 9 – 11 des Römerbriefs eine zentrale Hebammenrolle beim Heraustreten aus der „alten Welt" des abendländischen Christentums und der Suche nach der „neuen Welt" einer christlichen Existenz in Umkehr und Erneuerung im Verhältnis zum Judentum gespielt hat. Denn offensichtlich haben schon zu Paulus' Zeiten manche Christen gemeint, mit der „alten Welt" sei auch das Judentum am Ende. Demgegenüber weist Paulus in Rö 9 – 11 darauf hin, daß der Zusammenhang zwischen „alter" und „neuer Welt" – und damit die Möglichkeit überhaupt „zwischen den Zeiten" zu existieren, also: Christ zu sein – durch den erwählenden Gott gegeben ist. Daß derselbe eine Gott es ist, der Herr in der „alten" wie in der „neuen Welt" ist, dafür ist Israel das Unterpfand. Würde man meinen, die Erwählung Israels sei abgelöst worden durch die Erwählung der Kirche, dann hätte man in Wirklichkeit Marcion Recht gegeben mit seiner Behauptung, es gebe zwei Götter. Man mag das tun, aber auf Paulus kann man sich dann nicht berufen, und Christ darf man sich ebensowenig nennen wollen.

Wer also von der Notwendigkeit von Umkehr und Erneuerung überzeugt ist, lebt seit Auschwitz in so einem surrealistischen Zwischenzustand: Schon herausgetreten aus der ehrwürdigen Welt von Universitätstheologie und volkskirchlicher Frömmigkeit, die sich vielfach noch festhalten an einem Jesus, der angeblich die Fesseln des Judentums gesprengt, oder einem Paulus, der angeblich das Ende des Gesetzes verkündigt habe; noch bei den ersten Schritten, was die Herausbildung und Formulierung neuer theologischer Lehre und kirchlichen Bekenntnisses angeht. Einerseits in erheblicher innerer Distanz angesichts all des Allotria, mit dem man sich bei Kirchens die Zeit vertreibt; andererseits gehalten, nicht auszuscheiden, damit auch andere etwas davon haben möchten, wie dem morschen Gebein christlicher Theologie neuer Lebensodem eingehaucht wird, wenn man die Begegnung mit Jüdinnen und Juden sucht (davon haben alle „Ratisbonne-Studies" ja reichlich zu erzählen).

IV.

In zweierlei Hinsicht mag unsere Situation als hermeneutisch hilfreich verstanden werden können.

1. Die konstantinische Epoche liegt bereits hinter uns; Kirche ist nicht länger prägender zivilisatorischer Faktor; die flächendeckenden volkskirchliche Strukturen befinden sich in galoppierender Auflösung. Noch wird das weithin sehr vordergründig nur als Sparzwang wahrgenommen. Die Chance zur Freiheit, die sich daraus ergibt, muß erst noch erkannt und genutzt werden: Indem die konstantinischen Parallelstrukturen (am Beamtenrecht orientiertes Dienstrecht; Kirchensteuerrecht; staatlicher Religionsunterricht) absterben, verlieren auch die bislang noch stark prägenden Wesensmerkmale einer Behörde ihre Herrschaft über das kirchliche Leben. Entscheidend ist das Vertrauen darauf, daß die Kirche leben wird – gestorben dem christlichen Abendland, umso lebendiger für Gott in Jesus Christus, ihrem Herrn.

2. Der totale Sieg des Kapitalismus 1989 birgt den Tod der bürgerlichen Gesellschaftsordnung bereits in sich. Nachdem der äußere Antagonismus der Systeme wegfällt, schälen sich bereits nach wenigen Jahren des Siegesrauschs, in denen die zur Abwehr des Sozialismus ausgeteilten Wohltaten der „sozialen Marktwirtschaft" wieder eingesammelt wurden, die inneren Gegensätze zwischen Besitzenden und Habenichtsen umso schärfer heraus (vgl. Vivian Foresters „Terror der Ökonomie"). Die „Sozialpartnerschaft" wird zu Grabe getragen – und damit schaufelt der Kapitalismus sich sein eigenes Grab, denn es wird offenbar, daß verraten und verkauft ist, wer sich auf die Wohl- und Mildtätigkeit der Reichen verläßt. Noch ist nicht sichtbar, was an seine Stelle treten wird. Nicht ausgeschlossen, daß es auf die anarchische Gewalttätigkeit des individuellen „persuit of happiness" hinausläuft, wie er in den Großstädten der USA apokalyptische Gestalt angenommen hat. Die interessante Frage der nächsten Jahre wird sein, ob Europa in der Lage ist, eine Alternative zu entwickeln, schlagwortartig umrissen als: eine ökologisch nachhaltige, sozial gerechte, an den Bedürfnissen aller statt am maximalen Profit der Elite der share-holder orientierte Ökonomie.

Aber selbst wenn, bliebe es dabei: Christen sind in gewisser Weise „weltfremd"; gehören nicht so ganz dazu; sind nicht so recht bei der Sache, wenn es heißt: Vorwärtskommen, sich selbst verwirklichen, Macht erwerben, Träume wahr werden lassen. Wir, die wir der „alten Welt" gestorben sind, sind frei von den Illusionen, die die gängigen Laufbahnen bzw. ihre Substitute, die medialen Trugbilder von den Schönen und Reichen, vorspiegeln. Wir sind frei, das Leben zu erkennen in dem Mann der kleinen Leute. Darum können wir uns selbst schon jetzt als solche ansehen, die in ihm für Gott leben.

Tobias Kriener, Irmgardstr. 6, 40235 Düsseldorf

7. Sonntag nach Trinitatis: Apg 2,41-47

1. Annäherung

Das waren noch Zeiten – an einem Tag kamen 3000 Menschen zur Gemeinde hinzu: davon kann jede volkskirchliche Gemeinde (aber auch ein Billy Graham) nur träumen! Überhaupt träume ich manchmal von solch einer „ersten Gemeinde", von der Aufbruchstimmung, von der Begeisterung, von den Ideen, ja auch von dieser Naherwartung des Reiches Gottes. Und dann dieser „Urkommunismus" – man darf dieses Wort heute ja fast nicht mehr in den Mund nehmen: Jede/r hatte, was sie/er brauchte, und alle hatten alles gemeinsam.

Ein Blick in die Predigtliteratur sagt mir: Lukas zeichnet hier ein Idealbild – so wars damals auch nicht. Diese Urgemeinde hat so nie existiert, er erzählt dies aus dem Rückblick.

Es bleibt eine Spannung: nehme ich den Text ernst, erdrückt er mich fast und führt zur Resignation („das erreicht unsere Gemeinde eh nie!") – nehme ich ihn nicht ernst, bleibt er unverbindlich und erinnert nur an „die gute alte Zeit".

Dazwischen muß es einen Weg geben, der den Text auch in unserer heutigen Gemeindesituation zum Sprechen bringt.

2. Beobachtungen am Text

Kontext: Traditionell wird im lukanischen Doppelwerk eine Konzeption gesehen, die beschreibt, wie das Wort Gottes sich in konzentrischen Kreisen ausbreitet: zuerst in Jerusalem, dann in Israel und zuletzt in der ganzen Welt. Voraussetzung für diese Konzeption ist das lukanische Geschichtsbild, in dem auf die Zeit Israels die Zeit Jesu als die Mitte folgt und in die Zeit der Kirche mündet. Die erste Zeit ist die Zeit der Weissagung, die mittlere die Zeit der Verkündigung des Gottesreiches (Lk 16,16) und der Verwirklichung derselben in den Taten Jesu, und die dritte ist die Zeit der Kirche, der der Geist, den in der mittleren Zeit nur Jesus besaß, geschenkt ist. Nahtstelle ist das Pfingstereignis und die Pfingstpredigt des Petrus, auf die unser Text folgt. (vgl. Conzelmann, Apostelgeschichte, S. 10f)

Nach Ansicht der Exegeten handelt es sich in 2, 42-47 um das erste von drei Summarien, die „gleichsam das Rückgrat der Darstellung der Jerusalemer Anfangszeit der Kirche in 2,1 – 5,42 bilden." (Roloff, Apostelgeschichte, S. 65) Die anderen Summarien finden wir in 4, 32-35 und 5, 11-16.

Bei dieser traditionellen Sicht bleibt zu fragen, inwieweit die eigene theologische Sicht (Judentum als partikulare Religion, Christentum als universale Religion) in das lukanische Doppelwerk hineingetragen wurde.

Marquardt bricht dieses Schema von partikular und universal auf, indem er Pfingsterzählung, Pfingstpredigt und unseren Text in enger Verbindung mit dem jüdischen Wallfahrtsfest Schawuoth sieht, an dem dies nach Lk alles stattfand. (Marquardt, Was dürfen wir hoffen Bd. 2, S. 316ff. Meine Überlegungen zur Perikope stützen sich im Wesentlichen auf seine Auslegung.)

Nach den 49 Tagen des Omer-Zählens im Anschluß an Pessach (darauf deutet in Apg 2,1 das συμπληρουσθαι = „Vollendung eines Zeitraums", sprich: des

Omer-Zählens hin) ist der 50. Tag (griech. Pentecoste = Pfingsten) der Tag der Gabe der Tora am Sinai (יום מתן תורה).
Gemeinsame Motive bei Schawuoth und Pfingsten:
1. Das Feuer: auf den Sinai fuhr Gott, wie Ex 19,18 erzählt, herab im Feuer. „Und es erschienen ihnen zerteilte Zungen wie von Feuer", erzählt Lukas in Apg 2,3. Analog hat Joel, auf den Petrus in seiner Pfingstrede zu sprechen kommt (2,17ff), den künftigen „Tag der Offenbarung des Herrn" wie den Sinai-Tag charakterisiert, als einen Tag „der Wunder oben am Himmel und Zeichen unten auf der Erde, Blut und Feuer und Rauchdampf" (Joel 3,3).
2. Die Stimmen/Sprachen/Zungen: In einer rabbinischen Deutung werden die Donnerschläge (קולות) in Ex 20,18 als „Stimmen" übersetzt. Gott sprach am Sinai mit vielerlei Stimmen, nach Exodus rabba 5,9 in 70 Zungen, damit die Tora so die 70 Völker der Erde (gemeint sind damit alle Völker) erreicht.

Damit ist „das Pfingstfest zu einem guten Teil als endzeitliche Entsprechung zum Fest der Offenbarung der Tora" zu verstehen. (Lenhardt/Osten-Sacken, Rabbi Akiva, S. 238)

Wenn nun Pfingsten und Schawuoth nicht nur zeitlich, sondern auch inhaltlich eng zusammengehören, so ist auch der Charakter des Wallfahrtsfestes von großer Bedeutung. Wallfahrtsfeste waren immer Feste, an denen insbesondere auch die Proselyten, d.h. die Gläubigen aus den Völkern, nach Jerusalem kamen. So heißt es im Talmud-Traktat Chagiga 3a: „Es heißt: Wie schön sind deine Füsse in den Schuhen, du Tochter des Edlen (Hoh 7,2); wie schön sind die Füsse Israels, wenn sie zur Wallfahrt ziehen; du Tochter des Edlen: du Tochter unseres Vaters Abraham, der Edler genannt wird, denn es heißt: Die Edlen der Völker haben sich versammelt, ein Volk des Gottes Abrahams (Ps 47,10); des Gottes Abrahams und nicht des Gottes Isaaks und Jakobs!? – vielmehr, des Gottes Abrahams, der der erste der Proselyten war" (d.h. der erste, der sich, längst ehe er beschnitten und dadurch zum Juden geworden war, freiwillig zu Gott bekehrt hatte, damals, als er auszog aus Ur in Chaldäa).

Wenn Lukas unmittelbar vor unserer Perikope von den „Fernen, denen die Verheißung gilt" (2,39) spricht, könnte er durchaus die Proselyten und Repräsentanten aller Völker der Welt gemeint haben.

Marquardt zieht daraus den Schluß: „Während wir meist denken, die Kirche erst sei die ökumenische, völkerumspannende Wirklichkeit, wir hätten die Welt und alle ihre Völker in uns – die Juden einschließlich – und unterschieden uns gerade darin vom auf sich selbst beschränkten Judentum, und eine der grundlegenden Bedingungen der Möglichkeit dafür sei gerade das Pfingstereignis gewesen – hören wir jetzt, daß in Wahrheit Israel die ökumenische, völkerumspannende Einheit ist und alle Völker in sich assoziiert hat. Die in den jüdischen Proselyten stellvertretend dargestellte Völkeranwesenheit beim lukanischen Pfingstfest ist also nicht christlicher Missionsuniversalismus, sondern jüdische Wallfahrts- und Tora-Ökumenizität, das eine fällt mit dem anderen zusammen." (a.a.O. S. 321)

Die Abgrenzung unserer Perikope zum folgenden Text ist klarer als nach vorne. Aber auch die Heilung des Gelähmten durch Petrus in Kap. 3 hat eng mit Schawuoth/Pfingsten als Wallfahrtsfest zu tun: Nach der Mischna Chagiga I,1 ist jeder zum Erscheinen in Jerusalem verpflichtet, mit einigen Ausnahmen. So sind

Taube und Stumme befreit, denn es heißt in Dtn 31,12 „...damit sie hören und lernen." Ein Tauber kann nicht hören und ein Stummer nicht (laut) lernen. Ebenso befreit ist ein Gelähmter, denn er kann den Weg hinauf nach Jerusalem nicht mitmachen. Durch die Heilung ihrer Krankheit sind Taube, Stumme und Gelähmte jedoch wieder in die Gottesdienstgemeinschaft Israels zurückgeführt. So kann Jesus nach der Taubstummenheilung mit den Worten gefeiert werden: „Er hat alles wohlgemacht, die Tauben macht er hören und die Stummen reden." (Mk 7,37) Mit der Heilung des Gelähmten vollzieht Petrus konkret, was im Pfingstereignis angekündigt ist: die ökumenische Gemeinschaft aller.

Warum dieser ausführliche Exkurs zum Zusammenhang des Wallfahrtsfestes Schawuoth mit Pfingsten? Weil dies m.E. der Schlüssel auch für die Auslegung unserer Perikope ist.

Gliederung

41a	Taufe = Rettung
41b	Hinzufügen
42	Leben der Gemeinde (Lehre, Gemeinschaft, Brotbrechen, Gebet)
43	Wirkung nach außen (Wunder + Zeichen; Furcht)
44-47aα	Leben der Gemeinde
	44f Gütergemeinschaft
	46a Gemeinschaft im Tempel
	46b Brotbrechen
	47aa Gotteslob (Gebet)
47aβ	Wirkung nach außen (Gunst)
47ba	Hinzufügen
47bb	Rettung

Einzelbeobachtungen

V 41: V 41 bildet den Abschluß von 2,37-41. Er nennt das Resultat des Rufes zur Umkehr in der Petruspredigt. Petrus hatte auf die Frage des Volkes „Was sollen wir tun?" (vgl. dieselbe Frage an Johannes den Täufer in Lk 3,10!) mit dem Ruf zur Umkehr und zur Taufe geantwortet. Für Lk scheint die Taufe bereits selbstverständlich zu sein. Die Rettung erfolgt in die Gemeinschaft hinein. „'Gerettet werden' (2,40b.47c) heißt: in neue Gemeinschaft integriert werden." (Gollwitzer, hören und fragen, S. 182) Diese Gemeinschaft wird in den folgenden Versen exemplifiziert.

Zur Zahl 3000 s.u.

V 42: Dieser Vers steckt voll von zentralen Begriffen. Es würde sich fast lohnen, über jeden einzelnen eine ganze Predigt zu halten.

Der ganze Vers klingt wie „eine Vollzugsmeldung der Weisung Dtn 31,12, nach Jerusalem zu kommen, um 'zu hören und zu lernen'." (Marquardt, a.a.O. S. 324)

1. Lehre: προσκαρτερειν zeigt, daß das „Dran-Bleiben" genauso wichtig ist wie das „Dazu-Kommen". Zumal wenn es ums Dran-Bleiben am Talmud-Tora, am Tora-Lernen, geht. „*Lukas hätte das Pfingstgeschehen gewiß nicht auf den jom matan tora gelegt, wenn er nicht der Meinung gewesen wäre, daß die Didache der Apostel eine Gestalt des talmud tora, jüdischen Tora-Lernens, gewesen wäre.*" (Marquardt, a.a.O.

S. 324, kursiv von M.) Im Studium der schriftlichen und der mündlichen Tora versuchen die Apostel als Lehrer, über Jesus im Zusammenhang mit seinem jüdischen Volk zu sprechen und zu lehren.

Damit erfüllen sie das Ziel des Wallfahrtsgebotes: sie hören und sie lernen.

2. *Gemeinschaft*: κοινονια taucht bei Lk sonst nicht auf, begegnet jedoch häufiger bei Pl und vorpaulinischen Traditionsstücken (z.B. 1.Kor 1,9; 10,16; 2.Kor 8,4; 9,13; 13,13 u.ö.), scheint also zur urchristlichen Tradition zu gehören. Die ersten Christen praktizierten eine Gemeinschaft, wie sie zur damaligen Zeiten auch in jüdischen Gruppierungen üblich war (z.B. Essener).

„Gemeinschaft" gehört auch zu den Charakteristika eines Wallfahrtsfestes. Im Talmud-Traktat Chagiga 7a hören wir die Weisung: „Dreimal jährlich zur Wallfahrt zu ziehen, wurde den Israeliten geboten: am Mazzafest (Pessach), am Wochenfest (Schawuoth) und am Hüttenfest (Sukkot); man darf auch nicht geteilt erscheinen, denn es heißt (Ex 23,17): deine ganze Mannschaft."

3. *Brotbrechen*: Das „Brotbrechen" ist der Ort, wo die Gemeinschaft konkret wird. Nach jüdischem Brauch bezeichnet das Brotbrechen die Eröffnung einer jeden Mahlzeit mit dem Segensspruch „Gepriesen sei der Herr, unser Gott, der König der Welt, der Brot aus der Erde hervorgehen läßt." (vgl. Mk 6,41 par; 8,6f par; Lk 24,30).

Hier scheint das Brotbrechen ein Gemeinschaftsmahl zu bezeichnen, in dem Sättigungsmahl und Herrenmahl noch eng miteinander verbunden sind (vgl. V 46).

4. *Gebet*: Das Gebet ist zentraler Bestandteil des jüdischen Gottesdienstes, ja es bezeichnet als Aravit (Abendgebet), Schacharit (Morgengebet) und Mincha (Mittagsgebet) die drei täglichen Gebetsgottesdienste. Das zentrale 18-Bitten-Gebet kann auch als התפילה (= das Gebet) bezeichnet werden.

Die ersten Christen werden selbstverständlich in dieser Tradition jüdischen Gebetes gestanden haben. Für Lk ist das Gebet eine wesentliche Erscheinungsform christlichen Glaubens und Lebens. In der Apg gehört es zum Gemeindeleben (1,14.24f; 6,6; 10,9; 13,3).

Die Zahl der Betenden ist von großer Bedeutung: so gehören 10 Männer zum Minjan, der für den Gottesdienst notwendig ist. Aber auch der Inhalt der Segenssprüche ändert sich je nach der Zahl der Tischgenossen. So sagt die Mischna Brachot VII,3: „Bei Dreien sagt einer: laßt uns preisen...! Bei Zehn sagt einer: Laßt uns unsern Gott preisen...! Bei Hundert sagt einer: Laßt uns den Herrn, unsern Gott, preisen...! Bei Tausend sagt einer: Laßt uns preisen den Herrn, unsern Gott, den Gott Israels...! Bei Zehntausend sagt einer: Laßt uns preisen den Herrn, unsern Gott, den Gott Israels, den Gott der Heerscharen, der zwischen den Cherubim thront...! ... R. Jose Hagelili sagt: Nach der Größe der Versammlung spricht man den Segensspruch, wie es heißt (Ps 68,27): In Versammlungen preiset Gott den Ewigen, ihr vom Ursprung Israels."

Die Namen Gottes wachsen also mit der Zahl der in der Gemeinschaft Versammelten. Deshalb ist die Zahl 3000 nicht nur eine fiktive Zahl, sondern steht auch dafür, daß die „Qualifizierung der Gottesnamen durch die Quantifizierung der Dazugekommenen" zu begreifen ist. (Marquardt, a.a.O. S. 326)

V 43: „Wunder und Zeichen" nimmt ein Motiv auf, das fast immer im Zusammenhang mit der Befreiung Israels aus der Knechtschaft in Ägypten genannt ist, so z.B. im sogenannten 'kleinen geschichtlichen Credo' Dtn 26,8 (vgl. auch Apg 7,36). Die Verbindung ist von Lk sicher so gewollt, sieht er doch in den Wundern und Zeichen eine Kontinuität zur Geschichte Israels in den Taten Gottes durch die Apostel. Die Exodus-Zeit ist die Zeit der Erlösung. Auch im Joel-Zitat in der Petrus-Predigt wird dies aufgenommen (Apg 2,19; vgl. auch die Aufnahme von V 21 in den VV 41 und 47b).

V 44f. Der „urchristliche Liebeskommunismus" kann ebenfalls auf dem Hintergrund der Halacha der Wallfahrtsfeste erkannt werden. Dtn 16, 16-17 fordert zur dreimaligen Wallfahrt auf, und zwar „ein jeder mit dem, was er zu geben vermag, nach dem Segen, den dir der Herr, dein Gott, gegeben hat." Und Mischna Chagiga I, 5 konkretisiert: „Wer viele Tischgenossen und wenig Güter hat, bringt mehr Heilsopfer und weniger Brandopfer dar..." – weil Heilsopfer nur von kleinen Tieren genommen werden und die Opfernden davon mitessen können, während die Brandopfer Ganzopfer sind und ohne Rest dem Altar gehören. „Wer viele Güter und wenig Tischgenossen hat, bringt mehr Ganzopfer und weniger Heilsopfer dar. Hat man vom einen wie vom andern nur wenig, so gilt für diesen Fall, ein oder zwei Silbergroschen" – statt einer teuren Schlachtung. „Ist beides (Güter und Mitspeisende) reichlich vorhanden, heißt es: jeder mit dem, was er zu geben vermag, nach dem Segen, den dir der Herr, dein Gott, gegeben hat."

Es geht also um die Belastbarkeit einer Familie. Es muß ein pragmatisches Maß gefunden werden, und Lk greift dies in 44f auf. Die Gemeinschaft hat hier ganz konkrete Auswirkungen.

V 46f. Die Einmütigkeit des Gotteslobes gehört ebenfalls zur Halacha des Festes. Sie korrespondiert mit der Einmütigkeit des Erscheines vor Gott (s.o. zu „Gemeinschaft" V 42). Begründet wird dies mit dem Sch'ma Jisrael: So wie Israel den einen Gott verherrlicht („Höre Israel, der Herr, unser Gott, der Herr ist einzig"), so will Gott Israel zu einer (ungeteilten) Verherrlichung in der Welt machen. (vgl. b Chagiga 3a/b)

Die Einmütigkeit der Christengruppe im Tempel entspricht diesem Motiv. Sie ist verwirklichtes Gebet des Sch'ma Jisrael.

Die folgende Heilung des Gelähmten (Kap 3) ist die Konkretion dazu: durch die Heilung wird dieser Mensch in den Gottesdienst Israels zurückgeführt und die Einmütigkeit wiederhergestellt.

3. Homiletische Entscheidungen

Die Auslegung hat gezeigt, daß unsere Perikope im Kontext von Pfingsten und damit von Schawuoth als Wallfahrtsfest, an dem vergegenwärtigt wird, daß Israel von Gott die Tora gegeben wurde, verstanden werden will. Dies kann bedeuten:
– „Vergegenwärtigung" heißt, „als wären wir selbst dabeigewesen" (aus der Pessach-Liturgie), und nicht: „Ja, früher war alles besser." Dies kann aus der in 1. genannten Aporie herausführen. Vergegenwärtigung heißt dann auch, sich in den Kontext des jüdisch-christlichen Umfeldes zu stellen, wie er in unserem Text angesprochen ist, bzw. diesen Kontext in der Predigt herzustellen.
– „Im Kontext von Pfingsten und Schawuoth als Wallfahrtsfest" heißt: Gabe der Tora und Geistausgießung gehören eng zusammen. Es gibt kein geistgewirktes

Christentum vorbei an der Leben ermöglichenden Weisung Gottes. Pfingsten ermöglicht uns Christen, an der jüdischen Wallfahrts- und Tora-Ökumene teilzuhaben.

Als Konkretion stelle ich mir bildlich (oder real) einen Tisch vor mit vier Beinen (formal und inhaltlich in Anlehnung an den Ausspruch von Simon dem Gerechten in Mischna Avot I, 2: „Auf drei Dingen steht die Welt: auf der Tora, auf dem Gottesdienst und auf der Liebeserweisung), den vier Elementen aus V 42: Lehre, Gemeinschaft, Brotbrechen, Gebet. Sollte im Gottesdienst Abendmahl gefeiert werden, kann dies damit verknüpft werden.

Mögliche Konkretionen zu den vier „Beinen":
– „Lehre": gemeinsames Lernen kann im christlich-jüdischen Kontext gemeinsames Lesen des Ersten Testamentes heißen. Von der jüdischen Bibelauslegung lernen ist wie das Entdecken eines bisher weitgehend verborgenen Schatzes. Aber auch das jüdische Prinzip, mit einer Partnerin/einem Partner zu lernen, in Frage und Gegenfrage, in Diskussion und Argumentation, in eigenem In-Frage-Gestellt-Werden, kann zum gemeinsamen Lernen gehören.
– „Gemeinschaft": Wie kann ich in meiner Gemeinde dafür sorgen, daß „die ganze Mannschaft" vor Gott erscheint? Muß *ich* dafür sorgen? Wallfahrtsfeste waren immer auch ein „social event". Wie kann der Gottesdienst, das gemeinsame Feiern, auch zu einem „social event" werden? Gemeinschaft heißt auch Gütergemeinschaft, miteinander teilen. Nicht nur materiellen Besitz, sondern auch „ideellen": Zeit, Ideen, Wissen, Begabungen etc.
– „Brotbrechen": Miteinander essen, gemeinsam den Segen sprechen und Gott für das Brot danken. Oder sakramental: miteinander Abendmahl feiern, Vergegenwärtigung (als säßen wir neben Jesus und den Jüngern), Exodus-Befreiung, Zeichen und Wunder.
– „Gebet": Woher haben wir unsere Gebete? Jesus hat uns das Vaterunser gelehrt, ein jüdisches Gebet. Wir beten mit Juden die Psalmen. Zu wem beten wir? Zum Gott Israels und zum Vater Jesu Christi.

Gemeinsames Lernen, ökumenische Gemeinschaft, miteinander feiern, miteinander beten – das sind vier Elemente eines gemeinsamen Tisches, an dem die unterschiedlichen Menschen in der Ortsgemeinde ebenso sitzen können wie auch Christen und Juden in der Ökumene.

Der 7. Sonntag nach Trinitatis liegt am Beginn oder in der Mitte der Ferienzeit. Vielleicht könnte man ihn mit einem Sommerfest (Abschluß des Schuljahres/ Beginn der Ferien) verbinden, oder, wenn mitten in den Ferien nur wenige Mitglieder der Kerngemeinde erwartet werden, den Gottesdienst in einem Kreis um den Altar feiern.

4. Kontexte

Zum Thema „Gütergemeinschaft", „urchristlicher Liebeskommunismus" fand ich einige literarische Kontexte. Da dies jedoch nicht mein Schwerpunkt der Predigt sein wird, führe ich sie hier nicht an (sie sind zu finden in der einschlägigen Predigtliteratur).

Zu den jüdischen Quellen siehe unter 2.

5. Zur Liturgie

Psalm 122 (Wallfahrtspsalm) oder Psalm 119 (Tora)
Wochenlied 221 oder 326, Psalmlied 295 (zu Ps 119), 130

Literatur:
Conzelmann, H., Die Apostelgeschichte (HNT 7), Tübingen 1972
Gollwitzer, H., Predigtmeditation über Apg 2,41-47, in: hören und fragen 4/2, Neukirchen 1976, 180-187
Lenhardt, P./Osten-Sacken, P. von der, Rabbi Akiva (ANTZ 1), Berlin 1987
Marquardt, F.W., Was dürfen wir hoffen, wenn wir hoffen dürften. Eine Eschatologie. Band 2, Gütersloh 1994
Roloff, J., Die Apostelgeschichte (NTD 5), Göttingen 1981
Stöhr, M., Die nicht gelernte Weisung. Eine Predigt über Apg 2,42-47, in: ders. (Hrsg.), Lernen in Jerusalem – Lernen mit Israel (VIKJ 20), Berlin 1993, 196-204. Nachgedruckt in: ders., Dreinreden (hrsg. von K. Müller u. A. Wittstock), Wuppertal 1997, 187-194

Wolfgang Kruse, Römerstr. 14, 73765 Neuhausen

8. Sonntag nach Trinitatis: Eph 5,8b-14

1. Annäherung

Der paränetische Text lebt von der Spannung von Licht und Finsternis, ein Motiv, das auch im biblischen Umfeld häufig vorkommt (Gnosis, Qumran). – Die Perikope hat eine innere Dynamik durch mehrere Imperative. Das fordert mich heraus, denn die Predigt soll nicht Moralpredigt sein. – Die Imperative finden sich besonders im ersten Teil, den VV 8b-11. Besonders stark zu Beginn V.8b: „Lebt als Kinder des Lichts". – Die VV 12-14 scheinen zufällig zusammengewürfelt. Welcher Zusammenhang besteht?

Die Perikope gehört nicht umsonst in die sog. festlose Trinitatiszeit, in der es wesentlich um Themen eines Lebens im Glauben und um die Nachfolge Jesu geht.

Zwei Fragen stellt der Text an mich:

1. Wer bin ich eigentlich?

Steigt man mit V.8b ein, wird diese Frage indirekt beantwortet: „Lebt als Kinder des Lichts!" heißt dann: Ich bin ‚Kind des Lichts'. Die vollständige Antwort aber findet sich in V.8a, der der Predigtperikope vorangeht: „...jetzt (seid ihr) Licht im Herrn". Kind des Lichts bin ich durch die Verbindung mit Jesus. Der Vers beschreibt auch, was vorher war: „einst wart ihr in der Finsternis". Diesen Gegensatz von ‚einst' und ‚jetzt' möchte ich nicht unbeachtet lassen.

2. Was folgt aus dieser veränderten Existenz? Wie soll ich als Kind des Lichts leben? Wie schaffe ich das?

Darauf antwortet die Perikope 8b-14. Sie gibt Hinweise, ermutigt, begründet auch, warum es gut ist, den Versuch zu wagen.

2. Beobachtungen am Text

Mit dem Gegensatz von Licht und Finsternis beschreibt der Verfasser des Epheserbriefes den Gegensatz zwischen christlicher und heidnischer Lebensführung. Letztere wird in den VV. 3-8a genauer beschrieben: Angeprangert werden besonders sexuelle Unmoral und Habsucht. In den VV.8b-14 wird die christliche Gemeinde aufgefordert, anders zu leben als die Heiden. Dazu verpflichtet sie die Verbindung zu Christus, die sie mit der Taufe eingegangen sind.

‚Licht' bezeichnet bereits in der Hebräischen Bibel (HB) im ethischen Sinn den Wandel nach Gottes Weisungen, das Werk der Gerechten. ‚Finsternis' dagegen die Mißachtung der Tora, das Werk der Gottlosen. Indem Israel in den Bereich des Lichts tritt, wird es selbst zum Licht für die Völker.

Was in der HB auf Israel und sein Verhältnis zur Tora bezogen wird, wird dann im Epheserbrief in Zusammenhang mit Christus gebracht. Licht wird, wer in eine Verbindung mit Christus durch die Taufe tritt. Die Taufe als Ein-zu-Christus-Gehören bedeutet den Übergang von der Finsternis ins Licht Christi.

V. 8b: Als Kinder des Lichts zu leben, heißt mehr als sich nur im Bereich des Lichts zu bewegen, heißt, selbst Licht zu s e i n und nicht mehr Finsternis. – Nach Strack/Billerbeck sei der Ausdruck Kinder des Lichts (bnei or) in der rabbinischen Literatur nicht nachweisbar (Das Evangelium nach Markus...; S.219). Eine eigene Entscheidung für ein solches Leben im Licht ist notwendig.

V.9: Wer sich auf dieses neue Sein im Licht einläßt, auf dessen Leben hat das Folgen. ‚Frucht' (Sing!) zeigt sich: Der Mensch wird jetzt nach dem Guten streben, also konkret gegenüber Gott und den Menschen rechtschaffen/gerecht sein und sich treu zu Gott halten (Wahrheit).

In der HB (vgl. Jesaja 3, 10) findet sich die Metapher der Frucht als Folge menschlichen Tuns und meint dort das Einhalten der Tora. Im Epheserbrief folgt die Frucht aus der Verbindung zu Christus.

V.10: Was im einzelnen zu tun ist, fällt einem nicht von selbst zu bzw. ein. Es gilt „zu prüfen, was dem Herrn gefällt." Angesagt ist ein Nachdenken darüber, was Christus fordert. Das schützt in der Welt vor falscher Anpassung. Im Sinne von 1 Thess 5,21: Prüfet alles, aber das Gute behaltet.

Der Aufruf zu prüfen, steht in Verbindung mit dem Aufruf zur Wachsamkeit in V.14. Zweimal wird die Gemeinde gemahnt, sich im Blick auf die Mitwelt immer der eigenen Identität zu vergewissern. Erst so kann sie wissen, was wirklich zu tun ist, was wirklich dran ist.

V.11: Die Gemeinde soll sich von der Finsternis fernhalten. Aber noch mehr: Sie soll die Werke der Finsternis aufdecken und überführen. Im Sinne des Eph heißt das, sich weigern zu tun, was die Heiden tun, nicht mitzumachen, was Christen eben nicht ansteht, so verlockend es auch sein mag. Sie sollen mit ihrem Leben ein Zeichen setzten in ihrer Umgebung.

V.12 f: Noch einmal betont der Verfasser, wie schlimm die Werke der Finsternis sind: so schlimm, daß man sie nicht einmal benennen soll. Christen als Kinder des Lichts können das ans Licht bringen – durch das Licht Christus, das in ihnen leuchtet.

V.14: Der Sinn von V.14a ist rätselhaft. Er betont wohl nochmals die Aufgabe des Lichtes (offenlegen). Gleichzeitig lenkt er wieder hin zur Gemeinde, die mit dem Zitat in 14b erneut direkt angesprochen wird. Die Quelle dieses dreizeiligen Zitates ist unbekannt. Es handelt sich wohl um ein Liedfragment aus der Taufliturgie (Schnackenburg, 233). Die bereits Getauften werden zur Wachsamkeit aufgerufen. Sie sollen aufstehen aus dem Schlaf des Vergessens und sich wieder neu erinnern, daß sie seit ihrer Taufe im Licht leben.

3. Homiletische Entscheidungen

Eindringlich wird die gefährdete Gemeinde in Ephesus zu einem Christen gemäßen Leben aufgerufen und an ihre Taufe erinnert. In der Taufe ist sie in Verbindung mit Christus getreten und hat das neue Leben im Licht bereits begonnen. Diese neue Existenz gilt es zu bewahren.

Wichtig scheint mir, in der Predigt dieses neue Leben an die Taufe rückzubinden, wie im Duktus des Textes angelegt. Eine stete Erinnerung an unsere Taufe tut auch heute gut. Glaube ist ja ein ständiges Erinnern daran, daß mir Gott in Christus in der Taufe entgegengekommen ist und mir dieses Leben im Licht geschenkt hat. Das ermutigt und verpflichtet zugleich: „Lebt als Kinder des Lichts ..." Dieses neue Leben schenkt den Getauften eine neue Identität. Über diese christliche Identität möchte ich nachdenken.

Wie sieht das heute aus, Kinder des Lichts zu sein?

Wie begegnen wir unserer Umwelt, die uns ja nicht weniger in Frage stellt, als die Christen in Ephesus – eben nur in anderer Weise? Wo sind wir besonders aufgerufen und gefordert, als Kinder des Lichts zu leben: zu prüfen, zu verwerfen, das Unerwartete zu tun, um so Zeugen unseres Glaubens zu sein?

Wo setzen Christen ihrer Umwelt etwas entgegen, sind nicht nur mit sich selbst beschäftigt? Wo sind sie Sand im Getriebe, laufen nicht einfach mit?

Wo zeigen sie einen aufrechten Gang und helfen andern dazu, haben sich nicht verkrümmen lassen? Wo bringen sie das Licht dorthin, wo andere im Finstern stehen und haben sich nicht selbst in die Finsternis stellen lassen? Und vor allem: w i e kann das alles geschehen? Der Weg wäre zu beschreiben, der zu gehen ist.

Christ-Sein fordert eine ständige genaue gesellschaftliche Analyse. Beispiele aus der Gemeinde und aus der Gesellschaft wären hier zu benennen.

Zum Leben im Licht, in der Nachfolge Jesu, gehört es, wach zu sein. Schlaf ist ja einerseits wohltuend und notwendig. Andererseits kann ich Notwendiges, Wichtiges auch verschlafen. Auch die Verbindung zu Christus und zu Gott. Da bin ich wie tot, befinde mich im Todesschlaf, ohne Erinnerung, wie betäubt.

Wer sich aufrütteln läßt, mag sich neu erinnern und zum Leben finden und zum Licht. Vieles kann aufrütteln, aufwecken: oft braucht es allzu häufig eine Katastrophe im persönlichen Leben. Hilfreicher wäre es allerdings, bereits vorher die Augen zu öffnen, um über sich selbst hinauszusehen.

Ein Leben im Licht wird von selbst Frucht tragen, wird Folgen haben für die persönliche Geschichte, aber auch für meine Mitwelt. Wie kann diese ‚Frucht' (vgl. V.9) näher benannt werden? Wie können die Folgen eines solchen Lebens als Sand im Getriebe, als Menschen mit dem aufrechten Gang benannt werden?

Was die Predigt nicht soll: Sie soll keine Schwarz-Weiß-Malerei betreiben: die Welt hier, die christliche Gemeinde dort. Denn Christsein meint – in Anlehnung an Bonhoeffers Wort von der Kirche – Existenz i n der Welt und dann auch f ü r die Welt. Eine Moralpredigt will ich vermeiden. Damit würde man dem Text nicht gerecht, der doch zu allererst von der Verwurzelung im Licht spricht und dann auffordert zum Tun.

Ziel der Predigt ist vielmehr, die Gemeinde zu allererst an das neue Leben durch die Taufe zu erinnern, also aufzuzeigen, woher man kommt und dann zu sehen: wohin man kommt, wenn man losgeht. Die Predigt bleibt also doch im ‚Jetzt' und ermutigt, aufzuwachen und den aufrechten Gang wagen. Wie die Christen in Ephesus damals, so haben auch Christen heute gegen die gesellschaftliche Wirklichkeit zu leben, wo notwendig, und mal Sand im Getriebe zu sein. Diesen eigenen, völlig anderen Weg aufzuzeigen und zum Leben in der Nachfolge und der Kraft des Lichtes Jesu Christi zu motivieren, ist Aufgabe der Predigt. Die Früchte stellen sich im übrigen dann von selbst ein.

4. Kontexte

„Sie! Wo kämen wir denn hin, wenn jeder sagen würde: Wo kämen wir denn hin und keiner ginge um zu sehen, wohin man käme, wenn man ginge." (Verf. unbekannt)

8. Sonntag nach Trinitatis

5. Liturgievorschläge:

Bußgebet: Guter Gott, du hast durch deinen Ruf „Es werde Licht!" die Welt erschaffen. Du hast deine Weisung an Israel gegeben als Licht für die Völker und auch uns durch Jesus Christus zu Kindern des Lichtes gemacht. Du sagst uns, daß wir dein Licht weitergeben sollen in der Welt. Wir aber verdunkeln dein Licht: teilnahmslos, rechthaberisch, auf den eigenen Vorteil bedacht, leben wir auf Kosten anderer Menschen. Wie sollen wir andern Licht bringen, wenn wir selbst im Dunkeln stehen? Gott befreie uns, weise uns den Weg aus der Finsternis, damit wir andern leuchten können. Mach uns zu Kindern deines Lichtes. – Kyrie.

Tagesgebet: Gott, dein Licht scheint, selbst wenn wir es nicht sehen. Es macht unser Leben hell, unsere Sinne lebendig. Wir werden, was wir in deinen Augen sein sollen: Kinder des Lichts:

Menschen, die Trauernde trösten, Fragenden antworten, Verzweifelten zuhören, Kraftlosen die Hand reichen. Wir wollen in deinem Licht wandeln und es anderen weitergeben. Wir trauen uns das zu, weil du uns das zutraust. Dafür danken wir dir. Amen.

Oder: Eingangsgebet: Du Gott des Lichts, ich preise dich,

der du der Morgen bist und der Abend, der Anfang und das Ende der Welt. Ich danke dir für die Ruhe der Nacht und das Licht eines neuen Tages. Von dir kommt alles, was geschieht. Du lebendige Kraft, gib deine Kraft uns, damit wir erwachen. Du alles umfassende Weisheit, lehre uns verstehen, wohin unser Weg führen soll. Du schaffst Freude in den Traurigen, Trost in den Schwermütigen, Klarheit in den Verwirrten, Lebenskraft in den Schwachen. Schaffe Licht auch in uns in der Frühe deines Tages. Amen.

(Zink/Hufeisen, S.21)

Fürbitte: (Hier können Lichter angezündet werden):

Gott, du hast uns ins Leben gerufen und hast in der Taufe dein Ja zu uns gesprochen. Als Gemeinde hast du uns in die Welt gestellt. In deinem Sinn ist es, daß wir einander und andern das Leben hell machen. – (Kerzen entzünden:)
– Wir wollen Menschen aufsuchen, die Lasten tragen. *
– Wir wollen zu den Kranken gehen und ihr Leid mittragen.*
– Wir wollen uns aufmachen zu denen, die mit ihrem Leben nicht fertig werden und das Leben mit ihnen aushalten.*
– Wir wollen uns denen zuwenden, die um einen Menschen trauern.*
Wir nennen heute ... . *
– Wir wollen die nicht vergessen, die in Kriegsgebieten leben, deren Leben täglich bedroht ist.*
Gott, wir wollen dein Licht in die Welt tragen. Denn wo dein Licht leuchtet, wird es wärmer in uns und um uns. Wir bitten dich:

Bleibe uns zugewandt. Gib uns deinen guten Geist. So können wir tun, was notwendig ist. – Wir beten, wie Jesus auch gebetet hat: Vater Unser.

Weitere Gebete: A.Rotzetter, S. 17 „Wach sein"
Segen: bei A.Rotzetter, S. 123 „erhelle mir den Weg..."

Lieder: EG 349 Morgenglanz der Ewigkeit
EG 441 Du höchstes Licht, ewiger Schein
EG 357 Ich weiß, woran ich glaube
EG 395 Vertraut den neuen Wegen
EG 662 Gib uns Weisheit, gib uns Mut

Literaturhinweise:

Müller, Gerhard (Hrsg.): Theologische Realenzyklopädie, Artikel: Licht und Feuer, Bd. 21, Berlin/New York 1991, S.83-119
Rotzetter, Anton: Gott, der mich atmen läßt, Freiburg 1994
Schnackenburg, Rudolf: Der Brief an die Epheser, Neukirchen-Vluyn 1982 (EKK Bd.10)
Strack, Hermann L./Billerbeck, Paul: Das Evangelium nach Markus, Lukas und Johannes und die Apostelgeschichte, München 1956, S.219; 427-9 (Kommentar zum Neuen Testament aus Talmud und Midrasch)
Zink, Jörg/Hufeisen, Hans-Jürgen: Wie wir feiern können, Stuttgart 1992

Andrea Knauber, Körnerstr. 58, 76135 Karlsruhe

9. Sonntag nach Trinitatis: Phil 3,(4b-6).7-14

1. Annäherung

Er ist verletzbar, zeigt Emotionen, der Mann. Freude und Zorn sind aufs engste beieinander: *Freut euch im Herrn!* (3,1) – und fast im selben Atemzug: *Hunde! Zerschneidung!* (3,2). Verwickelt bis zum äußersten die Person in ihren Auftrag: Apostel sein den „Heiligen" in Philippi. Die Hände gefesselt – und ergriffen bis ins letzte von messianischer, endzeitlicher Existenz: *Christus – Leben mir, Sterben – mein Gewinn* (1,21). Und festgehalten bis ins tiefste im Bund des Gottes Israels mit seinem Volk. Hier vielleicht sogar in einer wider eigenes Wissen gerichteten Weise. Auch wenn er sich gerade darauf nicht mehr verlassen will: er *ist* einer aus dem Volk Israel *noch viel mehr als andere!* Zu sehr betont er, dies sei nun – im Licht des Neuen – alles *Mist*, (Sch..., um es entsprechend drastisch zu sagen). Zu scharf, zu präzise die Aggression, als daß ihm „das Alte" *nur* noch das und sonst nichts mehr sein könnte. *Zerschneidung:* das kann so nur einer seinen Gegnern entgegenschleudern, der, selbst im Innersten getroffen, weiß, wo er die Gegner treffen kann (wenngleich nicht sicher ist, ob diejenigen, die er warnen möchte, die Tiefe des Kampfes erahnen). Jüdische Fronten *innerhalb* der Gemeinde Jesu; so scharf allerdings, daß das Band des Paulus auch zu denen, die darüber hinaus Israel sind, zu zerreißen droht (hätte dieser Israelit, anderswo und dann in schmerzhafter Solidarität, nicht *auch* gesagt: *Sie sind Geliebte um der Väter willen...* [Rö 11,28].)

2. Beobachtungen am Text/rabbinische Kontexte

Gegensätze

Gegensätze im selben Atemzug lassen sich nicht nur an den Emotionen des Paulus ausmachen, sondern natürlich auch an den Begriffen. Eigentlich charakterisieren sie ein *einst* und *jetzt*: σαρξ – πνευμα, ζημια – κερδος, νομος – πιστις χριστου. In der Gleichzeitigkeit, in der diese Zeiten allerdings erlebt werden, liegt ungeheure Explosivität. *Jetzt* ist Zeit des Christus – und deshalb: Achtung vor den *Hunden, den böswilligen Arbeitern, der Zerschneidung!* Der Ärger mit diesen Leuten, die Paulus schon kaum mehr Mitmenschen sein läßt: daß es sie *jetzt*, im Licht seiner alles überragenden Christuserkenntnis überhaupt noch gibt – und das auch noch mitten in der Gemeinde!

Dabei geht es nicht um „Werkgerechtigkeit" (K. Barth übersetzt im Anschluß an Bultmann mit „Werkhelden"). Was protestantische Ohren zu diesem Urteil verführt, ist unter anderem auch das kleine Wörtchen αμεμπτος (V 6): sich anstrengen, *untadelig* mit „eigener Gerechtigkeit" vor Gott erscheinen wollen. Nur: Paulus verwendet dasselbe Wörtchen auch in 2,15, dort aber ganz und gar nicht iSv „Werkerei" – sondern ganz unbefangen als Ziel *christlicher* Existenz. Im Gegensatz zu traditioneller protestantischer Sicht hat sich das Spannungsfeld von göttlicher Rettung und menschlicher Antwort in der Grundstruktur paulinischen Denkens niemals verändert. Der Vorwurf, „eigene" Gerechtigkeit präsentieren zu wollen, hat seinen Grund, schlicht gesagt, darin, daß die biblisch ja ganz gut begründete Forderung nach der Beschneidung nicht mehr zeitgemäß ist. Nicht aus Verzweiflung am eigenen Tun ist nun alles „Schaden", sondern „durch die überwältigende

Erkenntnis des Christus". Der „Tag des Christus" ist nahe (1,6; 2,16). Diese Erkenntnis ist geprägt durch völlige subjektive Aneignung und Ergriffensein von diesem Christus („*meines Herrn*" V 8 – „wie auch ich ergriffen bin vom Christus" V 12). Paulus selbst und sein Werk – die durch sein „Laufen" entstandene Gemeinde – sind sichtbarer Ausdruck des „Lebenswortes", sie sind „Lichter in der Welt" (2,15f). Die andere Seite: alles, was dieser neu erkannten Wirklichkeit widerspricht, ist Ausdruck eines „verdorbenen" und „verkehrten Geschlechts" (2,15). Mag es noch missionarische Aufgabe sein, unter Nichtjuden solches Licht leuchten zu lassen, so wird's explosiv, wenn der Charakter der endzeitlichen Heilszeit von innen heraus in Frage gestellt wird. Beschneidung: Ausdruck des Heilswillens des Gottes Israels (Gen 17). Paulus selbst ist körperlich hineingepflanzt in diesen Heilswillen: beschnitten am achten Tag, aus dem Volk Israel, er hat den Heilswillen Gottes, in der Tora gegeben, ohne Fehl und Tadel bewahrt und getan. Und nun: ein besserer Heilswille desselben Gottes? Die Frage, von Christen ohne inneres Verstehen mit Leichtigkeit, oft auch mit Leichtfertigkeit bejaht, kann Paulus nicht verhandeln ohne tiefen – auch inneren – Kampf. Er selbst hatte *nein* gesagt zu solch „besserer Gotteserkenntnis" in Christus, er war „Verfolger der Gemeinde" (V 6). In dieser Rückschau des späteren Christusnachfolgers läßt sich erahnen, daß seine Gotteserkenntnis offensichtlich *schon vorher* und existentiell ins Schicksal der Jesusgemeinden hinein verwickelt war: in seinem Eifer von Ablehnung und Verfolgung. Trifft dies zu, dann hinge sein Zorn gewiß *auch* mit seiner eigenen Sicht des jüdischen Missionars zusammen, die er jetzt – hinterher – als „Mist" bezeichnet. Dies klärt nicht die grundsätzlichen konflikthaften Fragen, denen er sich im Römerbrief ja stellt. Wohl aber kann dieser Gedanke zur Vorsicht mahnen, den ‚Mist' des Paulus pauschal als gegen jüdische Identität gerichtet zu sehen. Die Schwierigkeit im Philipper-Brief: der Kampf ist hier nur als Kampf des in die Enge getriebenen Paulus greifbar: er selbst gefesselt und im Konflikt mit Gegnern, die seine Früchte in Philippi gefährden. So spitzt er selbst zu, rastet aus, wenn auch „nur" gegen die Judenchristen innerhalb der Gemeinde. Aber damit läßt er auch – fast! – keinen Raum mehr für die „alte" Gotteserkenntnis. Nur noch die Wendung „Schaden – um Christi willen" (V 7) läßt erahnen, daß das, was ihm jetzt „Schaden" ist, eingebunden, festgehalten *bleibt*, immer noch und trotz alledem: in den einen Heilswillen desselben einen Gottes.

Auferstehung
„Auferstehung" dürfte das Kernwort des alles „überragenden Wertes der Erkenntnis des Christus" sein. Auch dies Wort ist nicht neu, prägt es doch ebenso den Kern jüdischen Bekennens und Betens. *Kraft*, δυναμις *der Auferstehung* (V 10) findet sich im Achtzehn-Bitten-Gebet: *„Du bist* גבור, *stark, machst die Toten lebendig."* An anderer Stelle: *Treu bist du, die Toten aufzuwecken*; und: *der seine Treue hält denen, die im Staub schlafen.* Von dieser „Treue" fällt ein interessantes Licht auf die Formulierung δια πιστεως Χριστου (V 9f): auch hier sind „Treue" und „Auferweckung" eng verknüpft. So liegt es nahe, mit Christus als *Subjekt* zu übersetzen: Gerechtigkeit durch die Treue des (auferweckten) Christus. V 10f drückt die Gemeinschaft mit diesem Christus „mit ganzem Herzen, mit ganzer Seele, mit aller

Kraft" aus: συμμορφιζομενος – das ist körperliche Einheit, durch den Tod zum Leben; die – hier jedenfalls – mit dem körperlichen Zeichen der Beschneidung in Konkurrenz getreten ist: *Wir sind die Beschneidung!* (V 3).

Allerdings klingt Paulus im Zusammenhang mit der Auferstehung vorsichtiger: *Nicht daß ich es (sie) schon ergriffen hätte* (V 12). Er mag spüren: diese Hoffnung in die Macht und in die Treue Gottes ist Urgestein; jetzt, dem Ziel nahe, wie sollte ich das, wovon ich immer noch lebe, wie Kot hinter mir lassen, den niemand mehr anrührt?

Hilfreich zum Nachspüren des Spannungsfeldes zwischen „alt" und „neu" ist ein Text aus bBerachot 12b:

Ben Soma sagte zu den Weisen: Erinnert man in den Tagen des Messias den Auszug aus Ägypten? Die Schrift sagt: Darum siehe, es kommen Tage, spricht der Herr, daß man nicht mehr sagen wird: So wahr der Herr lebt, der die Kinder Israel aus Ägyptenland geführt hat!, sondern: So wahr der Herr lebt, der die Nachkommen des Hauses Israel herausgeführt und hergebracht hat aus dem Lande des Nordens ... (Jer 23,7.8). Sie (die Weisen) sagten zu ihm: Nicht daß der Auszug aus Ägypten (vollständig aus dem Gedächtnis) ausgerissen werde! Vielmehr: ... die (Befreiung aus der) Gewaltherrschaft ist Hauptsache, die (Befreiung aus) Ägypten ist Nebensache. (bBerachot 12b, übersetzt nach hebr. Zitat in „Haggada schel Pessach", Daniel Goldschmidt, Jerusalem 1981, S. 21).

Diese talmudische Diskussion ist, indem sie auf die Zukunft bezogen ist, hypothetisch. Ben Soma redet insofern wie Paulus, als er festhält am alles überragenden, revolutionären Charakter der Erlösung. Die Weisen dagegen beharren darauf, daß die letzte Erlösung eine geschichtliche Tat Gottes ist, die auch andere Geschichte nicht vergessen macht.

Paulus redet nicht hypothetisch; Christus ist für ihn der alles überragende, gegenwärtige Gewinn. Durch solche Gegenwart des Heils in geschichtlicher Dimension verschärft sich die Spannung zwischen „einst" und „jetzt". Paulus muß nun *reale* Gegensätze erklären, die in der talmudischen Diskussion als Thesen stehenbleiben können. Im Philipperbrief gibt es nichts zu erklären: die „alte Geschichte" fängt an, die Gegenwart des Heils zu bedrohen. Die Konsequenz des Paulus: *...ich vergesse, was hinter mir ist.*

Auf Dauer jedoch kann Paulus so nicht vergessen. So muß er die Spannung am eigenen Leib aushalten (Rö 9-11), muß Trauerarbeit leisten (9,1-6), muß in sein Denken integrieren, was für ihn kaum zu integrieren ist. Solche Spannung verbindet ihn mit den Weisen der talmudischen Diskussion: Paulus erinnert gerade im Licht der „Hauptsache", seiner Christuserkenntnis, an die Gegenwart auch des früheren Heilshandelns Gottes: *Ihnen die Kindschaft und die Herrlichkeit und die Bundesschlüsse und die Tora und der Gottesdienst und die Verheißungen ...*

3. Homiletische Entscheidungen

Der Konflikt und die Perikope

Die Dynamik der Perikope geht verloren ohne den Anfang. Gerade das „Ausrasten" des Paulus zeigt: der Kampf um die Wahrheit ist nicht abstrakt, sondern konkret; es geht um die Einheit der Gemeinde im Licht des Christus.

Das Weglassen des Streits macht aber die Sache im Blick auf das jüdische Volk nicht harmloser. Es kommt zur üblichen unmerklichen Dogmatisierung eines spezifischen Konflikts. Solche Dogmatisierung nimmt unheilvolle Züge an, wenn die geballte Aggression des Paulus in Gestalt theologischer „Selbstverständlichkeiten" unverstanden gegen jüdisches Selbstverständnis gerichtet wird. Denn um jüdisches Selbstverständnis geht es; und die paulinischen Begriffe machen es leicht, das traditionelle protestantische Urteil in alle Ewigkeit zu wiederholen: „eigene Gerechtigkeit aus dem Gesetz" (V 9). Gelingt es, das Überwältigende der Erkenntnis Jesu Christi (V 8) als *unsere* Erkenntnis *unseres* Herrn auszusagen, ohne den Streit um die Gemeinde in Philippi als Hammer gegen jüdisches Selbstverständnis zu richten? Dabei wird nötig sein, das Wörtchen (... μου – meines Herrn, V 8) zur Differenzierung einzusetzen. Wohl ist dieser Jesus Christus des Paulus wie auch *unser* Herr. Dazwischen liegen aber zweitausend Jahre: messianisches Hoffen, messianischer Schmerz, die Trennung, Pogrome, der Massenmord.

Das Thema
Einerseits: wir streiten in unseren Gemeinden nicht um Beschneidung und Tora. Damit wäre die Möglichkeit gegeben, dem ursprünglichen Inhalt des Streits überhaupt auszuweichen, den Streit so anzugehen, daß jüdisch-christlicher Kontext gar nicht erkennbar wird. Man könnte über andere biographische Brucherfahrungen im Licht des Glaubens sprechen, über das Verhältnis von *vorher* und *nachher,* über neu geschlossene und alte, abgebrochene Beziehungen, um nötigen – und ganz aktuellen – Streit um die Wahrheit, aber auch über das Problematische der nach rückwärts gerichteten Aggression. Ich halte das nicht für völlig unmöglich, zumal ja auch der Streit um Philippi das Verhältnis zum nicht-messianischen Judentum *nicht direkt* zum Thema hat. Die Auseinandersetzung bleibt ein Streit *innerhalb* der Gemeinde. Allerdings: das Judentum wird dennoch in seinen Kernaussagen getroffen, hineingezogen auf den Schauplatz der Auseinandersetzung. Bei Worten wie „Schaden", „Dreck" oder „Kot" in Verbindung mit „Gesetz" und anderen jüdischen Kernbegriffen bildet bzw. bestätigt sich das negative Urteil wie von selbst.

Deshalb andererseits: der 10. Sonntag nach Trinitatis folgt sogleich. Da wird es dann heißen: *Sie sind Geliebte um der Väter willen* (Rö 11,28). Wer zu predigen hat, wird sich seine Gemeinde vor Augen halten und überlegen, in welcher Weise über zwei Sonntage ein Schwerpunkt gesetzt werden kann. Die Empfindlichkeiten sind nach wie vor nicht zu unterschätzen. Je deutlicher es dabei um die Existenz des jüdischen Volkes heute und um deutsch-christliche Geschichte geht, desto tiefer dürften ablehnende, aber auch solidarische Wirkungen zum Vorschein kommen. Der Zorn des Paulus müßte ausgehalten, so gut wie möglich auch verstanden werden. Die Stimmung würde ich durchaus mit Hilfe der paulinischen Kraftwörter verdeutlichen. Das Recht auf Streit um die Wahrheit wäre stark zu machen gegenüber raschem und falschem Zudecken von Konflikten.

Dann wäre etwas davon zu erzählen, was jüdische Existenz um Beschneidung und Tora bedeutet, wie gerade die Tora im Angesicht der Verfolgung zum Inbegriff des Lebens wurde – christlichen Peinigern zum Trotz. Der Zorn des Paulus wird – und muß – sich in dieser Perspektive relativieren.

Und: dem Paulus vom 9. Sonntag nach Trinitatis müßte – ohne schon alles vorwegzunehmen – die schmerzliche Solidarität des Paulus vom 10. So. n. Tr. entgegengehalten werden.

4. Liturgievorschläge

- EG 293 Lobt Gott, den Herrn
- Psalm 98/EG 739 *oder:* 119/EG 748 (Freude an der Tora)
- Schriftlesung:
  Lukas 2,21-40 Beschneidung Jesu, Darstellung im Tempel
- EG 497 (Auswahl): Ich weiß, mein Gott, daß all mein Tun
  oder: EG 295 Wohl denen, die da wandeln
- EG 419,1-5 (mit untenstehendem Kanon):
  Hilf, Herr, meines Lebens
- EG 565,1-5 Herr, wir bitten: Komm und segne uns

Literatur:
K. Barth, Philipperbrief (1928)
Peter v.d. Osten-Sacken, Katechismus und Siddur (1984, S. 246f.)
Talmud, bBerachot 12b.

Eckhard Benz-Wenzlaff, Pistoriusstraße 6, 73527 Schwäbisch Gmünd-Großdeinbach

10. Sonntag nach Trinitatis: Röm 11,25-32

Ärgernis

Die Verstockung Israels, von der bereits in Vers 7 des 11. Kapitels die Rede war, und die der Auslöser für die kirchliche Theologie von der Verwerfung Israels ist, ist im Dialog zwischen Juden und Christen heute schwer nachzuvollziehen und schon gar nicht zu predigen. Im lebendigen Dialog mit Juden entdecken Christen gerade die Treue Israels gegenüber seinem Gott und gegenüber seiner Berufung, die für Christen eher ein Vorbild ist. Wie soll man also der Gemeinde einen solchen Text predigen, der dazu ja noch am Israelsonntag das Positivste zu sagen hat, was Paulus und das Neue Testament über das jüdisch-christliche Verhältnis auszusagen wußte? Auch die spätere Aussage über die Errettung (ganz) Israels, tröstet darüber nicht hinweg, daß hier von der Verstockung Israels die Rede ist. Dieser Gedanke muß dem Prediger und Hörer derartig zusetzen, daß er sich darüber nicht beruhigen darf. Ist also hier eine Kampfansage an den Apostel Paulus und das Neue Testament vonnöten?

Und dann das „Geheimnis"! Das Geheimnis will doch diese Verstockung im Heilsplan Gottes erklären. Die Verstockung Israels ist nötig, um die Heidenwelt zu retten. Anscheinend ist Gott nicht in der Lage, Heiden und Israel gleichzeitig zu retten. So etwas geht doch nicht aus der Botschaft der hebräischen Bibel hervor. Der ganze Abschnitt Römer 9-11 ist gespickt mit Bibelzitaten, hier fehlt eins.

Ich erinnere mich an meinen verstorbenen Freund Jochanan Bloch, Neutestamentler der Ben Gurion Universität Beer Scheva, der diesen Gedanken des Paulus mit seinem Wort von „der Eisschrank-Theologie" abzutun pflegte. Wir, die Juden, sind eben verstockt und ausgeschlossen, bis alle Heiden erlöst sind. Auf Kosten der Heiden muß Israel ins 2000jährige Leidensdasein untertauchen, und wer weiß, wie lange es noch dauern wird, bis die „Vollzahl" der Heiden eingegangen ist. Es sieht doch gegenwärtig gar nicht so erfolgversprechend mit diesem Unternehmen aus. Ich kann doch meinem jüdischen Gesprächspartner nicht sagen, nur Geduld, auch Deine Stunde wird kommen.

Dreimal wird in diesem kurzen Text diese Theorie wiederholt. Dies ist also für Paulus ein Hauptgedanke in diesem Abschnitt und dieser Abschnitt ist die Zusammenfassung all dessen, was er in Kapitel 9-11 zum Verhältnis von Juden und Christen sagen will.

Widersprüche

Das Wichtigste, was Paulus in dieser Zusammenfassung sagt, ist aber etwas anderes.

Vers 26: πας Ισραηλ σωθησεται, was wie das Zitat aus der Mischna klingt, כל ישראל יש להם חלק לעולם הבא (Mischna Sanhedrin 10,1), ganz Israel hat Teil an der kommenden Welt. Dies widerspricht dem in Kap. 9-11 mehrfach wiederholten Gedanken, ου γαρ παντες οι εξ Ισραηλ, ουτοι Ισραηλ (9,6). Wie ist das zusammenzubringen?

Im Weiterspinnen eines Gedankens von E.P.Sanders, Paulus, Reclam Stuttgart 1995, S. 153ff (ein auch sonst sehr empfehlenswertes Büchlein) könnte man folgendermaßen argumentieren. Der Neuchrist Paulus rechtfertigt sein Christentum mit einer neuen Definition der Heilsgeschichte und des Gottesvolkes. Dieses besteht nun nicht mehr aus dem alten Israel, sondern aus Judenchristen und Heidenchristen. Dies kann er aber als Heidenapostel und als jemand, der sich nach seinen Brüdern sehnt, nicht ganz durchhalten. So fällt er im weiteren Verlauf seiner Gedankenführung von Römer 9-11 von diesem Dogma immer mehr ab.

Sein christliches Grundbekenntnis von 9,6 wird immer mehr durchlöchert, durch das Ölbaumgleichnis, durch seine verschiedenen Schlüsse vom Leichteren aufs Schwerere (Kal we – Chomer) –, daß, wenn schon die Rettung der Heiden ein so großes Ereignis ist, wie groß erst die Rettung der Juden sein muß, – bis hin zu der Aussage eben in Vers 26 πας Ισραηλ σωθησεται.

Aber auch in der Perikope selbst gibt es Widersprüche oder Unglätten, die verschiedene, auch wichtige Textzeugen, dann auszugleichen suchen, durch Streichen des νυν in Vers 31. Wenn Israel doch verworfen ist, wie kann Israel dann „jetzt" Erbarmung erfahren?

Und welche eine Ungereimtheit ist Vers 28? Wie kann denn Israel Feind und Freund zugleich sein? Und dazu noch Feind um des Evangeliums willen! Dies alles ist ein Seelenkampf im Herzen des Paulus, wobei seine jüdisch pharisäische Seele (כל ישראל יש להם חלק לעולם הבא) seiner neuchristlichen (παντες οι εξ Ισραηλ, ουτοι Ισραηλ) siegt. Hier nun muß der Prediger Partei ergreifen und muß sich entscheiden.

Die biblischen Beweise zur Rettung ganz Israels

Wie im ganzen Abschnitt von Römer 9-11 stützt Paulus sich auch in dem Abschnitt V.25-32 auf Bibelstellen und so auch zur These πας Ισραηλ σωθησεται. Wie häufig zitiert Paulus ungenau und kombiniert mehrere Stellen zusammen, so daß sich am Rande des Nestle Textes eine ganze Reihe von Stellen finden. Hochinteressant ist, daß Paulus aber seinen Text noch umformuliert, um ihn seinem Zwecke besser unterordnen zu können. Das Zitat von Römer 11,26f setzt sich vor allem aus Jes 59,20 und Jer 31,33 zusammen. Besonders interessant ist das erste Zitat aus Jesaja 59. Hier heißt es im hebräischen Text, daß der Erlöser für Zion kommt und die in Jakob, die Buße getan haben. Hier übernimmt Paulus die Septuaginta, daß der Erlöser deshalb kommt, weil er die Sünde aus Jakob weggeschafft hat, ohne jedes eigenes Zutun wird Israel gerettet.

Der Skopus der Perikope

In dieser romantischen Rückkehr des Paulus zu seinen jüdischen Wurzeln läßt er sich zu einer in der Theologie oft als anstößig empfundenen Aussage hinreißen, zu der Allversöhnung des letzten Verses in unser Perikope, Vers 32: ινα τους παντας ελεηση. Der Ungehorsam der ganzen Welt, der Völker und Israels, ist gerade der Anlaß für die alles umfassende Versöhnungstat Gottes, sich über alle zu erbarmen, damit die Gnade Gottes als mächtigste erwiesen ist. Dies ist aber wohl schon in der vielleicht kühnsten Aussage des Paulus abgezeichnet, 1 Kor 15,28, ινα η ο θεος παντα εν πασιν. Dieser Gedanke ist zutiefst jüdisch, spiegelt wieder die Botschaft der Propheten, daß am Ende der Tage die Heiden auf den Zion kommen und miterlöst werden. Daß dies aus lauter und reiner Gnade Gottes geschieht ist auch qumranitisch, im Gegensatz zur pharisäischen Ansicht geht aber hier der größte Teil der Welt im Kampf von Gog und Magog verloren.

Paulus ist hier ganz Pharisäer, aber wohl weitgehender als es seine meisten zeitgenössischen Kollegen gewesen sein dürften. Die Schranke zwischen Israel und der Heidenwelt ist am Ende der Zeiten weggeschafft, und Gottes Erlösungstat und seine Herrlichkeit überstrahlt alle, Heiden wie Israel. Dies ist nun einmal das Fazit seiner Gedanken zum Thema Kirche und Israel, und das sollte der Prediger auch sagen.

Ein rabbinischer Text

„Einst waren Rabban Gamliel, R. Eleasar ben Asarja, R. Jehoshua und R. Akiva unterwegs und hörten den Schall des Lärms von Rom von Puteoli aus (in einer Entfernung) von einhundertzwanzig Meilen und fingen an zu weinen – doch R. Akiva lachte.

Da sprachen sie zu ihm, weshalb lachst Du? Er sprach zu ihnen: Und ihr, weshalb weint ihr?

Sie sprachen zu ihm: Diese Äthiopier (kushim, Heiden), die Götzen anbeten und Götzen räuchern, sitzen ruhig und sicher, doch wir – das Haus des Fußschemels unseres Gottes ist im Feuer verbrannt, und wir sollten nicht weinen? Er sprach zu ihnen: Eben deshalb lache ich! Denn wenn es sich schon mit den Vertretern seines Willens so verhält, um wieviel mehr (wird es sich) mit den Tätern seines Willens (so verhalten)!

Ein andermal gingen sie nach Jerusalem hinauf. Als sie den Scopus Berg erreichten, zerrissen sie ihre Kleider. Als sie den Tempelberg erreichten, sahen sie einen Fuchs aus dem Haus des Allerheiligsten herauskommen. Da fingen sie an zu weinen, doch R. Akiba lachte. Sie sprachen zu ihm: Weshalb lachst Du? Er sprach zu ihnen: Weshalb weint ihr? Sie sprachen zu ihm: Ein Ort, von dem geschrieben steht: ‚Und ein Fremder, der naht, soll getötet werden' (Num 1,51), und jetzt streifen Füchse in ihm umher, und wir sollten nicht weinen? Da sprach er zu ihnen: Eben deshalb lache ich! Denn es steht geschrieben: ‚Und ihr sollt mir zuverlässige Zeugen nehmen, Uria, den Priester, und Sacharja, den Sohn Jeberechjas' (Jes 8,2). Doch was hat die Sache des Uria mit Sacharja zu tun – Uria lebte zur Zeit des Ersten Tempels und Sacharja zur Zeit des Zweiten? Vielmehr die Schrift hat die Prophezeiung des Sacharja abhängig gemacht von der des Uria. Von Uria steht geschrieben: ‚Fürwahr, euretwegen wird Zion als Acker gepflügt usw.' (Mi 3,12). Und in Sacharja steht geschrieben: ‚Wiederum werden sitzen Greise und Greisinnen in den Straßen Jerusalems' (Sach 8,4). Wenn nicht die Prophezeiung des Uria in Erfüllung gegangen wäre, hätte ich gefürchtet, daß auch die Prophezeiung des Sacharja nicht in Erfüllung gehen werde. Jetzt jedoch, da die Prophezeiung des Uria in Erfüllung gegangen ist, ist gewiß, daß auch die Prophezeiung des Sacharja in Erfüllung gehen wird.

Um dieses Wortes willen sprachen sie zu ihm: Akiva, Du hast uns getröstet, Akiva, Du hast uns getröstet." (bMakkot 24 a/b, nach Pierre Lenhardt und Peter von der Osten, Rabbi Akiva, Berlin 1987, S. 285ff).

Wenn beide verwandten Erzählungen auch unterschiedlich argumentieren und komplizierter sind als sie aussehen, vordergründig sind sie ausreichend verständlich, um als Illustration unseres Römertextes zu dienen. Die erste Geschichte argumentiert ganz ähnlich wie Paulus mit einem Kal we-Chomer, die zweite, zumal am Israelsonntag eine Tempelzerstörungsgeschichte, argumentiert auf eine sehr feine Weise mit Bibelzitaten, auch Paulus ganz verwandt.

Erstaunlich ähnlich ist auch die Situation. Israel ist nicht erlöst (bei Paulus verworfen), aber in Zukunft wird es ganz sicher gerettet werden.

Auch die Heidenwelt und Israel in der ersten Geschichte reflektieren das Verhältnis von Heiden und Israel bei Paulus in unserer Perikope. Die erlöste Heidenwelt ist Garant für die Erlösung Israels, ein Kal we-Chomer.

Zur Predigt

Aus dem Gesagten ergeben sich genug Hinweise auf eine Predigt, die von der Versöhnung von Kirche und Israel redet. Dies wäre ganz im Sinne des Paulus. (Zu dieser Meditation hat Kathrin Schleupner mit vielen Gedanken und Ideen beigetragen)

Michael Krupp, P.O.B. 7682, Jerusalem 91076 – Israel

12. Sonntag nach Trinitatis: Apg 9,1-20

1. Annäherung – an eine Judentaufe

In der Vorbereitungsrunde für die Kinderkirche erzählt eine Mitarbeiterin die Geschichte. In ihrer Darstellung fällt Saulus vor Damaskus selbstverständlich von einem Pferd zu Boden. Die Mitarbeiterin ist sehr irritiert als sie bemerkt, daß von einem Reittier bei Lukas nichts zu lesen ist. So tief haben sich uns die Illustrationen aus verschiedenen Bibeln eingeprägt, daß die Bilder des Textes selbst dahinter nicht so leicht zu entdecken sind. Ähnlich geht es wohl auch mit den sprachlichen Wendungen die sich aus diesem Dokument urchristlicher Geschichtsschreibung über die Übersetzung Martin Luthers in unserer Sprache erhalten haben: Das *Damaskuserlebnis* beschreibt, wie einer *mit Zittern und Zagen vom Saulus zum Paulus* wird und wie ihm dabei *die Schuppen von den Augen fallen* (vgl. v. Loewenau S. 346).

Offenbar zeigt diese Schilderung der Umkehr des späteren Heidenapostels damals vor Damaskus bis heute eine starke Wirkung. Bis heute wählen Menschen, die von ihrer Bekehrung Zeugnis geben wollen, Elemente aus der Bekehrungsgeschichte des Paulus. Auf dem falschen Weg trifft sie ein Licht von oben, geblendet werden sie niedergeworfen, erst die Einführung durch einen Bruder öffnet ihnen wieder die Augen, so daß sie die Taufe begehren und nun Zeugen werden.

Der für die Judenmission des 19. Jh.s in Deutschland prägende lutherisch-pietistische Theologe Franz Delitzsch weiß genau Ort und Stunde anzugeben, wo ihn ‚ein Strahl von oben' traf, so daß er am Ende sagen konnte „Von nun an wurde ich Theologe" (Wagner S. 30). Von den Größen der Wissenschaft des Judentums seiner Zeit wegen seiner profunden Kenntnis der jüdischen Tradition geachtet stellt er nun seine Kenntnisse in den Dienst der Judenmission.

Auf mich wirken solche Schilderungen von Gemeindegliedern in all ihrer deutlich spürbaren Ernsthaftigkeit oft sehr vereinfachend. Wäre das Leben doch nur so, daß man den Strom an einer Stelle anhalten könnte und sagen könnte: Hier und nirgendwo anders ist es geschehen. Welche Funktion haben solche Bekehrungsgeschichten bei der Zeltmission oder im Schulgottesdienst, im Hauskreis oder im Gespräch? Was wollen die Erzählenden sagen und was nehmen die Zuhörer davon auf?

Wie hören die PredigthörerInnen die Darstellung eines offenbar mit Macht ausgestatteten Vertreters der jüdischen Obrigkeit in Jerusalem, der gegen die schwachen Schwestern und Brüder in Damaskus vorgehen will? Wie läßt sich nach etwa 1700 Jahren auch christlich motivierter Judenverfolgung ein solcher Text predigen, ohne daß die HörerInnen immer schon die Geschichte von den bösen Juden hören, die uns Christen verfolgen wollen?

2. Welche Darstellung predigen wir? Beobachtungen am Text

Die Bekehrung des Saulus/Paulus ist nach Roloff (144) nicht nur „eine der Schlüsselgeschichten der Apostelgeschichte" (in Apg 9,1-20 und wiederholt im Selbstbericht des Paulus in 22,4-16 und 29,9-18). Durch das Zeugnis, das uns Paulus selbst in seinen Briefen (Gal 1,11-16; 1 Kor 15,8ff; Phil 3,6ff; 1 Kor 9,1) von dem gibt, was ihm vor Damaskus widerfahren ist, haben wir wohl das „am besten bezeugte (Ereignis) in der Geschichte des Urchristentums" (Roloff) vor uns. Daraus lassen sich nun sowohl der gemeinsame Kern, als auch die Unterschiede leicht darstellen (vgl. die hilfreiche Zusammenfassung bei Hasselmann).

Der *historische Kern* läßt sich im Anschluß an Pesch (309) zusammenfassen:
„1. Paulus hat die ‚Gemeinde Gottes' (1 Kor 15,9; Gal 1,13; Phil 3,6) *in Jerusalem* verfolgt."

2. Paulus plant eine Ausweitung nach Damaskus, wohin Vertreter der Jerusalemer Gemeinde geflohen waren. Dafür versieht er sich mit Empfehlungsbriefen an die dortigen Synagogen.

„3. Paulus ist in Damskus von Hananias getauft (9,18; 22,16) und in die Gemeinde aufgenommen worden."

4. Das Damaskuserlebnis war die Wende im Leben des Paulus vom Verfolger der Anhänger des neuen Wegs in Israel zum Wegbereiter für den neuen Weg unter den Völkern der Welt.

Deutliche Unterschiede gibt es in der Deutung dessen, was da in der Wüste vor Damaskus geschehen ist. Während Paulus seine Christo-Phanie in grundsätzlichem Zusammenhang mit den nachösterlichen Erscheinungen des Auferstandenen sieht (1 Kor 15,8), sind für Lukas diese Erscheinungen mit der Himmelfahrt abgeschlossen. Aus dieser besonderen Erscheinung leitet Paulus seinen Auftrag zur Heidenmission ab. Lukas hingegen liegt vor allem an der Darstellung der Bekehrung, der individuellen Lebenswende „durch die der ehemalige Christusverfolger zum Christusverkündiger" (Roloff 144) wird. Während also im Selbstverständnis des Paulus der Auferstande seinen Apostel selbst in Dienst nimmt, geschieht bei Lukas diese Beauftragung durch die Gemeinde.

Pesch (308) faßt die Beobachtungen mit einem Zitat Roloffs zusammen: „Die von Lukas tradierte Bekehrungslegende will gewiß im Rahmen seines zweiten Buches ‚der Vergewisserung der Gemeinde selbst dienen, indem sie am Beispiel der Lebenswende des Paulus zeigt: weil Christus, der erhöhte Herr, die Macht hat, auch die scheinbar unüberwindlichen Gegner der Gemeinde in seinen Dienst zu nehmen, darum ist diese Gemeinde, die ihm zugehört, unüberwindlich' (Roloff 146)."

3. Homiletische Entscheidung

Ich möchte mit meiner Gemeinde über die unterschiedlichen Möglichkeiten nachdenken, Lebens- und Glaubensgeschichten zu erzählen und zu hören.

Einstieg: Wir erzählen Lebensgeschichten zu unterschiedlichen Zeiten und in unterschiedlicher Absicht. Zu Weihnachten wird in unserer Familie immer wieder die Geschichte von der Tante meiner Frau erzählt, die einmal beim Schmücken in den Weihnachtsbaum gefallen ist. Es gibt keine Weihnachten ohne diese Geschichte. Solche Geschichten gehören zu bestimmten Ereignissen. Es ist tröstlich, sich an gemeinsam erlebte Lebensgeschichte zu erinnern. Es macht das Leben mit einem geliebten Menschen wieder gegenwärtig, dessen Verlust wir verschmerzen müssen.

Zum Erzählen von Lebensgeschichte gehört auch das Erzählen von Glaubensgeschichte. Berichte von verfolgten Christen lösen unterschiedliche Reaktionen aus

– heiliger Schauer, Mitleid, Dankbarkeit. Manche Menschen können sehr genau davon erzählen, wann und wo und wie sie einen Anfang im Glauben gemacht haben. Manchen klingt diese intime Mitteilung befremdlich. Andere ermutigt es in ihrem Glauben.

Predigttext

Wir erfahren nicht nur bei Lukas etwas über dieses wichtige Ereignis in der Geschichte der frühen Kirche. Paulus selbst weiß auch davon zu erzählen. Deutlich wird aus den unterschiedlichen Berichten und Hinweisen: Wer erzählt, will immer für eine besondere Situation etwas sagen. Paulus als der theologische Kopf der ersten Jahre, der eine Öffnung der christlichen Gemeinde zu den Völkern der Welt in seiner zielstrebigen, manchmal nicht gerade konfliktscheuen Art durchgesetzt hat. Lukas als der Schreiber der ältesten Kirchengeschichte, der ein Interesse hat, die herausragenden Erlebnisse eines einzelnen in die Gemeinde einzubinden. Daraus ergeben sich auch für Gemeinde unterschiedliche Wege im Umgang mit besonderen Lebens- und Glaubenserfahrungen. Dienen sie dazu, die Autorität einzelner zu unterstreichen und ihnen wichtig erscheinende Ziele zu erreichen, oder gelingt es, sie in die Gemeinde einzubeziehen.

Vielleicht kann an dieser Stelle auch bewußt werden, daß – wenn wir die Geschichte des Paulus heute hören – sich die Machtverhältnisse zwischen Juden und Christen gründlich verkehrt haben.

4. *Kontexte*

Der theologische Wegbereiter der Judenmission in Deutschland und der auch von jüdischen Vertretern der Wissenschaft des Judentums geachtete Kenner der jüdischen Tradition Franz Delitzsch berichtet von seiner Bekehrung: „Noch heute aber kann ich die Stelle auf einer der Straßen Leipzigs [unfern des früheren Grimmaischen Thores in der Goethestraße, nahe an der Ecke der Grimmaischen Straße] zeigen, wo ein Strahl von oben mich in den Zustand versetzte, in dem sich Thomas befand, als er rief: Mein Herr und mein Gott! Von nun an wurde ich Theologe" (zitiert nach S. Wagner, S. 30).

Von der ‚Bekehrung' R. Akivas erfahren wir in Avot de-Rabbi Natan (ANR A 6): „Wie war der Anfang R. Akivas? Man erzählt: Er war vierzig Jahre alt und hatte noch nichts (an Tora) gelernt. Einst stand er am Brunnenrand. Er sprach: ‚Wer hat den Stein ausgehöhlt?' Man sprach zu ihm: ‚Das Wasser, das Tag für Tag beständig auf ihn herabfließt'. Man sprach zu ihm: ‚Akiva, liest du nicht (in der Schrift): „Den Steindamm durchreibt das Wasser"' (Hi 14,19)? Sogleich schloß R. Akiva bei sich vom Kleineren auf das Größere: Wenn Weiches das Harte abschleift – um wieviel mehr werden die Worte der Tora, die hart sind wie Eisen, mein Herz formen, das aus Fleisch und Blut ist! Sogleich wandte er sich um, Tora zu lernen." (Übersetzung nach P. Lenhardt/P. von der Osten-Sacken, Akiva, S. 67)

Über das Verhältnis Akivas zu den Gelehrtenschülern vor seiner Bekehrung heißt es im babylonischen Talmud, Traktat Pesachin 49b: „Es ist gelehrt worden: R. Akiva hat gesagt: Als ich ein Am Haarez war, sprach ich: ‚Wer gibt mir einen Gelehrtenschüler, daß ich ihn beiße wie ein Esel!' Seine Schüler sprachen zu ihm:

‚Rabbi, sage: wie ein Hund!' Er sprach zu ihnen: ‚Jener beißt und zermalmt den Knochen, doch dieser beißt und zermalmt keinen Knochen!'" (Übersetzung nach a.a.O. S. 85)

N. Hasselmann/J. Schulz, PSt II/2 1992, 186-193; M. Hengel: Zur urchristlichen Geschichtsschreibung, 1979, 70-78; P. Lenhardt/P. von der Osten-Sacken: Rabbi Akiva, 1987; I. v. Loewenau, GPM 46, 1992, 346-355; R. Pesch: Die Apostelgeschichte (EKK V/1), 2. Aufl. 1995, 296-309; J. Rolloff: Die Apostelgeschichte (NTD 5), 1981; B. Ter-Nedden-Amsler/R. Traitler, PSt II/2 1986, 188-196; S. Wagner: Franz Delitzsch. Leben und Werk, 2. Aufl. 1991.

Thomas Lehnardt, Heimerdinger Str. 13/1, 71254 Ditzingen

13. Sonntag nach Trinitatis: 1. Joh 4,7-12(.13-16)

1. Annäherung

Der „liebe Gott" besitzt nach wie vor gefährliche Attraktivität wie eine scheinbare Plausibilität, die beide eine Predigt der Gefahr ausliefern, harmlos zu werden. Es sollte deshalb die Predigt dazu herausfordern, die Liebe Gottes zu erläutern als Drama, das Welt, Sünde, Leben und Tod umgreift und diese nicht außen vor hält. Darin liegt auch die seelsorgerliche Perspektive der Perikope: Die Erfahrung von Gottes Liebe bedeutet keine Transzendierung unserer Lebensqualität, sondern umgreift die Erfahrungen des Ungeliebtseins in der Welt, die „kirchlich" gesprochen oft im Gefühl des Ungenügens vor Gott und der Welt und den Menschen besteht.

Letzteres läßt sich auch und gerade auf die Arbeit derer beziehen, die predigen. Es gehört zu den unguten Erfahrungen meiner Arbeit (in der Großstadt), daß von seiten einzelner Gemeindeglieder über kirchliche Organisationen bis hin zur Kirchenleitung offenbar die Meinung gehegt wird, im Pfarramt werde ein gewaltiger und letztlich unerschöpflicher „Liebespool" verwaltet, den man per Brief oder Telefonat nur anzapfen müsse (Altenbetreuung, Asyl, Blinde, Hungernde, Hochwasseropfer usf.) Daß die Gemeinde auf die Hilferufe der Welt zu antworten hat – wir stehen beim Sonntag des barmherzigen Samariters – ist dabei nicht in Frage; *die* Frage aber besteht, woher Menschen in der Gemeinde die Kraft zur tätigen Liebe gewinnen, ohne selbst der lieblosen Forderung nach mehr Liebe (und Geld) gnadenlos zu erliegen. Der Predigttext bietet Grund und Anlaß, die notwendige Liebe (Gottes) zunächst einmal selbst der Gemeinde zuzusprechen; andernfalls machten wir uns eines lieblosen Gemeindedoketismus schuldig, der nicht wahrhaben will, daß die, die (noch) kommen, selber der Liebe Gottes bedürfen.

2. Beobachtungen am Text

Die Einteilung der Perikope erscheint recht willkürlich. Dabei ist von inhaltlichen Entscheidungen abhängig, wie ein Zusammenhang jeweils herzustellen ist: VV 7-11 lassen die Betonung auf dem Zusammenhang Indikativ – Imperativ ausgehend von der Liebe Gottes, die in die Geschwisterliebe mündet. Die Normalperikope umfaßt allerdings zusätzlich V 12, der über μενειν m.E. klar zusätzlich V 13 einbezieht. Wohl im Sinne des Verfassers ist jedoch (als weitestgehender Zusammenhang) V 16 als Summe des Ganzen anzusehen, wodurch die Erweiterung durch VV 14f auch theologisch Sinn macht – insbesondere dadurch daß der Begriff *Welt* einbezogen ist, der den gesamten Kontext dialektisch in der Spannung von sündhaft vergänglicher (2, 15-17; 4,3-5) und zugleich geliebter Welt (4, 9) begleitet.

Ein Versuch, das innere Gefälle der Perikope in einer Weise zu rekonstruieren, die homiletisch zu nutzen ist, könnte zu folgendem Aufriß führen:
– *Paränese* mit der Herleitung des Liebesgebots aus dem Wesen Gottes (Liebe); – Explikation des Wesens Gottes durch das *Inkarnationsgeschehen* (vgl. Johev. 3, 16); – Vertiefung der Explikation durch das Gefälle der Liebe Gottes, die sich als *Versöhnung für unsere Sünden* erschließt; – Wiederholung der Paränese; – Bindung

der Gotteserfahrung nicht an das *Sehen*, sondern an die Erfahrung der Liebe (Gottes wie der Geschwister).

Ein besonderes Problem könnte in V 12 (vgl. a. Johev 1, 18) entstehen, wenn die Erkenntnis *Niemand hat Gott je gesehen* dahingehend interpretiert würde, daß durch die johanneische Botschaft hier ein Gegensatz konstruiert würde zwischen dem Gott des Alten Testaments, der nicht zu sehen ist, da sein wahrer Anblick, d.h. die sinnliche Wahrnehmung seines Wesens tötet, und dem Gott des Neuen Testaments, der sich sinnfällig in der Geschwisterliebe erschließt. (Darin wäre innerhalb der Perikope m.E. auch die Funktion von V 12 mißverstanden. Darüber hinaus finden sich Belege für die Übereinstimmung des NT mit rabbinischer Literatur bez. des liebenden Wesens Gottes bei Billerbeck, Kommentar 3, S. 778.)

Die antijudaistische Perspektive ist keineswegs an den Haaren herbeigezogen, zumal als Evangelium des Sonntags *Der barmherzige Samariter* zu lesen ist (was nachklingen wird), der durchaus die Interpretation der Frage nach dem Nächsten als Rechtfertigungsversuch des *in puncto* Liebe blinden („jüdischen") Schriftgelehrten vor dem in die rechte Nächstenliebe einweisenden („christlichen") Jesus kennt.

3. Homiletische Entscheidungen

Die Perikope setzt ein mit der Paränese, die Predigt kann *so nicht* einsetzen, wenn der theologische Irrweg vermieden werden soll, die Liebe Gottes darin als tragend und wirkmächtig zu erweisen, daß Menschen sie bewähren (müssen). (Denkbar wäre ein solcher Einstieg allerdings dann – das könnte ein kunstvolles, wenn auch schwieriges Unternehmen sein –, wenn in der Weise einer Homilie die 1. Paränese [V 7] als Anknüpfungspunkt für die Erfahrung der Überforderung gerade durch das Liebesgebot [„Gesetz" im dogmatischen Sinn] entwickelt würde, der im Horizont des Glaubens die 2. Paränese [V 11] als Bewährung des Gebotes Gottes in der Liebe „Evangelium" korrespondierte.)

Einfacher scheint mir der Weg zu sein, eingangs die zu billige und nicht tragfähige Redeweise von der Liebe Gottes zu thematisieren: Was uns als Kinder Geborgenheit schaffte – „Lieber Gott, mach mich fromm, daß ich in den Himmel komm!" – zerbricht notwendig an der Erfahrung einer lieblosen Welt, die durch den verbalen Rekurs auf einen lieben Gott nicht einfach wiederherzustellen ist. Gottes Liebe macht die Welt nicht in der Weise heil wie der Papa kaputtes Kinderspielzeug repariert. Dagegen steht die Lieblosigkeit der Welt, die auch unsere eigene Lieblosigkeit ist. Schlimmer: Auch und gerade die Liebe kann zum Instrument der Ichsucht werden (Altruismus als subtile Form des Egoismus). Gottes Liebe nimmt dagegen das Unheil der Welt in Kauf im Ausgeliefertsein Jesu an die Welt. Sie ist bezüglich Christi *tödliche* Liebe, welche die destruktive Struktur „der Welt" ganz ernst nimmt. Sie ist bezüglich der Gemeinde *leben*spendende Kraft, die menschliche Liebe herausnimmt aus dem Fluch der Weltverbesserung und die Welt durch die kleinen, aber freien Schritte erträglicher macht. Luthers Rede von der Liebe als „Glanz des Glaubens im Herzen" (s.u. 4.) ist ein sprechendes Bild, das ich mir für die Predigt zunutze mache, weil es die Struktur der Perikope elementar wiedergibt und – entlastet – zur Hoffnung Anlaß gibt. In der Rede von der Liebe als Glanz kommt zum Ausdruck, daß die vielen notwendigen Lichter für die Welt im Verständnis der christlichen Gemeinde Abglanz des Glaubens und d.h. Abglanz des Weges Jesu in die Welt sind. Zugleich bietet „Glanz" genug Raum, nicht „positiv", aber zuversichtlich die dunklen Seiten der Welt und meiner selbst hinreichend auszuleuchten.

Selbst wem das Lutherzitat (s.u. 4.) als Teilstück der Predigt zu schwierig erscheint, kann sich davon inspirieren lassen bezüglich der Grundlinien des Widerscheins des Glanzes durch die Liebe Gottes. Am ehesten binnen dieser Grundlinien „sozialen" Handelns in der Gemeinde – im Ermahnen, Trösten, Zurechtbringen werden Beziehungen wiederhergestellt – sind auch vor dem Hintergrund der Gemeindesituation die Konkretionen der Liebe zu fassen, ohne welche die Predigt kaum auskommen kann, und die zugleich im Rahmen einer Meditation so schwer vorzudenken sind.

Gerade die Konkretionen werden sich jedoch davor hüten müssen, *das* am Ende der Predigt zu nehmen, was zuvor gegeben und zugesagt wurde: Das Wort „bleiben" signalisiert segensreich penetrant die eine grundsätzliche Geborgenheit bei Gott, *aus der heraus liebendes* Handeln gewinnt und nicht als Ergebnis menschlicher Liebe dasteht, wiewohl das *glaubende* Bleiben bei Gott die Zusage umgreift, daß unterm Glanz der Liebe Gottes auch die Gemeinde zum Raum des Annehmens und des Bergens werden kann. Es schafft der Glaube an die Liebe Gottes bergenden Raum all denen, die längst schon aus der Liebe der Menschen gefallen sind.

4. Kontexte

Martin Luther (1536): Es warnt die Christen „Johannes so fleißig durch die ganze Epistel, daß sie zusehen und sich nicht selbst betrügen und sich dünken lassen, daß sie voll des Glaubens seien und Christus ganz ausgelernt hätten: Es sei denn, daß sie es so auch in ihrem Leben fänden und spürten, daß es hernach so gehe und sich durch die Liebe gegenüber dem Nächsten erzeige, daß man auch mit Worten und Werken, Lehre und Beispiel dazu helfe und sich seiner Not annehme und ihn strafe, wenn er sündigt, (auf den Weg) weise, wenn er irrt, ihn trage, wenn er schwach ist, tröste, wenn er betrübt, diene und helfe, wenn er bedürftig ist; kurz, daß man die Liebe als einen Glanz des Glaubens im Herzen scheinen und leuchten lasse." Zitat nach H. Beintker, S. 256f.

Dietrich Bonhoeffer (1940): „Es ist ja deutlich genug, daß Gottes Liebe zur Welt nicht darin besteht, daß er den Kriegen ein Ende macht, daß er Armut, Not, Verfolgungen, Katastrophen aller Art von uns nimmt. Gerade darin aber sind wir gewohnt, Gottes Liebe zu suchen, und wir finden sie nicht. Jedoch so schwer es uns wird und so tief es uns erschüttert, daß Gottes Liebe sich so vor der Welt verbirgt, so dürfen wir gerade in solchen Zeiten dafür besonders dankbar werden, daß wir Gottes Liebe nicht mehr dort zu suchen brauchen, wo sie nicht für uns da ist, sondern daß sie uns um so klarer leuchtet, wo wir sie allein finden sollen: in Jesus Christus." (Bonhoeffer, S. 330)

5. Liturgievorschläge (nach EG)

I Morgenglanz der Ewigkeit 450 / Auf und macht die Herzen weit 454 / Morgenlicht leuchtet 455
II Herr, Jesu, Gnadensonne 404
III Die ganze Welt hast du uns überlassen 360 / Liebe, die du mich zum Bilde 401
IV Bei dir Jesu, will ich bleiben 406 / Das sollt ihr, Jesu Jünger 221 (als Abendmahlslied)
V Herzlich lieb hab ich dich, o Herr 397, 1+2

Literatur: Horst Beintker, leben mit dem wort, Erlangen 1985; (H.L. Strack/)Paul Billerbeck, Kommentar zum NT aus Talmud und Midrasch 3, 9. Aufl. München 1994; Dietrich Bonhoeffer, Predigten Auslegungen Meditationen 2 1935-1945, München 1985; Rudolf Bultmann, Analyse des ersten Johannesbriefes, in: Exegetica, Tübingen 1967, S. 105-123; ders., Die drei Johannesbriefe, Göttingen 1969 (KEK XIV); ders., Untersuchungen zum Johannesevangelium, in: Exegetica, Tübingen 1967, S. 124-197. Christof Gestrich, Die Wiederkehr des Glanzes in der Welt, Tübingen 1989; Werner Vogler, Die Briefe des Johannes, Leipzig 1993 (THKNT 17).

Johannes Ehmann, R 3,2b, 68161 Mannheim

14. Sonntag nach Trinitatis: Röm 8,12-17

1. Annäherung

Paulinische Theologie ist für viele ein unverdaulicher Brocken – ob es gelingt, sie in mundgerechten Stückchen zu servieren, bleibt die Frage. Und hilft dazu eine Perikopenreihe, die mal aus diesem, mal aus jenem Brief etwas herausschneidet? Wären wir nicht besser dran mit Reihenpredigten, die sich am Stück, ein paar Wochen also, den einzelnen Büchern widmen würden? Oder wir ordneten die Briefinhalte thematisch zusammen – dann weiß die Gemeinde, was sie erwartet und findet auch sicher schneller einen Zugang zur Aktualität des Apostels.

Will die Predigt nicht nur belehren über das, was Paulus denkt, muß sie konkret werden: dann muß sie versuchen, so direkt wie Paulus es selbst tut, Gemeindealltag im Licht des Evangeliums zu erhellen, nicht nur ermutigend, auch orientierend und kritisch. Dann kann das Predigen zum prophetischen Wagnis werden – hoffentlich nicht selbstgerecht, sondern in geistlicher Vollmacht. Allemal spannender bestimmt, als wenn wir uns an ethischen Globalthemen abarbeiten und die Predigt in eine Paränese münden lassen, zu welcher alle nicken, aber die Hände im Schoß liegen lassen.

2. Textbetrachtung

Der Predigttext kann nur aus dem Ganzen von Röm 6 – 8 verstanden werden: Die christliche Gemeinde steht nicht mehr unter der Herrschaft von Sünde und Gesetz, sondern unter der Gnade (Röm 6,14). Daß wir zu Christus gehören, ermöglicht unsre Freiheit – die Neuheit unsres Lebens wird durch seine Gegenwart im Geist begründet (Röm 7,1-6). Letzteres wird dann in Röm 8 weitergeführt: Christus als Gottessohn hat die Sünde im Fleisch verurteilt, mit dem Ziel, daß die Gerechtigkeit nun in denen erfüllt werde, die das Pneuma Prinzip ihres Handelns sein lassen (Röm 8,3f). Ebendieses Pneuma aber wohnt bereits als Gottes und Christi Geist in ihnen – es stellt schon in die Freiheit und wird auch die sterblichen Leiber lebendig machen (Röm 8,2.9f). Unser Textabschnitt wiederholt den Imperativ: *Handelt aus dem, was Ihr schon seid! Das neue Leben bleibt trotz seines Geschenkcharakters ein Ringen mit dem Unglauben – ein Kampf des Geistes gegen das Fleisch (Röm 8,12f)*. Der Indikativ wird zentral entfaltet als Gotteskindschaft (Röm 8,14-16), bevor über den Begriff der Erbschaft und Miterbenschaft (Röm 8,17) die Zukunftsdimension des Pneumabesitzes angesprochen wird: Hoffnung auf die Offenbarung der Herrlichkeit, die das Leiden der Gegenwart ablösen wird (Röm 8,18) – die volle Herrlichkeit der Kindschaft und des erlösten Leibes (Röm 8,23). [Zum ganzen wäre zu vergleichen: 2.Kor 5,5-10; Gal 4,4-7]

Das einmalige Handeln des einen Gottessohnes wird gewissermaßen demokratisiert: Weil wir alle in ihm Gotteskinder sein dürfen, gilt uns das, was er getan hat! Und weil wir an seinem Geist Anteil bekommen, leben wir in und aus der neuen Schöpfung (2.Kor 5,17)! Daß solche Teilhabe pneumatologisch verstanden wird, ist gesamtbiblisch üblich: so geht es schon mit dem Geist des Mose (Nu 11,17) und dem des Elia (2.Kön 2,9).

Entscheidend ist aber die Dialektik dieser Aussagen – der Zuspruch des Evangeliums gilt ohne Bedingung – aber der daraus folgende Anspruch ist keinesfalls beliebig. Dahinter steht wohl die Vorstellung, daß ein Mensch, in dem der Heilige Geist tatsächlich wohnt, ja gar nicht anders kann als sich auf den Weg der Heiligung zu begeben. Eine ähnliche Dialektik findet sich auch in prophetischen Aussagen: Ez 36,26: Gott schafft ein neues Herz und einen neuen Geist – Ez 18,31: Israel wird aufgerufen, sich beides selbst zu schaffen (vgl. auch Ps 51,12f). Das heilschaffende Handeln Gottes nimmt den Menschen nicht aus der Verantwortung, sich selbst um den heilvollen Weg zu bemühen.

Das Neue Handeln bleibt in der Spannung zur Fleischlichkeit: Ist das Pneuma als befreiende, lebensfördernde Macht Dei filiique zu entfalten, so die sarx als gesamte menschliche Existenz hinsichtlich ihrer Schwäche und Sündhaftigkeit – verstanden als Feindschaft gegen Gott (Röm 8,7). Es geht einerseits um bestimmte Taten, die unterlassen werden sollen (Röm 8,13) – andrerseits um das Fleischliche als überindividuelle Macht, von der der Glaubende regelrecht bedroht wird (Röm 8,12). Fragen wir nach den Konkretionen von pneuma und sarx bei Paulus – so sei vor allem auf Gal 5,19ff.22ff verwiesen.

Abschließend: Es ist die Frage, ob Paulus beim Begriff des Miterben hier (Röm 8,17) auch an unsre Miterbenschaft mit dem jüdischen Volk denkt. An andrer Stelle (Eph 3,6) jedenfalls spricht er davon mit ausdrücklichem Blick auf das Gegenüber von Juden und Heiden: Letztere sollen „Miterben und Miteinverleibte und Mitgenossen der Verheißung sein in Christus Jesus durch das Evangelium." Eine Auslegung, die von der Gabe der Kindschaft und des Geistes ausgeht, muß zugestehen, daß nach Ausweis der Hebräischen Bibel dem Judentum beides schon längst zukommt, so daß wir dies tatsächlich nur miterben können: Kinder Gottes als Brüder und Schwestern Jesu aber auch als Geschwister von Jüdinnen und Juden zu sein.

3. Homiletische Entscheidungen

Beginnen wir mit dem Evangelium und sagen der Gemeinde zu: *Ihr seid Kinder Gottes!* Elementarisiert werden kann dies im Blick auf den einen Menschen, der im Neuen Testament Sohn Gottes heißt, und im Blick auf das eine Volk, dem die Sohnschaft als ganze mit seiner Erwählung zugesprochen ist. Uns Menschen aus der Völkerwelt wird die Kindschaft geschenkt durch den Heiligen Geist, der vom Himmel herabkommt – so wie auf Jesus bei seiner Taufe – so auf uns mit und seit Pfingsten. Das gilt, ohne daß man es beweisen kann, aber so daß man es an uns erfahren kann.

Ich schlage vor, den Übergang zur Paränese mit der Frage nach der *Erfahrbarkeit des Evangeliums* zu verbinden: die Bibel behauptet viel – an uns, die wir uns die großen Zusagen gelten lassen wollen, liegt es auch, manches greifbar, sichtbar und erlebbar zu machen. Wie leben wir aus dem, was wir im Glauben festhalten.

Das Thema der Heiligung thematisiere ich, indem ich vom Begriff der Freiheit in der Spannung von Geist und Fleisch ausgehe: *Wir als christliche Gemeinde sind frei, uns nicht mehr fleischlich, sondern geistlich zu orientieren.* Zunächst weise ich Fehldeutungen unsrer Fleischlichkeit ab, vor allem die einfache Gleichsetzung mit

Leiblichkeit, die eine bürgerliche Moral bis heute gerne vollzieht. Es geht eben nicht um die Abwehr des Körperlich – Sinnlichen, so wie überhaupt Genuß und Lust nicht per se minderwertiger als geistige Vollzüge sind. Vielmehr – und das stelle ich nun in den Mittelpunkt – geht es um die Abkehr von einer Existenzweise des Menschen, in der er von Gott nichts wissen will, d.h. in der er nur mit sich selbst beschäftigt ist. Gemeint ist die Selbstsucht als der enge und zwanghafte Blick: „Hauptsache ich allein komme zurecht!" *Wir als Kinder Gottes aber sind frei, von uns abzusehen und auch Gott und den andren zu sehen!* Jetzt wird es spannend, wenn wir konkret werden.

Noch auf der Ebene der Bibel eignet sich eine Geschichte wie die vom Samariter, der nicht vorübergehen konnte, ohne den unter die Räuber Gefallenen zu sehen. Er hatte die vermeintliche Freiheit nicht, nur an sich zu denken, er hatte die wahre Freiheit hinzusehen, so daß es ihn berührte und er es als seine Aufgabe sah zu helfen, soviel er konnte. Daran anknüpfend vielleicht gemeindliche Erfahrungen mit den Fremden, seien es Aussiedler oder Flüchtlinge. Nehmen wir auf, was oft genug dazu zu hören ist: „Jetzt haben die uns aber lange genug auf der Tasche gelegen! Gerade heute, wo es wirtschaftlich schlechter geht, müssen wir an uns selbst denken! Wir können ja nicht der ganzen Welt helfen!" ... reden wir mit der Gemeinde darüber, was an solchen Urteilen und erst recht an dem daraus folgenden Tun fleischlich oder geistlich zu nennen ist. Weitere Testfelder unsres Handelns findet sicher jeder und jede selbst. Wichtig nur, daß sie in der Gemeinde wirklich dran sind, daß sie aktuell diskutiert werden – denn nur dann trifft die immer gleiche Frage: Haben wir nur uns oder auch den anderen und in ihm Gott im Blick? Zu Paulus zurückkehrend – und an seine Konkretionen geistlichen und fleischlichen Tuns denkend – ist ein immer aktuelles Thema das Miteinander in der Gemeinde: die Frage nach der Streitkultur, dem Umgang mit Konflikten. In welcher Perspektive setzen wir uns auseinander.

Im Schlußteil der Predigt wäre es möglich, noch einmal verstärkt auf das Nebeneinander von Juden und Christen einzugehen.

Zum einen: Die immer wieder gestellte jüdische Frage: „Was folgt aus eurem Evangelium?" wird nicht mehr abgewiesen mit der Entgegensetzung von Glaube und Werken, sondern mit dem Eingeständnis: „Wir sind gemeinsam unterwegs zu einem neuen Leben – auf dem Weg der Heiligung." Zum anderen: Wir hören dankbar auf die jüdische Tradition, die die Gefährdung eines guten menschlichen Handelns sehr wohl kennt und auch uns immer wieder auf Gottes Weisung – seine Tora verweist.

4. Kontexte

„So spricht Gott zu Israel: Der böse Trieb, den ich in euch erschuf, kann euch nichts anhaben, solange ihr euch mit der Tora beschäftigt." [bKiddushin 30b] „Wer jedoch auf seinen bösen Trieb hört, gleicht einem Götzendiener." [jNedarim 9,1] „Wer ihn einschränkt, gleicht einem, der einen Felsbrocken Stück um Stück aus dem Weg räumt und ihm steht Gott bei." [Pessikta de Raw Kahana 165a] „Stets sporne ein Mensch seinen guten Trieb gegen den bösen Trieb an." [bBerachot 5a/ nach Navè Levinson, Pnina, Einführung in die rabbinische Theologie, Darmstadt (1982)]

Aus dem Achtzehn-Bitten-Gebet: „Führe uns zurück, unser Vater, zu deiner Lehre, und bring uns, unser König, deinem Dienste nahe, und laß uns in vollkommener Umkehr zu dir zurückkehren. Gelobt seist du Ewiger, der du an der Rückkehr Wohlgefallen hast." [Sidur, Basel (1986)]

5. Liturgie

Psalm 1	„Wohl dem, der nicht wandelt im Rat der Gottlosen ...
EG 351,7	„Sein Geist wohnt mir im Herzen, regiert mir meinen Sinn, vertreibt Sorg und Schmerzen, nimmt allen Kummer hin; gibt Segen und Gedeihen, dem, was er in mir schafft, hilft mir das Abba schreien aus aller meiner Kraft."
EG 395	„Vertraut den neuen Wegen, auf die der Herr uns weist. ...

Martin Heimbucher, Schulstraße 55, 53757 Sankt Augustin

16. Sonntag nach Trinitatis: 2. Tim 1,7-10

1. Annäherungen an den Text

Taufeltern und Hochzeitspaare sind sich oft sehr schnell einig: „Der paßt", sagen sie. Und damit meinen sie dann den Vers 7 aus dem 1. Kapitel des 2. Timotheusbriefs – z.Zt. der meistgewählte Tauf- und Trauspruch in meiner Sammlung. Was da dem Timotheus, über dessen Namen heutige Christenmenschen allesamt stolpern, als Geschenk des Glaubens zugesagt wird, das soll nach dem Wunsch vieler Eltern und Paare auch ihrem Leben ein Stück Ermutigung und Perspektive geben.

Auf meine Nachfrage wird dann vor allem die Furchtlosigkeit genannt, die es Menschen heutzutage angetan hat. Offensichtlich sind die Zeiten doch eher danach, das Fürchten zu lernen, so wie am 16. Oktober 97 in der Zeitung als Schlagzeile zu lesen war: „Die Ängste der Deutschen steigen kontinuerlich an".

Und nicht ohne Grund erzählen ja auch die Brüder Grimm „Von einem, der auszog, um das Fürchten zu lernen". Wir wissen alle, wie das Märchen ausgeht: Am Ende hat der Held das Fürchten gelernt. „Ach, wie es mir gruselt", schreit er. Und die Moral von d e r Geschicht haben wir allemal verinnerlicht: Es gibt niemanden, der sich nicht fürchtete. Alle miteinander haben sie Angst – und vor allem haben sie auch allen Grund dazu.

Die Bibel weiß dagegen anderes zu berichten. Ihre Botschaft ist von anderer Art. Sie sagt: Wo Gott einem Menschen Glauben geschenkt hat, da ist kein Platz für Furcht und für Angst. Da müssen sich Menschen nicht mehr in sich selbst zurückziehen. Wo die Liebe einen Menschen ergriffen hat, da muß er sich nicht mehr fürchten. (1. Joh 4, 17f)

Etwas vorsichtiger als der 2. Tim formuliert Rabbi Nachman von Bratzlaw: „Die ganze Welt ist wie eine sehr enge Brücke, und die Hauptsache ist, sich gar nicht zu fürchten."

2. Anmerkungen zu Text und Kontext

1. Weitgehend ist man sich heute einig, daß die Pastoralbriefe erst nach Paulus entstanden sind, auch wenn sie dem Paulus zugeschrieben werden und in den Zusammenhang seiner Lebensgeschichte gestellt worden sind. So bildet im 2. Tim die Gefangenschaft des Apostels Paulus in Rom den dramatischen Hintergrund des Briefes. Deshalb ist in diesem Abschnitt auch so betont von der Zeugenschaft der Christen in der Welt und von ihrem Leiden die Rede (vgl V 8). Es ist die Situation einer angegriffenen, verunsicherten Gemeinde, die aus diesen Zeilen spricht.

Der Empfänger des Briefes ist Timotheus, ein sehr enger Mitarbeiter des Paulus. In Apg 16, 1-3 wird er als Sohn einer Judenchristin (da allerdings ohne Namensnennung) und eines heidnischen Vaters vorgestellt. In diesem Zusammenhang wird auch erzählt, daß Paulus Timotheus beschnitt „wegen der Juden, die in jener Gegend waren; denn sie wußten alle, daß sein Vater ein Grieche war."

Im 2. Tim erscheint er als Christ der dritten Generation. Er wird in V. 5 auf seinen Glauben als Sohn, Enkel und Schüler angesprochen. Er ist im wahrsten Sinne des Wortes ein Erbe, und der lebendige und „ungefärbte" Glaube der Mutter Eunike und der Großmutter Lois ist Teil dieser Erbschaft.

2. Der Verfasser dieses Briefes hat auf paulinische Aussagen zurückgegriffen. V 7 erinnert mit charakteristischen Modifikationen an Röm 8, 15. V 8 läßt an Röm 1,16 denken, wo das Evangelium auch als eine Kraft Gottes zur Rettung beschrieben ist.

3. Zielpunkt des ganzen Abschnitts ist V 10, in dem Christus als Heiland und Retter (soter) vorgestellt wird. Der Verfasser des Briefes hält fest: In dem Messias Jesus hat sich die Gnade Gottes offenbart, und das ist nichts anderes als die Treue des Gottes Israels, der zu seinen Verheißungen steht.

Daß Gottes Barmherzigkeit kein Ende hat (vgl Klgl 3, 22ff), zeigt sich im Leben, Sterben und Auferstehen des Messias aus Nazareth. Als der eine, der aus dem Tod zurückgekehrt ist, hat er „dem Tod die Macht genommen und das Leben und ein unvergängliches Wesen ans Licht gebracht."

Am 16. Trinitatis, mitten im Alltag dieser Welt, wäre also noch einmal über Ostern zu predigen und die Osterbotschaft zu verkünden.

4. Wie kann das geschehen?

Allemal nur mit Zittern und Entsetzen (Mk 16,8)! Denn daß der Tod keine Macht mehr hätte, das ist nun wirklich eine ungeheuerliche Behauptung, vor allem für deutsche Christen. Bevor wir das wieder so sagen könnten, wäre erst einmal Umkehr und Erneuerung der christlichen Theologie vonnöten. Denn „der von ihr (sc. die christliche Theologie) gelobte Gott des Lebens, von dem wir bekennen, er habe uns mit Jesu Erweckung aus dem Tode „Leben und unvergängliches Wesen" ans Licht gebracht, hat in den Christen nicht so gelebt, daß sie der All-Herrschaft des deutschen Todes widerstanden hätten, geschweige denn, daß sie – die Christen als Christen – das Leben der zu Zeugen des Lebens Berufenen gerettet hätten." (Marquardt, S. 392)

5. Wenn unser Reden von dem, der aus dem Grabe gekommen ist, nicht Zeugnis „der kältesten Unbetroffenheit und Unberührbarkeit" (Marquardt, aaO) sein soll, dann müssen wir wahrnehmen, daß mit Auschwitz unser ganzer Glaube, unser ganzes Bekennen auf dem Spiel steht. Dann müssen wir sehen, daß diese Geschichte nicht einfach vorbei ist, sondern tagtäglich überall da Gegenwart ist, wo Leben verspielt wird, statt es zu hüten und zu schützen.

Denn mit der Shoa sind Hemmungen abgebaut, Tabus zerstört worden, die in Jahrtausenden der Menschheitsentwicklung aufgebaut worden sind. Damit müssen wir leben.

6. Wer würde sich da nicht fürchten? Sollen wir also doch lieber den Brüdern Grimm trauen als dem 2. Timotheusbrief?

Vollmundiges Reden und Bekennen verbietet sich, denn „mitten wir im Leben sind von dem Tod umfangen". So bleibt uns nur das Eine: den lebendigen Gott um seinen Geist zu bitten, der uns Kraft, Liebe und Besonnenheit schenkt. Geistes-Gaben, die wir bitter nötig haben, um den Todesmächten dieser Welt entgegenzutreten.

Literatur

F.-W. Marquardt, Was dürfen wir hoffen, wenn wir hoffen dürften, Bd. 3, Gütersloh, 1996

H. Merkel, Die Pastoralbriefe, Göttingen und Zürich, 1991

Gabriele Wulz, Brühlstraße 24, 70563 Stuttgart

20. Sonntag nach Trinitatis: 1. Thess 4,1-8

1. Annäherung

Wie ein Motto dieses Sonntags erscheint der Wochenspruch aus Micha 6, 8: „Es ist dir gesagt, Mensch, was gut ist und was der Herr von dir fordert, nämlich Gottes Wort halten und Liebe üben und demütig sein vor deinem Gott." Aus Gründen der vorliegenden Textkomposition kann ich an dieser Stelle der Neugewichtung durch die Liturgiereform nicht folgen, die das Sonntagsthema auf die Beziehung Mann – Frau fokussiert. Der Apostel greift zurück auf schon Gesagtes, knüpft an – nicht bei den moralischen Potenzen seiner Gemeinde, sondern – bei dem von Gott in Christus schon Eröffneten. Er *fragt* nach den Konsequenzen aus der Sendung Jesu Christi – Jesu Weg ist transparent auch für ethische Entscheidungen.

Paulus sucht den Gotteswillen zusammenzufassen im Begriff der Heiligung und entfaltet ihn zugleich in konkreten Weisungen. Dabei scheint die alttestamentlich-biblische Tradition ebenso durch wie die rabbinische. Dem großen summarischen Wort „Heiligung" stehen zwei für uns zunächst sehr disparat erscheinende Konkretionen gegenüber: die sogenannte Unzucht und die Übervorteilung in den Wirtschaftsbeziehungen. Daß christliche – vornehmlich protestantische – Tradition das eine betonen wollte und will, ohne das andere ebenso ernstzunehmen, ist deutlich.

Wer die Ausbildung in einem PredigerInnenseminar durchlaufen hat, wird vielleicht zustimmen, daß die Warnungen vor einer „Gesetzlichkeit der Predigt" lauter sind als die Hilfestellungen, ethische Texte angemessen zu predigen. 1. Thess 4, 1-8 könnte ein Schulbeispiel dafür sein: Was Gott „gibt" rahmt all das, was in dieser aktuellen Stadt Thessaloniki auch einzuklagen ist.

2. Beobachtungen am Text

Deutlich geht der paulinischen Paränese die Zusage voraus. Alles, was von Kap. 4 an ermahnend gesagt wird, steht unter der Voraussetzung des „von Gott geliebt, wir wissen, daß ihr erwählt seid" – das Evangelium ist in Kraft und im heiligen Geist wirksam geworden in der Gemeinde (1, 4f). Von daher ergeht jede Mahnung „in dem Herrn Jesus" (4,1), in der Solidarität des Christusleibes.

Interessant die Verben in V.1: *erotao* ist fragen und bitten; eben auch „fragen", und dies führt mich zu einem kleinen Plädoyer für das Fragen in der Kirche und in der ethischen Unterweisung. *parakalein* heißt bekanntlich ermahnen ebenso wie trösten und ermuntern. In die gleiche Richtung weist der eigentlich unmögliche Komparativ „vollkommener" in V. 1: Mehr als vollkommen kann niemand sein, bzw. vollkommen sind die schon, die der Apostel auffordert, noch vollkommener zu sein. Wichtig in V. 1 noch zu beachten ist das *peripatein*; wandeln, einen Weg gehen – darum geht es, nicht um einen Standpunkt zu beziehen und zu verteidigen, sondern sich auf den Weg zu machen.

Die Summe des Gotteswillens, die Heiligung, steht den paulinischen Gemeinden eigentlich schon ins Gesicht geschrieben; mit „Heilige" pflegt er sie anzureden und sie dazu anzuhalten, in der Tat zu werden, was sie vor Gott sind.

Sex and Crime – mit Paulus gesprochen: *porneia* und Habgier sind Grundformen fehlgeleiteter zwischenmenschlicher Beziehungen. Ehebruch und Wirtschaftsvergehen sind beides keine Kavaliersdelikte, beide stimmen nicht mit der Heiligung zusammen als dem alternativen Lebenswandel im Sinne der göttlichen Vorgaben.

3. Homiletische Entscheidungen

Die geballten ethischen Aussagen dieser Verse stehen unter der Vorgabe des Evangeliums, wie dies bei den Geboten der Bibel durchgehend der Fall ist. Auf die exegetischen Erwägungen zum fragenden und tröstenden Ermahnen im Sinne eines kleinen Plädoyers für das Fragen kann zurückgekommen werden. Fragen manifestiert Machtverzicht, „Fragen ist die Frömmigkeit des Denkens", hat Heidegger formuliert.

Das Wort „heilig" hat es sicher nicht leicht in heutigen Ohren. Gemeint ist doch wohl so etwas wie „unterschieden", „alternativ", „anders". Dreimal heilig ist der eine Gott, unsere Heiligung immer nur abgeleitet; Heiligung heißt für mich der alternative Weg im Geiste des Evangeliums oder, was dasselbe ist: im Geiste des Gottesgebotes.

Paulus nennt zwei Lebensbereiche pars pro toto. Die Predigt kann das Leitkriterium der Heiligung weiterführen z.B. auf unseren Umgang mit Zeit, mit der Schöpfung usw.

4. Kontexte

Die beiden Weisen, aus dem Weg der Heiligung zu fallen, sind zusammenzusehen: Alice Walker hat in ihrem Roman „Die Farbe Lila" drastisch beschrieben, wie eine Frau zum *skeuos* (V.4), zum „Gefäß" und „Gebrauchsgegenstand" des Mannes erniedrigt werden kann. Heiligung dagegen wäre das gegenseitige Sich-zu-gewinnen-Suchen, das Sich-im-Anderssein-Achten. Dies jedenfalls schiene mir das Kriterium für heiligen Umgang miteinander – innerhalb und außerhalb der Ehe. Die handfeste wirtschaftlich-materielle Übervorteilung nennt der Apostel in einem Atemzug gleich mit; die Bücher von Ulrich Duchrow bieten uns hier reichlich Belegmaterial.

5. Liturgievorschläge

Wichtig der Wochenspruch aus Micha 6,8.

Vorgeschlagene Psalmlesung Ps 119, 101-108; es kann die Textauswahl in EG Nr. 764 zugrunde gelegt werden.

Zu erwägen wäre die Schriftlesung aus Lev 19, 1-18 – dann, jedenfalls, wenn das Sonntagsthema stärker auf der Ethik im Horizont der Heiligung liegt; für den Falle einer Fokussierung auf das Thema Mann – Frau ist die Evangelienlesung Mk 10, 2ff vorgesehen.

Liedvorschläge: Wochenlied EG 295 „Wohl denen, die da wandeln"; möglicherweise anzusingen wäre 646: „Wag's und sei doch, was du in Christus bist"; 395: „Vertraut den neuen Wegen".

Klaus Müller, Alfred-Jost-Str. 11, 69124 Heidelberg

Reformationsfest: Röm 3,21-31

1. Annäherung

Der Reformationstag wird, wo er eine Rolle spielt, als Gelegenheit zur protestantischen Selbstvergewisserung gefeiert. Das Spezifische unserer Tradition wird wohl nicht mehr häufig als eine Identität in der negativen Abgrenzung zum „werkgerechten" Katholizismus gefeiert. Trotzdem kommt den aus diesem Abschnitt mit erheblichem Beistand des Galaterbriefes gewonnenen Kategorien ‚Gesetz' und ‚Evangelium', ‚Glaube' statt ‚Werke' im protestantischen Denken immer noch ein zentraler Platz zu. Wenn auch nicht mehr in dem Maße auf den Katholizismus angewandt, sind sie als Abgrenzung gegenüber dem Judentum nach wie vor in Gebrauch. „Hauptsache ich weiß, wer ich nicht bin," so eine sicher polemische Zusammenfassung der aus diesem Abschnitt gewonnenen Erkenntnisse. Als ob uns diese Denkfigur im Innersten wirklich hilft, zu verstehen, wer wir denn nun im Positiven sind!

Wie aber können uns diese gewaltigen Wortkaskaden auf die Frage nach unserer Position und unserer Identität eine Antwort geben, die nicht (nur) aus der Abgrenzung von Israel lebt? Die herkömmliche Exegese und die mit diesem Text verbundene Frömmigkeitstradition machen es schwer. Aber ist es nicht eine zentrale Aufgabe der ecclesia, die sich eine semper reformanda nennt, kritisch zu prüfen, ob uns die ebenso wie sola fide mit dem Reformationstag verbundene Maxime sola scriptura hier nicht doch zu neuen Erkenntnissen führt'?

2. Beobachtungen am Text

In den letzten Jahren gewinnt in der Exegese (E.P. Sanders usw.) die Auffassung an Bedeutung, daß Paulus im Römerbrief besonders zwei Problemhorizonte bewegen:
– Die Situation aller Menschen, egal ob Jude oder Goi, ist dadurch gekennzeichnet, daß sie der Macht der Sünde unterworfen sind (s. Rö 3,9f als Zusammenfassung von Kap 1-2). Dieses Sündenverständnis bringt Paulus zu der Frage, wie Gott also nun als gerecht gelten kann, wenn er diese sündige Menschheit nicht verwirft sondern rettet? Oder anders herum: Wie können sündige Menschen von einem gerechten Gott gerettet werden?
– Gleichzeitig beschäftigt ihn die Frage, wie eine Gemeinde aus jüdischen und nichtjüdischen Menschen, die diese zentrale biblische Teilung der Menschheit überwindet, möglich wird. Theologisch gesprochen, muß Paulus die Frage klären, wie auch die Goim einen Zugang; zur heilschaffenden Gerechtigkeit Gottes erhalten, die nicht auf Kosten Israels geht.

V21: „Nun aber ist außerhalb der Tora Gottes Gerechtigkeit sichtbar geworden" heißt es in der anregenden Übersetzung unseres Textes für den DEKT 1997, an der ich mich hier orientiere. Der markante Auftakt unseres Abschnitts (nuni de) zeigt, daß Paulus ab jetzt von seiner Gegenwart spricht. Die ist geprägt durch die Offenbarung der Gerechtigkeit Gottes, die er bereits in Rö 1,16/ 17 als eine heilschaffende Macht beschreibt.

Die Genintivverbindung Gerechtigkeit Gottes läßt verschiedene Bedeutungen zu (Gerechtigkeit als Gottes Eigenschaft; Gerechtigkeit, die Gott bewirkt; Gerechtigkeit, die vor Gott gilt), die uns alle zusammen wohl erst eine Ahnung von dem geben, worum es bei dieser Gerechtigkeit geht. Die erste Aussage bezieht sich auf den Erscheinungsort dieser Gerechtigkeit, der 'außerhalb der Tora' in Kreuz und Auferweckung Jesu angesiedelt wird. Diese Angabe wird hier unpolemisch verstanden und meint kein hintergründiges ‚gegen' die Tora. Welchen Sinn hätte ansonsten die Fortsetzung des Verses, nach der die in Jesus Christus sichtbar gewordene Gerechtigkeit Gottes inhaltlich mit der von Tora und Propheten bezeugten deckungsgleich ist? Durch ihren Erscheinungsort außerhalb der in erster Linie auf Israel bezogenen Tora ist diese Gerechtigkeit nein allerdings für alle und damit auch für die Goim sichtbar geworden.

Zusammengefaßt: Das ‚außerhalb der Tora' macht das ‚für alle möglich' meint aber kein implizites ‚den Juden zuwider'!

Was aber wird nun auch für die Völker sichtbar?

Mit dem Bezug auf Tora und Propheten wird bereits deutlich, daß die Gerechtigkeit Gottes von dem Hintergrund der hebräischen Bibel her verstanden werden muß. Dort wird als seine s'daqa Gottes Tun zugunsten von Elenden und Entrechteten verstanden. Exemplarisch zeigt dies Ri 5,11. Die Tränkerinnen erzählen sich dort die s'dakot adonais und meinen damit Gottes parteiliches Eingreifen für die Schwachen, in dem er seine (Bundes)treue neu aufleben läßt, wie z.B. im Exodus.

V22: Wie wird diese Gerechtigkeit vermittelt?

Dies geschieht „durch den Glauben an Jesus Christus" so die Luther- oder „durch die Treue des Gesalbten Jesus" so die Kirchentagsübersetzung. Mehr Sinn macht hier m.E. eine Verständnis dieser Genitivverbindung, das den Glauben, die Treue, die Zuverlässigkeit und Bündnistreue (das alles meint wohl pistis) Jesu betont. In diesem (bundesstreuen Jesus, dessen Tun Gott in seiner Auferweckung beglaubigt zeigt Gott seine tatkräftige Solidarität mit den Verfluchten und ihre Rettung.

V23: Alle Menschen bedürfen dieser rettenden Solidarität Gottes, „denn alle haben gefehlt und es fehlt ihnen an der Ehre Gottes." Nach dem umlassenden Sündenverständnis des Paulus (s. Rö 2 und 7) hat selbst die Tora Israel nicht vor der Macht der Sünde bewahren können. Deshalb kann die Tora weder Jüdinnen und Juden noch Menschen aus den Völkern dazu helfen, aus eigener Kraft den Willen Gottes mit dem Resultat der eigenen Rettung zu tun. Das Problem ist für Paulus daher nicht in der Tora sondern im von Gott entfernten, im sündigen Menschen zu suchen. Es geht hier deshalb nicht um den Gegensatz von vermeintlich traditioneller jüdischer Frömmigkeit, die sich auch zur Zeit des Paulus nicht als – in christlicher Terminologie ausgedrückt – werkgerecht verstanden hat und dem Weg des Paulus. Im Gegenteil: Es wird festgestellt, daß es in Bezug auf das Wesentliche keinen Unterschied zwischen jüdischen und nichtjüdischen Menschen gibt. Alle sind sie auf die rettende Solidarität Gottes, in der seine Gerechtigkeit sich ausdrückt, angewiesen.

V24: Die Stoßrichtung der Gerechtigkeit Gottes wird weiter durch den Begriff ‚Gnade' verdeutlicht, in dem nach dem hebr. hesed Huld, Wohltat, Treue Liebe und Freundlichkeit mitschwingen. Es liegt auf der Hand: Was Gott in diesem

gnädigen Sinn tut, macht er ohne Berechnung einer angemessenen Gegenleistung eben ‚umsonst'. Das heißt nicht, daß Gottes Handeln hier ohne Mühe und Herzblut erfolgt. Sein Einsatz ist nichts weniger als der Gesalbte, der Messias Jesus selbst.
VV25/26: Das Verständnis dieser Verse bleibt weiter umstritten. Legt der Begriff hilasterion nun eine Parallele zum Jom Kippur nahe, wonach der Tod Jesu in Analogie zum Sühnopfer An Versöhnungstag zu verstehen ist? Oder liegt hier die jüdische Vorstellung vom Märtyrertod zugrunde, dem ebenfalls eine sühnende Wirkung zukommt? Da sich diese Fragen nicht klären lassen, muß zunächst das Resultat festgehalten werden. Der Tod Jesu bewirkt Sühne, um ein Zweifaches zu ermöglichen. Gott kann die vorher begangenen Sünden ungestraft sein lassen und er kann gleichzeitig, woran Paulus viel liegt, als gerecht gelten. Die Rechtfertigung des Sünders geht somit nicht auf Kosten der Gerechtigkeit Gottes.

Interessant ist der Hinweis J. Ebachs, daß im gewaltsamen Tod Jesu, daher die Betonung des Blutes, neben dem schon beschriebenen biblischen Verständnis von Gerechtigkeit ein weiterer Zug zum Tragen kommt. Im röm. Reich galt das Kreuz auch als Zeichen des gebrochenen Widerstandes gegen die röm. Weltherrschaft. In der Auferweckung des Gekreuzigten beglaubigt Gott die Gewißheit, daß kein Gewaltherrscher noch irgendeine andere widergöttliche Macht das letzte Wort behalten wird. Die göttliche Gerechtigkeit erhält eine „antiimperiale, anticaesarische" Bedeutung. Es ist schon genug Blut geflossen und jetzt endlich sollen Schuld und Sünde die Gerechtigkeit nicht länger hindern.

Wie auch das Sündenverständnis des Paulus so ist auch sein Verständnis von Rechtfertigung umfassend. Der sündige Mensch wird nicht nur für gerecht erklärt, sondern gerecht gemacht. Es geht nicht nur um eine Aufhebung bereits begangener Sünden, sondern um die Befreiung von ihrer Macht (s. Rö 6). Rechtfertigung bedeutet daher einen Wandel, eine Transformation des Sünders. Denn nicht die Vernichtung des Sünders, sondern der Sünde ist das Ziel. Erst dann kann die Tora in ihrer gemeinschaftswahrenden Funktion zum Tragen kommen (s. V 31).

Somit ist deutlich, daß dieser Text nicht den Gegensatz verschiedener Glaubensrichtungen begründen will. Paulus bewegt sich mit seiner inhaltlichen Beschreibung der Gerechtigkeit Gottes im Rahmen der Tora, also des jüdischen Denkens. Ihn unterscheidet aber vom Judentum die Überzeugung, daß nun in Tod und Auferweckung auch die Völker in das Heil Israels einbezogen sind. Daß Gott dabei der Gott des jüdischen Volkes ist und bleibt, steht für ihn außer Frage. Es geht ihm um das Heil auch der Völker. Die Rechtfertigung ist die notwendige Voraussetzung dafür, daß Jüdinnen und Juden mit Menschen aus den Völkern in einer Gemeinde leben können.

3. Homiletische Entscheidungen

Paulus schreibt seinen Römerbrief an eine Gemeinde, die er nicht kennt, und wird zwangsläufig abstrakt. Wir predigen hoffentlich in Gemeinden, die wir kennen und stehen vor der Aufgabe, passende Konkretionen zu finden. Folgendes ist denkbar:
– Mich interessiert an diesem Text seine ekklesiologische Dimension. Die Rechtfertigung einmal als ‚Entfeindung' zwischen Gott und Mensch verstanden, wird im gleichen Atemzug zur Entfeindung zwischen Mensch und Mensch. Auch

prinzipielle Unterscheidungen, wofür die biblische Differenz zwischen Israel und den Völkern ein Beispiel ist, verlieren angesichts der Rechtfertigung ihre Schärfe. So sehr es auf den ersten Blick deprimieren mag, daß Paulus auf dem Sündersein aller besteht, es liegt darin auch eine befreiende Dimension. Unsere religiöse Identität, d.h. was wir in den Augen Gottes sind, müssen wir uns nicht selbst erarbeiten. Ob diese Erkenntnis das christliche Selbstbewußtsein nicht wenigstens soweit festigt, daß endlich auf die Diskriminierung anderer Glaubensrichtungen und Frömmigkeiten verzichtet werden kann? ...

– Der Kerntext der Reformnation eignet sich daher nicht zur Abgrenzung. Genau besehen handelt es sich um einen ökumenischen Text schlechthin, der auf Ermöglichung von Gemeinschaft zielt. Sollte nicht, was hier von Jüdinnen/Juden und Menschen aus den Völkern gesagt wird, auch für die eine Kirche aus verschiedenen Konfessionen oder die eine Gemeinde mit verschiedenen Frömmigkeitsstilen gesagt werden können? ...

4. Kontexte

Gott ist gerecht, und Gott macht gerecht. Damit dieser Satz nicht zum Le(e)hrsatz werde, folgende Geschichten (s. Bibelarbeit zum Text Kirchentag 1997 J. Ebach) Nach b Ber 10a:
Psalm 104 endet mit dem Wunsch, daß die Sünder verschwinden mögen. Einmal hatte Rabbi Meir einen so großen Zorn auf seine bösen Nachbarn entwickelt, daß er darum betete, sie möchten verschwinden. Seine Frau Berurja hatte sein Gebet gehört und stellte ihn zur Rede. Du meinst, sagte sie, daß du dich auf Psalm 104 berufen kannst. Aber du sollst nicht lesen: Die Sünder mögen verschwinden, sondern: die Sünde möge verschwinden. So bete darum, setzte sie fort, daß die Frevler umkehren, so daß die Übeltaten verschwinden. Der Rabbi folgte dem Rat seiner Frau, und – die Frevler taten Buße.

Es gab einen chinesischen Weisen, der seine Nachbarn haßte, weil deren Lärm ihm das Arbeiten unmöglich machte. Eines Tages rief er voller Zorn seinem Diener zu: „Ich werde jetzt gehen und meine Feinde vernichten." Nach langer Zeit kam er wieder. „Was hast du mit ihnen getan?" fragte sein Diener. „Ich habe mit ihnen gegessen und getrunken und geredet." – „Aber du wolltest doch deine Feinde vernichten?" – „Das habe ich ja auch getan – es sind ja nicht mehr meine Feinde!"

5. Liturgie

Psalm 103, 1- 13; Lesung Gen 12, 1-5. Lieder: u.a. EG 293, 262/3

Literatur:
J. Ebach: Bibelarbeit Rö 3,21-31 auf dem DEKT 1997 in Leipzig, Pressezentrum Dokument 0/102
F.-W. Marquardt: Das christliche Bekenntnis zu Jesus, dem Juden, Bd 1, München 1990
W. Stegemann: Rechtfertigung allein durch Glauben, in: Exeget. Skizzen Hrg. DEKT, Fulda 1997, M. Käßmann

Martina Severin-Kaiser, Av. Salomé 7. B-1150 Brüssel

Drittletzter Sonntag des Kirchenjahres: Röm 14,7-9

1. Annäherung: Eigentlich geht es ums Essen

Die „Perikopenschneider" haben wieder einmal ganze Arbeit geleistet: denn vor und nach den gewichtigen Glaubenssätzen – uns meist bekannt als Kasualfürbitte zum Abschluß der Ankündigungen – geht es um so banale Dinge wie Essen und Trinken. Kp 14 des Röm ist weit davon entfernt, uns in Friedhofstimmung zu versetzen. Ganz im Gegenteil: Die Querelen, ob fleischlos oder nicht, ob koscher oder nicht, ob gesäuert oder nicht, sind aus dem Leben gegriffen. Wer den israelischen Alltag kennt, wird plastische Szenen vor Augen haben, was diese Fragen auch heute bedeuten.

Kurz nach dem Abitur zu einem sozialen Jahr in Israel weilend wurde ich zum Sederabend in eine jüdische Familie eingeladen. Das schlaue Mädchen wollte ein besonders nettes und originelles Gastgeschenk mitbringen und backte Flachswickel (= schwäbisches Hefegebäck)! Stolz überreichte ich das Mitbringsel und registrierte im selben Augenblick, wie das Lächeln auf den Gesichtern der Gastgeber erstarrte. Man half mir aus der Jacke, und ich glaube, man „entsorgte" meine Flachswickel schnurstracks im dunklen Garten.

In diesem Kontext, jedenfalls im Kontext des Lebens und nicht des Todes, möchte ich den so bekannten und gewichtigen paulinischen Glaubenssatz sehen und auslegen. Und das trotz des drittletzten Sonntags des Kirchenjahrs

2. Beobachtungen am Text: „Streitet nicht" als Lebensüberschrift

Sechsmal ist in diesen 3 Predigtversen von Leben und Tod die Rede. Ohne Kontext ist man u.U. versucht, über Tod und Leben ganz allgemein zu predigen. Denn ganz allgemein christlich-dogmatisch sind diese Sätze. Aber sie haben ihren Platz in den paränetischen Schlußkapiteln des Röm (12 – 15). Speziell geht es in Kap. 14 um Streitigkeiten über Speisegewohnheiten und – gebote, auf die Paulus reagiert. Möglicherweise ist es zu Streitereien zwischen (den wenigen) Judenchristen und (den vielen) Heidenchristen der Gemeinde in Rom gekommen. Anlaß waren wahrscheinlich jüdische Speisevorschriften, die die einen einhielten, die anderen ablehnten. Und gut vorstellbar ist, daß es demzufolge pauschale Verurteilungen gab, der richtige Glaube wurde einander abgesprochen. Nur so ist es zu verstehen, daß Paulus neben die Details, auf die er in seinem Brief eingeht, so gewichtige Worte stellt, ja „dogmatische Geschütze" auffährt.

Ganz konkret stellt Paulus in seinem Schreiben die Frage: Haben Christen das Recht, in Glaubensfragen und Problemen der Lebensgestaltung übereinander und über andere zu richten? Und er antwortet darauf mit dem Satz: „Wir werden alle vor den Richterstuhl Gottes gestellt werden" (V.10). Und: Nur einer ist Herr über Leben und Tod. Nur ihm gebührt es, über unser Leben und Sterben zu Gericht zu sitzen (V.8). Paulus relativiert in Kp. 14 (ähnlich wie in 1. Kor 8) religiöse Lebensformen. Entscheidend ist nicht die religiöse Sitte oder Tradition, auch nicht die liturgische Observanz, sondern allein, ob ein menschliches Leben „im Herrn" gelebt wird. „Streitet nicht über Meinungen" (V.1) heißt vor allem: Besinnt euch auf das Wesentliche, auf das, worauf es im Leben, aber dann vor allem auch im Sterben ankommt: daß wir allein Gott gehören.

3. Homiletische Entscheidungen: Christus definiert unser Sein

Ein Leben in Christus, ein Leben, über das ER der Herr ist, muß sich in religiösen Formen nicht gegenüber anderen profilieren. Menschen, über deren Leben Christus herrscht, müssen nicht über andere zu Gericht sitzen und ihnen Wert, Würde und Existenzrecht absprechen. Das gilt nicht nur für Mitchristen, sondern insbesondere für unsere älteren Geschwister im Glauben. Jüdische Gesetzesobservanz wird in christlichen Kreisen belächelt und /oder verdammt – oft unter Berufung auf den Apostel Paulus. Dabei wird verkannt, daß es Paulus ist, der sich so vehement dafür einsetzt, daß Richten über andere Menschen Gott allein zu überlassen. „Wer bist du, daß du einen fremden Knecht richtest? Er steht oder fällt seinem Herrn" (V.4). Nicht treffender könnte ausgedrückt sein, was wir Christen in der Beurteilung unserer jüdischen Geschwister bedenken sollen.

Wenn Christus herrscht, brauchen wir nicht zu herrschen; wenn er richtet, brauchen wir nicht zu richten. Dies ist auch zu bedenken im Hinblick auf eigene Zweifel und Unsicherheiten. Unser Leben muß sich nicht aus sich selbst heraus definieren, sondern Christus definiert unser Sein.

So stark die Gewichtung der Predigt auf dem Leben eines Christenmenschen ruhen soll, auf dem, was christliche Existenz („im Herrn") vornehmlich auszeichnet, nämlich das Nicht-Richten und Nicht-Verurteilen anderer Menschen, so wenig soll am Ende des Kirchenjahres die Rede vom Gericht Gottes (V.10b) unterschlagen weden. Aber nicht anders kann davon geredet werden, als daß allein der unser Richter ist, der zu Juden und Heiden, zu Zöllnern und Huren, zu Gerechten und Ungerechten gegangen ist und sie alle angenommen und geliebt hat.

Mögliche Gliederung der Predigt:
– Erfahrungen, die die HörerInnen mit dem Text als Sterbenstext haben, aufgreifen; Einordnung ins Kirchenjahr.
– Paulinischen Kontext verdeutlichen und der dort beschriebenen Auseinandersetzung um religiöse Lebensformen durch eigene Beispiele Konturen verleihen (Juden – Christen; Pietisten – Liberale; Junge – Alte; Rußlanddeutsche – Einheimische ...).
– Befreiende Kraft einer christlichen Existenz „im Herrn" aufzeigen und die humanisierende Kraft einer christlichen Eschatologie ins Spiel bringen. Konkret: Über unserem christlichen Leben soll stehen: Richtet nicht, sondern redet miteinander.

4. Liturgievorschläge

Psalm 119 (in Auszügen)
Schriftlesung: Jes 55, 6-11
Lieder:
1) 495 O Gott, du frommer Gott
2) 152 Wir warten dein, o Gottessohn

3) 176 Öffne meine Augen
4) 295 Wohl denen, die da wandeln

Literatur:
Sattler/Reblin, Predigtstudien II/2, Jg. 1992
Bornkamm, Paulus, Stuttgart 1983[5]

Katrin Nothacker, Im Vogelsang 39, 74523 Schwäbisch Hall
h

Vorletzter Sonntag des Kirchenjahres: Röm 8,18-25

„Im Horizont der Hoffnung"

1. Annäherung

Ich habe mir diesen Text ausgesucht, weil ich ihn auf geheimnisvolle Weise mag, ohne jedoch ganz genau sagen zu können, was dieses Besondere für mich ausmacht. Ich glaube, es ist dieses Zusammen von Realitätswahrnehmung und Verheißung, das mir den Raum für ein hoffnungsvolles Leben, das gleichzeitig mit beiden Beinen auf der Erde steht, eröffnet. Das Seufzen und Klagen der Menschen wie auch der ganzen Schöpfung hat hier Platz, ohne daß die Verzweiflung die Oberhand gewinnen muß. Denn die Wirklichkeit Gottes ist größer als unsere Wahrnehmung.

2. Beobachtungen am Text

a) Textabgrenzung

VV. 14-30 bilden eine Einheit (v.d.Osten-Sacken). Sie gipfeln in der Aussage: „Wir sind Miterben Christi, wenn anders wir mit leiden, daß wir auch mitverherrlicht werden" (V.17b). Dies muß bei der Auslegung des Abschnitts berücksichtigt werden, da dieser Skopus in den VV 17-25 nicht explizit vorkommt. „Garantie" für die Verherrlichung hat Paulus einzig und allein in dem „Erstling" Christus (vgl. auch 1Kor. 15,20.23). Mit dem Erstlings-/Angeld-Gedanken deutet Paulus hier auch die Gabe des Geistes: Die Glaubenden sind zwar des Geistes teilhaftig, aber noch nicht in seiner Fülle. Deshalb sind wir im Zustand der Erwartung. Und deshalb braucht unser Beten auch noch die Unterstützung des Geistes (V.26). Zusammen mit der Kreatur seufzen die Betenden. So zeigen sie sich zugehörig und solidarisch mit der ganzen Schöpfung.

b) Überlieferungsgeschichte

Die Motive „Hoffnung – Seufzen" und „Leiden – Herrlichkeit" kommen aus der apokalyptisch-zwischentestamentlichen Theologie. Zitat aus syrBaruch 48,50: „Denn wahrhaftig werdet ihr, wie ihr innerhalb dieser kurzen Spanne Zeit in dieser vergänglichen Welt, in der ihr lebt, viel Mühe erduldet habt, ebenso in jener endlosen Welt viel Licht empfangen." (Vgl. auch Weish.3,4-7). Leid, Katastrophen und Kriege wurden als „Geburtswehen" für das messianische Zeitalter gedeutet.

Auffallend sind jedoch neue Akzente:
– Die Herrlichkeit von morgen hat ein absolutes Übergewichtigkeit über die Leiden von heute (V. 18).
– Die Herrlichkeit ist nicht nur Gegenstand zukünftiger Erwartung, sondern bewährt sich bereits da, wo der Geist Gottes mit den Leiden von heute konfrontiert wird und schon jetzt die leidvolle Gegenwart verändert.
– Hoffnung und Geduld sind die wesentlichen Elemente, die das geistvolle und beharrliche Warten der Christen charakterisieren.

c) Beobachtungen an einzelnen Versen:
V.18 Paulus begründet hier in assertorisch behauptender Form den Hintergrund

des Leidens (V.17): Es gibt keine Herrlichkeit mit Christus ohne ein Leiden mit ihm! Wichtig aber ist das Übergewicht der Herrlichkeit.

V.20 Es gibt unterschiedliche Meinungen darüber, wer der Unterwerfende ist, ob Gott, Adam, ... (Dürfte aber auch nicht so wichtig sein ...)

V.19-22 Das Seufzen der Schöpfung. Es ist hier nicht die Rede von der „Natur", sondern von der „Kreatur", denn nur die Kreatur hat einen Schöpfer, an den sich das Seufzen richten kann. Das *creari* in seiner Bezogenheit auf den *creator* fällt hier besonders auf im Unterschied zu einem auf sich selbst gestellten *nasci* (Natur). Die Unruhe der Kreatur deutet Paulus als „Schatten der auch ihr gewährten Hoffnung" (Käsemann).

V.23 Wie der auferweckte Christus das Angeld ist für die Auferweckung der Christen, so der Geist für die volle Sohnschaft (Luther übersetzt ausdrucksstark: „die herrliche Freiheit der Kinder Gottes"!) Bis dahin aber teilen sie alle das Schicksal aller Kreatur (und aller Religionen) im Seufzen, Sich-ängsten, Sehnen und Warten.

V.24f Das Warten der Glaubenden wird hier näher präzisiert als Warten in Hoffnung und Geduld. V. d. Osten-Sacken sieht in diesen beiden Begriffen die spezifisch paulinische Zuspitzung des Wartens: Im hoffnungsvollen, beharrlichen und aktiven Warten konkretisiert sich der Angriff des Geistes auf das Leiden. Der Wunsch nach dem „Schauen" wird den Glaubenden (noch) nicht erfüllt. Das Sehen-Wollen war wohl schon zu allen Zeiten ein aktuelles Thema (vgl. Hebr 11,1).

Abschließend: Leiden wird hier weder *bagatellisiert* („Leiden sind nichts") noch *dramatisiert* („Die Leiden sind zu schwer"). Vielmehr wird hier ein dritter Weg gegangen, der Leid ernstnimmt, es aber in Beziehung setzt, also (weiter-) lebensbefähigend relativiert. Daß Leid zu einem wirklich gelebten Leben dazugehört, gerade auch zum Leben eines Christenmenschen, wird hier als selbstverständlich dargestellt. Ich halte diese Herangehensweise für sehr hilfreich und realistisch. Die (sowieso nicht beantwortbare) Theodizeefrage wird deshalb erst gar nicht gestellt; einen kleinen Anklang an ihre Unwesentlichkeit könnte man evtl. in V.20 erkennen.

3. Homiletisches

Die Welt ist kleiner geworden, die Probleme größer. Wir können uns als Christen nicht heraushalten und so tun, als ginge uns alles nichts an: die Ausbeutung der Natur, die Verschmutzung und Verknappung des Wassers, die zu Fleischfabriken verkommenen Bauernhöfe, das Abholzen der Regenwälder, die zunehmende Verarmung einer breiten Bevölkerungsschicht bei gleichzeitigem enormem Reichwerden weniger Einzelner, ... Weltumspannend wie die Probleme und das Leid ist aber auch die Sehnsucht: Die Sehnsucht nach einer gerechten Welt; danach, daß der Mörder nicht über das Opfer triumphieren möge, daß die Vernunft stärker sei als die Gier. Diese Sehnsucht teilen wir mit anderen Völkern und anderen Religionen („wenn der Messias kommt!"). Diese Sehnsucht nach Aufatmen und Freiheit spüren wir sogar bei den Tieren, den Pflanzen und bei der sog. unbelebten Natur.

Diese (manchmal verzweifelte) Sehnsucht kann sich durch Gottes Geist in ein Gebet verwandeln, das die Hoffnung lebendig erhält und zum Leben befähigt.

4. Kontexte

Zum Stichwort „Geduld": Das paulinische „hypomonä" (= darunterbleiben) hat mich an den Anfang von Pirqe Avot erinnert, wo es heißt, daß die Welt auf drei Dingen, gleichsam wie auf Säulen, steht: auf der Thora, dem Gottesdienst (Avoda) und der Wohltat der Frommen. – Eigentlich eine sehr anschauliche und zugleich anregende Möglichkeit, zu konkretisieren, was Geduld ist oder zumindest wie sie (auch) aussehen kann.

„Die Kunst der Hoffnung ist die Beharrlichkeit." (Moltmann)

„Der Glaube, den ich am meisten liebe, ist die Hoffnung." (Péuy)

„Gibt es ein Leben vor dem Tod?" (Inschrift auf einer Mauer in Nordirland)

„O nein, o nein / ich hab mein Leben / nicht im Griff, / überhaupt nicht. / Eher umgekehrt: / ES hat MICH. Es: / das Leben jetzt / das Sterben einst, / und darin, hoff ich / DU." (Kurt Marti)

Die drei Steine (von Erich Fried)

„Wie lange kann ich noch leben, wenn mir die Hoffnung verlorengeht?" frage ich die drei Steine.

Der erste Stein sagt: " Soviel Minuten du deinen Atem anhalten kannst unter Wasser, noch soviele Jahre".

Der zweite Stein sagt: "Ohne Hoffnung kannst du noch leben, solange du ohne Hoffnung noch leben willst".

Der dritte Stein lacht: "Das hängt davon ab, was du noch Leben nennst, wenn deine Hoffnung tot ist".

5. Liturgievorschläge:

Psalmen: 13/126/130

Lesungen: 1. Apk.21,1-7
            2. Mt.24,4-14.29-31
            3. 2Kor.5,1-10

Lieder: Morgenglanz der Ewigkeit (450)
          Jerusalem, du (150) – bei Lesung 1
          Es ist gewißlich (149) – bei Lesung 2
          Der Himmel, der ist (153)
          Freunde, daß der Mandelzweig (655)
          Wir haben Gottes Spuren (656)

Literatur: verschiedenes, v.a. aber Rainer Stuhlmann in „hören und fragen" Bd.2, Neukirchen 1979; dieser bezieht sich sehr stark auf P.v.d. Osten-Sacken „Römer 8 als Beispiel paulinischer Soteriologie" (FRLANT 112,1975, 139)

Hanna Hartmann, Friedrich-Naumann-Str. 30/1, 72762 Reutlingen

Letzter Sonntag des Kirchenjahres: Offb 21,1-7

1. Annährung

Der Predigttext umfaßt den ersten Teil der letzten ntl. Vision, der Vision vom Neuen Jerusalem (=NJ). Am letzten Sonntag des Kirchenjahres, am Abschluß eines liturgischen Jahres, soll ein Text, der mit einer Neuschöpfung beginnt, ausgelegt werden. Damit weist der Text und die Predigt auf den Neuanfang des liturg. Jahres und schafft eine aussagekräftige Verbindung. Im Advent beginnt das Warten auf die Geburt und somit den Neubeginn der Geschichte Jesu. So wie das Kirchenjahr liturgisch alle zentralen Elemente des christl. Glaubens umfaßt, gestalten die Schöpfung in Gen 1 und Neuschöpfung in Apk 21 thematisch den Rahmen der christlichen Bibel. Innerhalb dieses Rahmens sind alle wichtigen Aussagen zu finden.

2. Beobachtungen am Text

Der Text der Apk ist in einer Zeit der Auseinandersetzung der Christen mit der ihre Macht mißbrauchende imperialen röm. Staatsgewalt entstanden und kündet vom Sieg der Kirche. Dieser Sieg spiegelt sich im NJ, in dem Gott, das Lamm und seine Sklaven (עבדים) unangefochten herrschen, wider: die staatliche Herrschaft ist nicht die alles bestimmende Wirklichkeit. Die Vision des NJ ist keine Vision der Reichen und Wohlsituierten, sondern eine der Armen und Unterdrückten (Ebach, 135). Somit ist die Apk ein subversiver Text, ein „Text von unten", der Mißstände enthüllt und aufdeckt (Ebach, Apk , 11).

1. Neuschöpfung

Die Vision des Neuen Jerusalem beginnt mit einer Neuschöpfung. Was ist darunter zu verstehen? Die jüd. Apokalyptiker waren der Meinung, daß sich nach der Heilsverheißung Jes 65,17ff die Heilszukunft gegenüber dem Zustand der jetzigen Welt völlig anders, eben „neu" sein werde. An einigen Stellen ist in jüd. Apokalypsen an einen Totaluntergang von Himmel und Erde und dann nachfolgend an einen *neuen* Himmel und eine *neue* Erde gedacht. Vögtle zufolge will jedoch der Seher der Apk gar nicht auf die real erfolgende Annihilierung des bestehenden und auf die Erschaffung eines neuen physikalischen Universums abheben (Vögtle, 323f), καινος ist besser mit „renewal" (Erneuerung) zu übersetzen.

Das NT lehrt die Vernichtung der bisher bestehenden Ordnung innerhalb der Schöpfung nur, um die Christen zur Sorge für die „außermenschlich belebte und unbelebte Schöpfung" zu verpflichten. Ziel der eschatologischen Schöpfungsmythologie ist der innere Bezug von Schöpfung und Heil, die Erlösung als Vollendung der Schöpfung (21,6) und die Herrschaft des Kosmokrators, die alles Geschaffene umgreift.

2. Die Stadt – das Gottesvolk

Viele Bestandteile des in der Apk beschriebenen NJ finden ihre Parallelen im jüd. Umfeld. Besonders fällt auf, daß Joh in Apk 21 Ez 40-48 aufgreift und reinterpretiert. Dabei kann die eschatologische Stadt auch mit der Gemeinde identifiziert werden. In 4QpJsd wird Jes 54,11 auf die Gründung des „Rates der Gemeinschaft" hin gedeutet. Jes 54,12c wird dagegen als die Stammeshäupter Israels ausgelegt. Hier liegt also bereits ein gemeinschaftsbildendes Verständnis des künftigen Jerusalem vor. Ähnlich wird in Qumran die Gemeinde mit einer mauerbewehrten Stadt verglichen (1QH 6,25-28). Paulus sieht in Gal 4,21-26 die Christen als Kinder des „oberen" Jerusalem. Diese Belege zeigen, daß es in der Gottesstadttradition nicht ungewöhnlich war, das eschatologische Jerusalem mit dem Gottesvolk als Kollektiv gleichzusetzen.

3. Schechinah
Die Glaubenden, die die Apk lasen, lebten ohne Tempel, Kult oder heilige Stadt. Daher treten Gott und Christus an die Stelle des Tempels. Um sie zentriert sich die Gemeinde, die im Stadtbild als strahlend ästhetisch, harmonisch und vollkommen dargestellt wird. Durch die Herkunft des NJ „aus den Himmeln" (21,2) ist sogleich auch der Bezugspunkt dieses gemeinschaftlichen Lebens geschaffen. Die Heilsgemeinde bekommt ihre Struktur von der Gottes- und Christusgemeinschaft her, darin wird sie zur politischen Größe (Thüsing, 17-34). Bei dieser Gemeinschaft ist Gott gegenwärtig, er wohnt mitten unter ihnen. Dadurch werden sie sein Volk und er ihr Gott sein (V2). Dieser Zustand kann kaum aufgehoben werden, denn die Gemeinde schützt eine große und hohe Mauer (V12).

4. Im Angesicht Israels
Im Entwurf des NJ stehen auf den 12 Toren die Namen der 12 Stämme der Söhne Israels. Niemand kommt in die Stadtgemeinde, deren Fundament allerdings die 12 Apostel des Lammes bilden, ohne diese Namen auf den Toren zur Kenntnis zu nehmen. Nur durch diese Tore können die Völker in die Stadt einziehen. Diese Symbolik veranschaulicht, daß die Gläubigen aus allen Nationen immer an die Tatsache erinnert werden, daß sie dazukamen, um in einem bereits existierenden Gebäude und als Ergänzung der 12 Stämme Israels zu leben (van de Kamp, 333). Die Rede von den Stämmen umfaßt in der Apk zweidrittel aller ntl. φυλή-Stellen. Diese Stammesmetaphorik entspricht dem apk. Sprachgefühl. Am Beginn der Apk, in 1,7, klagen alle Geschlechter der Erde um Christi willen. Die hebr. Rückübersetzung כל המשפחות האדמה erinnert an die erste Segnung Abrams in Gen 12,3 (vgl. Gen 28,14; Am 3,2). Alle Geschlechter der Erde sollen in ihm gesegnet sein. Diese Passage verbindet wieder die neuen Vorstellungen des Lebens mit Christus mit dem Beginn der Vätergeschichte.

Das Volk Israel nimmt also im ekklesiologischen Modell des NJ einen besonderen Platz ein. Es wird an vielen Stellen an die Geschichte Israels erinnert und wichtige Punkte aufgegriffen. In der Vision des NJ ist Israel jedoch nicht mehr als eine Durchgangsstation. Fundament und Mitte werden bereits von „christl. Würdenträgern" besetzt. Diese minimale Würdigung Israels ist mit der damaligen historischen Situation zu erklären, bei der homiletischen Entscheidung gilt es aber, das Verhältnis der Christen zu Israel und seinen Verheißungen *neu* in unsere Zeit hinein sprechen zu lassen.

3. Homiletische Entscheidungen

Entscheidend für die Auslegung des Textes ist die Stellung des Sonntags im Kirchenjahr. Am letzten Sonntag des Kirchenjahres wird ein Text behandelt, der auf einen neuen Anfang, eine neue Geschichte, hinweist.

Der Aspekt der Neuschöpfung verhilft zu einem neuen Anfang des Kirchenjahres wie des Lebens. Alles, was bisher aus der Bahn geraten ist und unsinnig erscheint, kann mit dem Neuansatz wieder ins Lot gebracht werden. Am Ende des Kirchenjahres wird so auf die Wiederherstellung der Welt, der Rückkehr zur ersten Ordnung ohne Sünde und Übel verwiesen. Nun kann die Adventsgeschichte neu erzählt werden, denn heil werden bedeutet, von vorne, vom Anfang an die Geschichte *neu* zu erzählen. Dadurch gewinnt sie neue Perspektiven, kann und muß daher Jahr für Jahr neu ausgelegt werden.

Die Vision des Friedensreiches Christi führt zu einem Bruch mit der bestehenden Gesellschaft. Sie ist die letzte Vision der Zukunft aus dem „Buch der Wartenden" (Sölle, 75). Dabei nährt das Warten die Hoffnung auf mögliche Veränderungen. Diese Veränderungen waren für die Menschen der Apk eminent wichtig. Sie hielten Ausschau nach einem neuen Himmel und einer neuen Erde. Diese Hoffnung nach Veränderungen deckt gesellschaftliche Notstände auf – zunehmende Arbeitslosigkeit, Obdachlosigkeit, Massenflucht vor allem auf der Südhälfte der Erde oder Umweltverschmutzung. Um mit diesen Problemen sich auseinandersetzen zu können, braucht es Hoffnung. Denjenigen, die sich von allen Problemen abwenden und verdrängen möchten, wird gesagt: schau ins Leid hinein, nimm es wahr, denn ich mache alles neu. Um die Veränderungen wahrnehmen zu können, muß also gerade der Notstand betrachtet und erkannt werden. Nur dann kann die Vision des Friedensreiches Christi verwirklicht werden. Voraussetzung ist der Bruch mit der bestehenden Gesellschaft, der Vision der Zukunft muß auch an der Schwelle zu einem neuen Jahrtausend Raum gegeben werden. Diese Vision, die die Menschengemeinschaft ebenso beinhaltet wie die Gemeinschaft mit Gott, reißt heraus aus der Resignation und aktiviert die Menschen zum tätigen Protest, caritativ und politisch (Gollwitzer, 75).

Auch für das beginnende Kirchenjahr können neue Denkmodelle wichtig werden. In Westfalen wird die neue Vorlage zum christl.-jüd. Verhältnis behandelt werden. Gerade dort kann die Vision der Apk wegweisend für diese Arbeit im neuen Kirchenjahr sein.

Ein Ziel des 1984 ausgeschiedenen Generalsekretärs des ÖRK war es, Unterschiede respektieren zu lernen in einer Situation des religiösen und kulturellen Pluralismus. Potter beschrieb seine Vision der zukünftigen Ökumene in Anlehnung an Hebr 2,5; 13,14 und Apk 21 als offene Stadt, in der der universelle Dialog der Kulturen stattfinden kann, als die Erde, die zu einem Haushalt (oikos) wird: ökologisch, ökonomisch und ökumenisch. In solch einem Haushalt sind alle füreinander offen und können ein gemeinsames Leben in seiner verschlungenen Vielfalt teilen (Raiser, 132). Dazu gehört, daß Christen sich der Verantwortung Juden gegenüber klar werden und neu ihre Theologie definieren lernen. Die durch Jahrtausende bestehenden Ordnungen von Vorurteilen und christl. Antijudaismus müssen einer verantwortlichen Ekklesiologie weichen, zugunsten eines Lebens und einer Lehre im Angesicht Israels. Dann kann die Geschichte des Juden Jesus neuen Inhalt gewinnen und neu erzählt werden, als einer, durch dessen Person nun auch die Nichtjuden zum Gott Israels hinzukommen dürfen, denn der Seher der Apk lebt vollständig mit und aus den alten Verheißungen.

4. Kontexte

MTeh 96 § 1: „R. Abbahu hat gesagt: ...des Morgens preisen die Israeliten Gott, daß er an jedem Tag das Werk der Schöpfung erneuert."

Kaddisch de Rabbanan: „Verherrlicht und geheiligt werde sein großer Name, der die Welt erneuern und die Toten auferwecken wird."

mAv 3,6: „R. Chalaftha aus Kefar Chananja sagte: Wenn 10 Israeliten beieinander sitzen und sich mit der Tora befassen, dann ruht die Schechinah zwischen ihnen, denn es heißt: *Gott steht in der Gottesgemeinde* (Ps 82,1). Und woher auch bei 5? Denn es heißt: *Seinen Bund hat er auf der Erde gegründet* (Am 9,6). Und woher auch bei Dreien?...*In der Mitte richtet Gott* (Ps 82,1).

W. Benjamin: „Nur um der Hoffnungslosen willen ist uns die Hoffnung gegeben".

5. Liturgievorschläge

Ps 122: Jerusalem eine Stadt, in der alle Völker zusammenkommen können

Gebet des Tages
Ewiger König und Herr aller Herren,
du hast dein Volk Israel zu deinem Eigentum erwählt.
in Jesus Christus schenkst du diesem Volk
und allen Völkern dein Heil.
Du hast auch uns zu deinem Volk gerufen.
Wir bitten dich:
Laß deinen Worte in alle Welt dringen,
damit alle Völker zu deinem Frieden kommen.
Dir sei Ehre in Ewigkeit.

HALLELUJA
Herr, ich hab lieb die Stätte deines Hauses
und den Ort, da deine Ehre wohnt,
Halleluja.

Literaturhinweise:
Ebach, Jürgen, Apokalypse. Zum Untergang einer Stimmung, in: Einwürfe 2, F.-W.Marquardt/D.Schellong/M.Weinrich (Hrsg.), München 1985, 5-61.
ders., Neuer Himmel, neue Erde, in: ders., „...und behutsam mitgehen mit deinem Gott." Theologische Reden 3, Bochum 1995, 132-141.
Gollwitzer, Helmut, Für alle eine neue Welt, in: ders., Politische Predigten. Veränderung im Diesseits, München 1973, 69-78.
Kamp, H.R. van de, Israel in Openbaring, Kampen 1990, 262-315.
Raiser, Konrad, Ökumene im Übergang. Paradigmenwechsel in der ökumenischen Bewegung, München 1989.
Söllee, Dorothee, Gott kommt zu denen, die ihn rufen, in: Pick, K.-W. (Hg.), Glauben in der Stadt, Stuttgart 1995, 75-85.

Thüsing, W., Die Vision des „Neuen Jerusalem" (Apk 21,1-22,5) als Verheißung und Gottesverkündigung, TThZ 77 (1968), 17-34.

Vögtle, Anton, „Dann sah ich einen neuen Himmel und eine neue Erde..." (Apk 21,1), in: Glaube und Eschatologie, FS W.G. Kümmel, Erich Gräßer/O.Merk (Hrsg.), Tübingen 1985, 303-333.

Elke Tönges, Brückstr. 17, 44787 Bochum

Anhang: Die Schabbatlesungen des jüdischen Jahres 5758 (1997/98)

Im jüdischen Jahr gehört zu jedem Schabbat eine bestimmte Lesung aus der Tora, den fünf Büchern Mose. Eine solche Lesung heißt Parascha (Abschnitt). Die Tora ist von Genesis 1 bis Deuteronomium 34 in 54 solche Abschnitte aufgeteilt. Der letzte Abschnitt, der Segen Moses und sein Tod, und der erste Abschnitt, die Geschichte der Schöpfung, werden beide am Tora-Freudenfest (Simchat Tora) am Ende des herbstlichen Laubhüttenfestes gelesen.

Die Verlesung des Wochenabschnittes bildet an jedem Schabbatmorgen den feierlichen Mittelpunkt des Synagogengottesdienstes. Der Abschnitt ist in Unterabschnitte gegliedert, so daß jedesmal mindestens sieben Gemeindeglieder „zur Tora aufgerufen" werden können. Es gilt als große Ehre, an der Lesung des Wochenabschnittes beim Pult des Vorlesers teilzunehmen oder den Abschnitt in der traditionell festgelegten Singweise selbst vorzutragen.

Zu jeder Tora-Lesung gehört ein Abschnitt aus den Propheten, eine „Haftara". Sie hat stets einen inhaltlichen Bezug zur Parascha.

Datum	Schabbat/Parascha	Tora	Haftara
2.10.	Rosch Haschana I	Gen 21,1-34; Num 29,1-6	1. Sam 1,1-2,10
3.10.	Rosch Haschana II	Gen 22,1-24; Num 29,1-6	Jer 31,1-19
4.10	Haasinu, Schabbat Schuwa	Gen 32,1-52	Hos 14,2-10; Mi 7,18-20
11.10.	Jom Kippur	Lev 16,1-34; Num 29,7-11	Jes 57,14-58,14
16.10.	Sukkot I	Lev 22,26-23,44; Num 29,12-16	Sach 14,1-21
17.10.	Sukkot II	Lev 22,26-23,44; Num 29,12-16	Hes 38,18-39,16
18.10.	Chol Ha'moed	Ex 33,12-34,26; Num 29,17-25	Hes 38,18-39,16
23.10.	Schemini Azeret	Dtn 15,19-16,17; Num 29,35-30,1	1. Kön 8,1-9,1
24.10.	Simchat Tora	Dtn 33,1-34,12; Gen 1,1-2,3	Jos 1
25.10.	Bereschit	Gen 1,1-6,8	Jes 42,5-43,11
1.11.	Noach	Gen 6,9-11,32	Jes 66,1-14
8.11.	Lech Lecha	Gen 12,1-17,27	Jes 40,27-41,16
15.11.	Wajera	Gen 18,1-22,24	2. Kön 4,1-37
22.11.	Chaje Sara	Gen 23,1-25,18	1. Kön 1,1-31
29.11.	Toldot	Gen 25,19-28,9	1. Sam 20,18-42
6.12.	Wajeze	Gen 28,10-32,2	Hos 12,13-14,10
13.12.	Wajischlach	Gen 32,3-36,43	Obad 1,1-21
20.12	Wajeschew	Gen 37,1-40,23	Amos 2,6-3,8
24.-31.12.	Chanukka		
27.12.	Mikez (Chanukka IV)	Gen 41,1-44,17; Num 7,30-35	Sach 2,14-4,7
3.1.	Wajigasch	Gen 44,18-47,27	Hes 37,15-28
10.1.	Wajechi	Gen 47,28-50,26	1. Kön 2,1-12
17.1.	Schemot	Ex 1,1-6,1	Jes 27,6-28,13; 29,22f
24.1.	Waera	Ex 6,2-9,35	Hes 28,1-29,21
31.21	Bo	Ex 10,1-13,16	Jer 46,13-28

Schabbatlesungen

Datum	Schabbat/Parascha	Tora	Haftara
7.2.	Beschalach	Ex 13,17-17,16	Ri 4,4-5,31
14.2.	Jitro	Ex 18,1-20,23	Jes 6,1-7,6; 9,5f
21.2.	Mischpatim	Ex 21,1-24,18	2. Kön 12,1-17
28.2.	Teruma	Ex 25,1-27,19	1. Kön 5,26-6,13
7.3.	Tezawe	Ex 27,20-30,10	1. Sam 15,2-34
12.3.	Purim	Megillat Esther	
14.3.	Ki Tissa	Ex 30,11-34,35	1. Kön 18,1-39
21.3.	Wajakhel-Pekude	Ex 35,1-40,38	Hes 36,16-38
28.3.	Wajikra	Lev 1,1-5,26	Hes 45,16-46,18
4.4.	Zaw	Lev 6,1-8,36	Mal 3,4-24
11.4.	Pessach I	Ex 12,21-51; Num 28,16-25	Jos 3,5-7; 5,2-15; 6,1.27
12.4.	Pessach II	Lev 22,26-23,44; Num 28,16-25	2. Kön 23,1-9; 23,21-25
17.4.	Pessach VII	Ex 13,17-15,26; Num 28,19-25	2. Sam 22
18.4.	Pessach VIII	Dtn 15,19-16,17; Num 28,19-25	Jes 10,32-12,6
25.4.	Schemini	Lev 9,1-11,47	1. Sam 20,18-42
2.5.	Tasria-Mezora	Lev 12,1-15,33	2. Kön 7,3-20
9.5.	Arache-Kedoschim	Lev 16,1-20,27	Amos 9,7-15
16.5.	Emor	Lev 21,1-24,23	Hes 44,15-31
23.5.	Behar-Bechukotaj	Lev 25,1-27,34	Jer 16,19-17,14
30.5.	Bamidbar	Num 1,1-4,20	Hos 2,1-22
31.5.	Schawuoth I	Ex 19+20; Num 28,26-31	Hes 1,1-28; 3,1
1.6.	Schawuoth II	Dtn 15,19-16,17; Num 28,26-31	Hab 2,30-3,19
6.6.	Nasso	Num 4,21-7,89	Ri 13,2-25
13.6.	Beha'alotcha	Num 8,1-12,16	Sach 2,14-4,7
20.6.	Schelach Lecha	Num 13,1-15,41	Jos 2,1-24
27.6.	Korach	Num 16,1-18,32	1. Sam 11,14-12,22
4.7.	Chukkat	Num 19,1-21,35	Ri 11,1-33
11.7.	Balak	Num 22,1-25,9	Micha 5,6-6,8
18.7.	Pinchas	Num 25,10-30,1	Jer 1,1-2,3
25.7.	Mattot-Masse	Num 30,2-36,13	Jer 2,4-28; 3,4; 4,1f
1.8.	Dewarim	Dtn 1,1-3,22	Jes 1,1-27
2.8.	Tisch'a BeAw (9. Aw)	Klagelieder	
8.8.	We'etchanan	Dtn 3,23-7,11	Jes 40,1-26
15.8.	Ekew	Dtn 7,12-11,25	Jes 49,14-51,3
22.8.	Re'eh	Dtn 11,26-16,17	Jes 66,1-14
29.8.	Schoftim	Dtn 16,18-21,9	Jes 51,12-52,12
5.9.	Ki Teze	Dtn 21,10-25,19	Jes 54,1-10
12.9.	Ki Tawo	Dtn 26,1-29,8	Jes 60,1-22
19.9.	Nizzawim	Dtn 29,9-30,20	Jes 61,10-63,9